新编21世纪教育学系列教材

教育测量学

第二版

主　编　朱德全
副主编　沈家乐　彭洪莉

中国人民大学出版社
·北京·

内容简介

本书主要介绍教育测量学的一般理论与实践操作技术，旨在帮助读者掌握搜集数据、处理数据和分析数据的知识与能力，以在大数据时代背景下更好地胜任教育教学工作。通过梳理教育测量学的发展脉络与当代趋势，本书再次论证了教育测量学的学科贡献和理论体系，并详细介绍了教育测量的基本原理、教育测验的编制程序与技术、教育测验的实施步骤、教育测验的项目分析、教育测验的质量评估和教育测量分数的统计处理。本书在编写上力求凸显结构性和逻辑性、操作性和技术性、可读性和规范性，全书编写以教育测量的基本框架为纲，辅以生动形象的案例，融入SPSS分析技术，对教育学专业的本科生、研究生，教育管理与评估人员，研究机构和学校的教学科研人员具有重要的参考价值。

作者简介

朱德全　教育学博士、国家“万人计划”教学名师、教育部国家级高层次人才“特聘教授”、长江学者特聘教授，享受国务院政府特殊津贴。国家“2011计划”中国基础教育质量监测协同创新中心首席专家、中国职业技术教育学会学术委员会委员、中国高等教育学会学习科学研究分会副理事长、中英职业教育质量保障项目指导专家（英国总领事馆文化教育处特聘）、重庆市学术技术带头人、重庆市职业教育学会副会长兼学术委员会主任、重庆市教育学会教育评价专业委员会理事长、重庆市科学道德和学风建设宣讲团成员。主持国家社科基金与教育部人文社科基金项目近10项，在《教育研究》《高等教育研究》《光明日报》等报刊上发表学术论文400余篇，多篇被《新华文摘》《中国社会科学文摘》《高等学校文科学术文摘》以及中国人民大学复印报刊资料等全文转载，获教育部和重庆市人民政府哲学社会科学优秀成果奖与教学成果奖20余项。

第二版前言

《教育测量学》自2016年1月出版以来，被全国多家师范院校、中小学校选用，已印刷多次，产生了良好的反响。

教育在历史上的每一次前行，都离不开一项项重要的教育决策与一次次有效的教育实践。近些年来，在外部动力源即知识革命、科技革命、社会革命，以及内部动力源即建设教育强国、教育高质量发展、教育现代化的驱动下，党中央就教育的改革与发展作出全方位、全地域、全过程的部署，内容之全、力度之大、决心之大前所未有。当下，如何全面贯彻党的教育方针，落实立德树人的根本任务，办好人民满意的教育，培养德智体美劳全面发展的社会主义建设者和接班人，是新时代教育发展的重要任务。而这也给教育理论研究、教育制度构建及教育实践改革提出了许多新的挑战。为了使本教材更好地适应和推动我国的教育改革，作者产生了修订这部教材的想法，恰好中国人民大学出版社亦同样有这个计划，可谓不谋而合。虽然“变”已经成为新时代发展的主流，但在本教材修订的过程中，是在坚持基本内核与基本框架“不变”的基础上对教育测量学内容、结构进行优化，以提高教育测量内容供给的精准化、针对性、系统性与规范性。

再版书保持了原书的基本框架，对具体章节的编排作了一些更改，在内容上进行了增补、删减或重写。具言之，对第一章中教育测量学的发展脉络与当代趋势进行了梳理和完善，结合影响力较大的国际教育测评项目对以多元智能化为依托的教育测量进行了详细介绍与展望，以求在开阔读者眼界的同时启发其思考。第二章增加了对“教育测量本质”的具体论述，并完善了“教育测量特征”的相关分析，以帮助读者快速掌握教育测量的核心特性，形成合理的教育测量“初印象”。第三章由“教育测验的编制程序与技术”改为“教育测验的编制与实施”，增加了“教育测验的基本实施步骤”这一板块，以构成教育测验“从编到用再到评”的完整闭环。同时还深入分析了各类教育测验项目的优缺点及使用情境，更新和细化了教育测验项目的编制技术，以此提升书籍对教育测验项目编制指导的有效性与科学性。第四章到第六章中的数据分析实践操作部分的统计软件由 SPSS13.0 升级到 SPSS28.0，并结合近几年国内外教育测量实践方面的新成效更新了数据分析操作的演示案例。总之，修订后的教材理论上更加深刻，也更加贴近实际。

本书由朱德全制订修订计划，主要章节修订由以下同志分工完成：曹渡帆、冯丹、沈家乐负责第一章，冯丹、沈家乐负责第二、三章，沈家乐、彭洪莉负责第四、五、六章，朱德全、沈家乐、彭洪莉负责全书修订和审稿。

本书便于教、便于学和便于研，可供基础教育老师作为测量工具书使用，也可作为师范本科生、教育硕士、继续教育的教研用书与教学参考书。修订中参阅了一些新的中外文献，在此向这些文献的作者表示感谢。

本书在修订的过程中，得到许多同行专家的关心和鼓励，得到中国人民大学出版社的同志特别是策划编辑王雪颖同志的宝贵意见与热情支持，谨在此表示衷心感谢！

编　者

2022 年 6 月于西南大学

前言

在大数据时代正在来临的今天，大数据已经渗透进各个行业、各个领域。不论是产业实践者、学术研究者，还是行业管理者，人们都需要搜集数据、处理数据，都需要从海量数据中提取有意义的信息或知识，寻找隐藏在海量数据中的规律、趋势。从某种程度上说，大数据正在改变着我们的思维方式、生产方式和生活方式。在教育领域亦如此，大数据正在改变着我们的教育教学思维、教育教学方式和教育教学生活。在这样的背景下，教育领域的每个人都需要掌握搜集数据、处理数据、分析数据的方法，具备相应的知识与能力。教育测量学作为一门研究如何搜集数据、处理数据、分析数据的学科，无疑具有更加重要的作用与更加突出的地位。

然而，在多年的教学科研过程中，我们发现，许多学习者对教育测量存在认识误区：一是觉得只要不从事相关学科的教学或者科研，教育测量对日常教育教学工作的意义不大，不需要进行系统学习；二是认为教育测量属于理科门类，公式繁多、晦涩难懂，不容易熟悉掌握；三是认为教育测量理论体系繁杂冗余，不便于具体操作。这些不当认识的产生，一方面与学习者自身的认识不清有关，另一方面则与我国教育测量学科发展滞后、课程教材建设质量不高有很大关系。

本书是编者在对教育测量理论和实践长期探索的基础上撰写而成的，旨在使读者能够比较系统而又清晰地掌握教育测量的基本理论和操作方法，帮助教育领域的每个人掌握搜集数据、处理数据和分析数据的知识与能力，以在大数据时代背景下更好地胜任教育教学工作。基于此，本书在编写上力求凸显三大特色：

(1) 力求凸显结构性和逻辑性。本书无意囊括教育测量学的所有相关知识，而是尽量尝试用简洁明了的框架，呈现教育测量学的核心知识点和能力点，并依照教育测量的理论和实践逻辑，合理排列这些知识点和能力点。本书共分六章：第一、二章是对教育测量学以及教育测量的本体认识；第三章着重介绍编制教育测验的步骤和方法；第四、五章介绍良好教育测验的表征，第四章从具体项目的层面展开分析，第五章从测验质量的层面进行分析；第六章着力于介绍教育测量结果的统计处理。六章内容在编排上依次推进、前后呼应，体现了知识的结构性和思路的逻辑性。

（2）力求凸显操作性和技术性。教育测量学属于实践性非常强的应用学科，本书着力于体现这种实践性和应用性。除了在内容上注重对实践运用、操作技术的探讨之外，本书还在第四、五、六章引入普及化高、操作简易的SPSS统计分析软件，并以案例为载体，用简洁易懂、清晰明了的语言和操作图例完整地呈现SPSS在教育测量项目分析、质量分析和结果处理中的操作技术与操作流程。

（3）力求凸显可读性和规范性。本书在保证科学性、准确性的基础之上，尽量摒弃烦琐、生僻、冗长的论述，追求清晰明了、精练简洁的行文风格，强化话语的可读性和规范性。

本书由朱德全负责设计框架，主要章节由下列同志完成：第一章，杨鸿、朱德全；第二章，林克松、朱德全；第三章，张媛媛、朱德全；第四章，林克松、朱德全；第五章，王俪嘉、朱德全；第六章，吴乐乐、朱德全。全书由朱德全、林克松、杨鸿负责统稿与定稿。

本书既可作为高等院校本、专科以及研究生相关课程的教材，又可作为基础教育管理人员、广大教师以及教育测量爱好者的参考书。

本书的出版得益于中国人民大学出版社的鼎力支持和协助。本书在编写过程中参考、引用了诸多国内外文献资料，在此向出版社和所有作者致以敬意和谢意。由于编者所学有限，书中难免有纰漏之处，恳请同人和读者批评指正。

编　者

2015年7月于西南大学

目录

第一章

教育测量学概论

本章提要

本章首先对教育测量学的发展脉络和当代趋势进行了探讨。教育测量起源于早期学生学业成就和学力水平的检测。教育测量学从早期的萌芽探索发展至今，走过了从无到有、从微不足道到重要学科的发展历程，经历了主观经验化、客观标准化、标准技术化和多元智能化的发展阶段。本章随后对教育测量学的学科地位与学科贡献展开论述。今天，教育测量学有着非常重要的学科地位。它不仅是教育科学体系的重要学科和学校教育教学活动的重要手段，还是教育科学研究的重要工具，更是教育行政部门作出教育科学决策的重要依据。本章最后对教育测量学的研究范畴与理论体系进行了研究。与其他教育学科相比，教育测量学有着更为独特的研究范畴与理论体系。它主要应用数量化测定的原理、技术和方法对教育领域的多种对象进行研究，包括测量什么——对象问题、怎么测量——标准及工具问题、测量工具如何——质量问题等范畴，涉及概念、原理、编制和结果处理。

学习目标

- 了解教育测量学的历史发展与特点。
- 说出科举制度在教育测量学发展过程中的重要作用。
- 说出教育测量学客观化、标准化的特征。
- 认识教育测量学的学科地位与学科贡献。
- 掌握教育测量学的研究范畴与理论体系。

教育测量学是教育科学体系中一门重要的学科。从诞生至今，它为教育科学的发展、教育改革的推进作出了重要的贡献。回顾教育测量学的发展脉络和当代趋势，探讨教育测量学的学科地位与学科贡献，厘清教育测量学的研究范畴与理论体系，是教育测量学学科建设与发展的重要任务。

第一节 教育测量学的发展脉络与当代趋势

现代教育测量起源于古代的考试制度。中国是最早建立考试制度的国家，早在西周奴隶制时期（公元前 1046—前 771 年）就形成了学校考试制度的雏形，而至隋炀帝大业二年（606 年）兴起的“科举取士”考试制度——科举制，标志着中国最早考试制度的正式形成。直到清朝末年（1905 年）科举制被迫取消，我国古代教育测量时期完结。在此过程中，中国数千年的考试制度为现代教育测量的产生奠定了坚实的基础。因此，回顾教育测量学的历史脉络，厘清教育测量学的当代趋势，是教育测量学学科建设与发展的重要任务。

一、教育测量的萌芽探索：主观经验化

教育测量最早见于早期人们对学生学业成就、学力水平或个性特征的量的检测。不论是我国存在约 1 300 年的科举制，还是西方各国广泛采用的口试，早期的这些考试大多凭借出题人的主观经验进行，无论是口头表达、书面文字，还是操作技能的检测，无不体现较强的经验性。诸如此类的教育测量既没有科学的试题编制方法，也没有客观的评分标准，更没按照形式化的科学理论进行。因此，早期人们对教育测量的探索主要处于主观经验化发展阶段。

西周时期我国就建立了学校教育制度，也由此诞生了学校考试制度的雏形，开始了对教育测量的探索。《礼记・学记》记载：“古之教者，家有塾、党有庠、术有序、国有学。比年入学，中年考校。一年视离经辨志，三年视敬业乐群，五年视博习亲师，七年视论学取友，谓之小成。九年知类通达，强立而不反，谓之大成。”尽管西周时期并没有“考试”一词的具体论述和定义，但是从《礼记・学记》可以看出，西周的“国学”不仅规定了学业考试的时间和步骤，而且规定了学业考试的内容和标准。之后，孟子提出：“权，然后知轻重；度，然后知长短；物皆然，心为甚。”这说明教育测量的思想有了早期萌芽。

西汉时期，董仲舒的《春秋・繁露・考功名》第一次使用“考试”一词，成为我国最早能追溯的“考试”一词的文献。随着时间的推移，人们开始不断明晰考试的概念与作用。在两汉和魏晋南北朝的历史阶段里，教育考试在学校教育中的功能愈加稳定，学校教育考试制度开始基本成型，教育测量在人才选拔中的作用逐步凸显。汉代在考试制度、考试方法和考试功能等方面都取得了重要的进展。在考试制度方面，太学把考试作为考查学生学业和学校管理的一种方法。汉武帝曾制定“岁考制”“一岁皆辄课”，通一艺者补“文学掌故”，高策者为“郎中”，后改为两年一试。在考试方法方面，开始使用“口试”“策试”“射策”三种形式考查学生。“口试”采用问答的形式；“策试”重“章句”和“师法”，首开笔试的先河；“射策”类似于现在的抽签考试。主考者按照题目的难易和范围的大小，将科目分为甲科、乙科两种。初期将试题写在木牌上，应试者用短

矢而射，射中的试题由应试者作答。后来将试题写在帛上或纸上，由应试者随意抽取。在考试功能方面，汉代不仅把考试用于督促和检查学生的学习，还将之与太学生的出路联系起来，因为太学生学满两年可以参加考试，以五经为考试内容。通二经者，可任文学掌故；通三经者，授予太子舍人职务；通四经者，授予郎中职务。考取者也可不去做官而继续学习，参加更高一级的考试。甚至已经为官的太学毕业生也可参加高一级的考试，考取者可继续升职。这也为隋唐时期将学校考试与官职统一奠定了基础。

隋唐时期，我国考试制度发生了重大变革，教育测量在人才选拔中的功能得到进一步巩固。隋炀帝大业二年开始设置进士科，标志着我国科举制的正式兴起。科举制是指普通士人通过逐级的分科考试，朝廷按照考试成绩选取人才，授以相应官职的一种制度。科举制肇始于隋唐，废止于清末。作为一种考试制度，它在科目设置、考试内容、考试方式、考试组织等方面都有比较完善的制度，也经历了“随意化-规范化-程式化”的发展阶段。

在科目设置上，隋朝设置了秀才科、明经科和进士科。唐朝早期沿袭了隋朝的科目设置，在中后期开设了众多科目，科目最多时达 16 种。除了秀才科、明经科和进士科等综合型科目外，还有五经科、四经科、三礼科、三传科等衍生科，也有明法科、明书科、明算科、道科、开元礼科等实用型科目。一些科目是根据需要而临时设置的。宋朝的科目设置经历了由繁复到简明的过程，以北宋神宗熙宁四年（1071 年）为界，繁复期多达 11 科，简明期仅以进士一科取士。自此，进士科成为科举考试的必考科目，并且衍生了如经义进士科、诗赋进士科和策论进士科等更具体的进士科。辽、金在保留进士科为必考科目的同时，也开设了律科，但其地位无法匹及进士科。元、明、清三代的考试科目设置比较单一。元代将经义进士科、诗赋进士科和策论进士科整合为德行明经科，对考试科目进行了规范、统一的设定。明代、清代沿袭元代开设德行明经科，清代同时为八旗子弟开设了翻译科，但影响甚小，应试者寥寥。

在考试内容上，从隋唐到北宋前期，由于科目设置繁复，考试范围也比较庞杂。从北宋后期开始，科目设置比较简明，考试范围也更加明确。明经类科目主要有四经科、五经科、九经科、明二经、明三经、学究科、三传科和三礼科等。主要的考试范围是儒家经典，主要包括：《诗经》《尚书》《周易》《论语》《孟子》《礼记》《周礼》《仪礼》《孝经》《尔雅》《春秋穀梁传》《春秋左氏传》《春秋公羊传》等。科目不同，所考查的儒家经典也不尽相同。每一科目一般会考“十三经”中的一部或几部，这个考试范围在不同朝代有不同的规定。每个科目要求的儒家经典的数量不一，甚至有些随意，单一化、随意化的特点成为科举制度暴露出来的问题。纵观科举约 1 300 年的发展，尽管不同朝代、不同科目的考试范围不尽相同，但以儒家经学为主要内容的方向却一直未曾改变，甚至得到不断强化。

实用类科目主要是为选拔某一特定领域、特定行业的人才而设置的科目。唐宋时期都设置了明法科、开元礼科等科目。明法科以当朝施行的刑法律令为主要考试内容，开元礼科主要考试内容为《大唐开元礼》（150 卷）。术技科目主要有明算科、明书科、医科等。明算科的考试范围为历代算学经典，如《五经算术》《九章算术》《缀术》《孙子算经》《五曹算经》《周髀算经》《缉古算经》《夏侯阳算经》等。明书科则主要考试《说文》

《字林》两部字书，兼试书法。由于科举制度旨在培养后备官员，实用类科目的考生仅能胜任某一领域的具体工作，故在后期这种科目逐渐为综合性科目所取代。

进士科是科举制度中最受重视的科目，不仅考生众多，而且进士出身的考生多被授予高官。在隋代及唐初，进士科多考时务策。经过唐太宗、唐高宗时期的改革，进士科的考试内容增至三种，包括经学、文学、时务策。宋、辽、金三朝又对进士科范围进一步划分，北宋将进士科分为经义进士科和诗赋进士科，金代在此基础上又开设策论进士科。至元、明、清，由进士科发展起来的德行明经科成为标准科目，文学和时务成为次要内容，而经学的考试范围则被局限于四书五经（四书包括《大学》《中庸》《论语》《孟子》，五经包括《周易》《尚书》《诗经》《礼记》《春秋》）。科举制度在科目设置和考试内容上逐渐趋于规范化和标准化，这虽然是科举制自身发展的需要和专制政治的需要，但也使科举制度逐渐失去活力与生命力。

在考试方式上，主要有贴经、经义、策问、诗赋等。明经科目考试多采用贴经的方式，类似于今天的填空题。这种方式可以考查应试者对儒家经典的熟悉程度，考查内容配有规范标准的答案，这在一定程度上提高了考试的规范性和操作性，也保证了考试的公平性和公正性，但很难检验出应试者对经典的认知和理解水平，因此仅适合于考查记忆能力的内容。

经义是一种注重考查应试者能力的方式，要求应试者根据规定的文句展开议论，阐发义理，类似于现在的议论文。经义有口义、墨义之分。口义相当于口试，由考官现场出题，应试者随即回答，考官根据其回答评定成绩。墨义相当于笔试，它可以在同一时间内组织众多应试者参考，再由考官统一阅卷。墨义便于组织、省时省力，也是一种充分体现公平、公正的考试方式。

从隋唐到宋代，贴经和经义一直并存使用。尤其在北宋之前，贴经是科举考试采用的主要方式，从北宋开始，经义（主要是墨义）开始逐渐替代贴经，甚至成为儒家经学的唯一方式。元、明、清主要以经义、各种文体和时务策为主要方式，对经义作了进一步改造，逐渐形成程式化的八股文。

在考试组织上，科举制也有着严密的等级与严格的要求。在隋代及唐初时期，科举制只有省试一个级别。唐代的规范化程度远远高于隋代。在省试之前，唐代有统一、规范的“解送试”制度（由国子学及各州府按照分配的名额，举行相应的考试选拔一定数量的士子，再推荐到朝廷参加尚书省的考试）；在省试之后，要再次进行“覆试”（对省试的检查和认定）。宋、辽、金三代在省试基础上增加了殿试。殿试由皇帝亲自主持，皇帝直接掌握选拔和任命官员的权力。殿试虽由唐代武则天创设，但在唐代并未形成定制。直到北宋开宝五年（972 年）和开宝六年（973 年），宋太祖连续亲自覆试省试合格进士，并授予官职，殿试才形成建制。辽、金的科举制度也主要由省试（或会试）、殿试构成，省试、殿试的实质是一个级别、两个步骤。当然，省试之前的解送试也是必不可少的。

随着社会政治、经济、文化的发展，科举考试的选拔功能更加突出，参加科举考试的考生也越来越多。省试（或会试）、殿试这样的一级考试制度已经不能适应社会的需要。元代将解送试改为乡试，各地对乡试的重视程度也大大提高。明代将乡试进一步规范与明确，清代乡试更加严格。清代乡试之后要进行覆试，再次对乡试结果进行核定，以保障乡试的公平、公正。乡试制度的成型，意味着科举制度变得更加规范与统一。

在考试时间上，北宋之前基本都是一年一届。宋代早期的省试、殿试也是一年一届，但随着参考人数和选拔人数的增加，考试组织实施出现了疲于应付的问题，常常会采用隔年或者相隔数年才举行一届考试的做法。至北宋英宗治平三年（1066 年）才形成三年一考的定制。辽、金基本沿袭了宋代三年一周期的做法，并将具体时间进行了规定。元、明、清也对乡试、会试及殿试的具体时间作了规定。

科举制从隋朝大业二年到清朝光绪三十一年（1905 年）举行最后一科进士考试为止，存在了 1 300 年左右。它的科目设置、考试内容、考试方式、考试组织等制度大多借助经验性思维，依靠统治者的主观需求与维护统治的需要而建立。这种制度的形成经历了由不固定（不明确）到相对固定（明确），由相对固定（明确）到高度一致的过程，这种高度程式化和规范化的做法，也直接加速了科举制度退出历史舞台的步伐。科举制度曾发挥过重要的作用，它不仅打破了大官僚贵族依靠门荫把持选官权力的积弊，为庶族中小地主与出身寒微的平民开辟了入仕途径，也扩展了封建统治的社会基础，更促成了教育制度和选官制度的一体化，为统治者加强中央集权和皇权提供了教育基础和人才基础。

二、教育测量的学科定型：客观标准化

18—19 世纪，就在我国科举制度逐渐走向程式化、僵化之时，欧美各国在工业革命的推动和教育普及的浪潮之下，受西方现代心理学、教育学、统计学等学科理论发展的影响，教育测量呈现出生机勃勃的发展态势，并作为一门学科正式产生。

18 世纪之前，欧美学校的考试大都采用口试。随着教育规模的迅速扩大，学生人数迅猛激增，口试无法适应发展的需要，笔试逐渐登上历史舞台。这其中，中国古代的考试制度对西方社会的笔试考试制度的建立有过重要的影响作用。1702 年，英国剑桥大学开始学习中国的笔试考试方法，首先采用笔试代替口试，使其成为西方教育测量发展史上重要的里程碑；1791 年法国政府也开始效仿中国的笔试考试方法选拔文官人才；1845 年，在教育家霍勒斯·曼（Horace Mann）的倡导下，美国波士顿市的普通学校开始以笔试考查毕业生，掀开了以统一的试卷测量众多学生的历史新篇章。与此同时，为进一步克服命题与评卷的主观性、随意性，研究者们致力于开发各种量表，使考试更加客观化。1864 年，英国教师乔治·费希尔（George Fisher）收集了不同水平学生的语法、作文、拼字、书法、算术、历史、自然、图画等学科成绩样本，编制成《量表集》，为评价学生各科成绩提供了标准，这是客观标准化测量的萌芽。1894 年，约瑟夫·赖斯（Joseph Rice）选定 50 个字对 20 所学校的 16 000 多名学生进行测验，设计了拼字测验。

19 世纪末 20 世纪初，随着心理学与实验心理学的发展，心理测验在西方国家开始兴起，很多西方教育学家开始采用心理测量的技术对学生的能力、个性、学业进行客观化的测量，这对教育测量产生了很大的影响。1883 年，高尔顿（Galton）出版了《人类才能及其发展的研究》，首先提出“测验”“心理测验”两个术语。1904 年，桑代克

(Thorndlike) 出版了《精神与社会测量导论》，桑代克也首次提出"教育测量"一词，在该著作中，他系统介绍了统计方法及编制测验的基本原理，提出了"凡物之存在必有其数量"的论断，这成为教育测量学未来发展的思想指导。因此，桑代克被世人称为教育测量学的鼻祖。之后，为巩固测验理论，桑代克还编制了一些测验与量表，运用统计学上的"等距原理"发明了量表编制的单位，编写了图画量表、书法量表、拼字量表、作文量表等标准测量工具。在同一时期，美国测量学家麦考尔（W. A. McCall）提出了T·B·C·F制（T：total ability，B：brightness，C：classification，F：effort），1922年又提出"凡有数量的东西都可以测量"，进一步地延续了桑代克的教育测量思想。在桑代克、麦考尔等人对教育测量学的大力倡导和创新下，在此后不到20年的时间里，美国走向了教育测量运动的高潮，在此期间，编制了各种标准化测验，设立了测验研究部，组织教育测量专家进行大规模教育测验，助推教育测量走上了科学化的道路。

从本质上来说，教育测量与心理测量是相互交融、互为促进的。1905年，比内(A. Binet)、西蒙（T. Simon）发表了《诊断异常儿童智力的新方法》一文，该文开发并介绍了第一个智力量表——比内-西蒙量表。1908年，他们将年龄作为测量智力的准则，采用智力年龄的方法计算成绩，又发表了修订量表。这种方法解决了不同年龄相互比较的标准问题，增强了测量结果的明确性与可比性。1916年，斯坦福大学教授特曼(L. M. Terman) 再次修订了比内-西蒙量表。修订后的量表引入了智力商数，使测量结果更加明确；量表增添了新的测试内容，也使测验的适用范围更加广泛。戴维·韦克斯勒（David Wechsler）编制的儿童、成人智力量表被广泛地应用，他摒弃以智龄为测量单位的做法，提出用离差智商代替比率智商。随着测验编制技术的不断成熟，智力测验越来越完善，各种能力倾向测验、操作测验、人格测验等也不断涌现。1918年后，教育测量的应用从小学延伸到中学甚至大学，一些大学因此设立了教育测量学课程。这些成就大大推动了教育测量的发展，教育测量表现出客观化、标准化的显著特征。

首先，测验编制趋向客观化，命题、评分、成绩分析尽量避免主观经验性和片面性，试题类型尽量减少或避免选择主观性试题，以确保测验编制的准确性与客观性。其次，测验的测试范围比较大，测试对象比较多。再次，测验类型趋向多元化发展，以往的教育测验多是指向学生的学业成绩，但是这个时期的测验除了学业成绩之外，还有智力测验、个性测验、能力倾向测验等等。最后，测验的标准客观化，测验大都建立了常模，形成了客观的标准。随着教育测量应用范围的不断扩大，这种客观化测验的弱点也逐渐显现。测验编制的素材主要来源于教科书，多数测验重点考查学生对教材内容的记忆，对学生的兴趣、情感、态度、创造等缺乏关注，这不利于学生的全面发展。

我国辛亥革命后，西方教育测量学逐渐被引进，中国学者开始了对教育测量的研究与教学工作。1917年，樊炳清首先向国人引入和评述比内-西蒙量表。1918年，俞子夷在借鉴桑代克书法量表的基础上，编制了"小学国文毛笔书法量表"，开创了我国现代教育测量的先河。1919年，廖世承和陈鹤琴开始在南京高等师范学校设置测验课程，开创了我国高校设置测验课程的先例。一些教育机构开始成立教育测验组织，对测验进行宣传和推广。1922年，中华教育改进社邀请麦考尔来中国讲学，并邀请他主持编制各种测验，并培训教育测量人才。1923年，中华教育改进社组织开展了全国小学教育调查。

1924 年，廖世承和陈鹤琴出版《测验概论》。1925 年左右，全国编制了几十种中小学教育测验，这些测验涉及小学、中学等不同学段，测验内容包括文法、默读、国文、常识、化学、物理、地理、历史、算术、英语等科目。1931 年，在艾伟、陈鹤琴、肖孝嵘、陆志书等人的倡议下，中国测验学会在南京成立，这标志着中国教育测验的发展进入了新的历史时期。1932 年，中国测验学会会刊《测验》杂志创刊。中国测验学会通过举行年会和创办杂志来促进学术交流与量表编制，推动教育测量在我国的发展。20 世纪三四十年代，我国陆续编制了一批测验并应用到实际教学中。一些学者出版了测验专著和教材，并在高等教育学校和中等师范学校中开设教育测量或心理与教育测量的课程。可以说，在此阶段我国教育测量的理论研究与实践应用都得到了很好的发展，我国也开始进入现代教育测量阶段。

三、教育测量的深度发展：标准技术化

1929 年，美国爆发经济危机。经济危机迫使人们对教育进行全面反思，前期美国教育测验运动的局限性被凸显出来，因为标准化的量表虽在一定程度上保证了测验的客观性，但是标准化的客观测验却没有解决如何科学地考察教育效果这一重大问题。批判者认为，很多用于教育方面的测验过多偏重于记忆型知识，难以全面了解学生的学习进步情况，如个性、兴趣等方面的发展。因此，美国开始对考试评价进行改革。1934 年，为了促进人才的全面发展，以美国俄亥俄州立大学教授泰勒（R. W. Tyler）为首的美国进步教育协会（PEA）教育研究委员会，在 300 所大学、学院和 30 余所中学开始了历时 8 年的课程与评价研究。泰勒试图将社会的要求、学生的需要整合到课程与测验中，他提出了一套以教育目标为核心的课程和测验编制原理。这在一定程度上促进了教育测量学的深入发展，一些专业的教育测量机构也陆续建立起来。1947 年，美国成立了教育考试服务中心（Educational Testing Service，ETS），它是世界上最大的非营利教育测试和评估组织，专门从事测验编制和组织标准化考试。

知识拓展

20 世纪 30 年代，资本主义国家经济危机的爆发导致美国经济开始衰退，引起人们对学校教育的反思，对中学的教育目标、课程设置、教学大纲和课程评价等提出了质疑。在此背景下，美国进步教育协会发起了一项历时 8 年（1934—1942 年）的教育实验，目的在于通过实验加强中学与大学的合作关系，实现中学升学与就业的双重目标，验证或确立进步教育协会提出的教育目标，同时建立新型的中等学校模式。实验在新成立的中学与大学关系委员会的指导下，从 200 所中学中挑选了不同地区、不同规模、不同水平的 30 所中学参与实验研究。同时，实验也得到了 300 所学院和大学的积极配合。参加实验的 300 所大学和学院对 30 所实验学校放弃原有的高考制度，根据中学校长的推荐和学生的在校表现来综合评价学生，以决定是否招收学生。为了更好地培养本校学生，参与实验的中学拥有足够的自主权来改革学校的教学大纲和教学方法。研究提出，学生应该把学习视为对人生意义的一种持久的探索，而不仅仅是积累学分；要让学生渴求学习，

不断进取，并勇于探索新的领域；要使学生懂得如何安排时间，如何更好读书，如何更有效地运用学到的知识，对所面对的生活更富有经验。整个实验分为两个阶段：第一阶段从 1934 年到 1936 年，参与研究的学校在指导委员会及其分支委员会、进步教育家和专业人士的指导下，开始在内部实施改革，制订学校教学计划，编制课程，实施民主管理，鼓励教师参与实验研究，与学生合作开展实验活动。第二阶段从 1936 年到 1942 年，参与实验的大学和学院依据合作中学校长的推荐和学生的综合表现录取学生，由大学跟踪委员会对学生四年的大学生活开展跟踪，将参与实验的学生与没有参与实验的学生分成实验组和对照组，按照大学成功标准对实验组和对照组进行评价和比较，得出实验结论。1942 年，中学与大学关系委员会发表了实验研究报告。尽管由于外在环境的变化，实验研究没能得以继续进行与深化应用，但还是取得了丰硕的成果。研究不仅得出“传统中学单纯强调学术性，为升学准备的课程不符合社会和学生发展的需要”这样的结论，还开创了现代教育实验的范式，确立了制定教育目标的原则，奠定了现代课程理论的基础，同时形成了现代教育评价理论。

随着教育测量的深入发展，各种测验更加标准化、客观化，教育测量也由过多重视测量学生的知识，转为重视对学生智力、思想品德、能力等的测量；由追求单一答案的求同式思维，发展为重视多种答案的求异式思维；由偏重测量学生的学习成绩，发展到关注课程、教材、教育教学改革等各个方面；由传统单一的常模参照性测验，发展到常模参照性测验与目标参照性测验相结合的形式。

20 世纪四五十年代，计算机的诞生为教育测量带来了一片新天地。计算机技术和教育测量思想的融合带来了测验内容、测验方法和测验形式的变革。它不仅可以改变传统纸笔形式，还可对测验内容进行分析、比较，大大减少测验的数据分析工作量，提升数据处理的精确度，更可以实现测验的标准化，提高测验的客观性和科学性。同时，教育测量的理论研究与技术开发不断完善，提出了测验信度、效度、项目的难度与区分度等指标及其经典的统计分析方法，经典测验理论逐渐成型，为教育测量的发展奠定了理论基石。

四、教育测量的当代趋势：多元智能化

随着经济社会的发展和教育改革的推进，教育测量在教育教学中发挥着越来越重要的作用，教育测量在人才培养和人才选拔中占据着举足轻重的地位。

自新中国成立到 1978 年近 30 年，由于种种原因，我国教育测量学处于停滞状态。党的十一届三中全会以后，教育测量学得到了恢复和发展。一是引进和发表、出版了一系列的研究成果。一方面，我国学者开始从西方国家引进了传统的经典测验理论、概化理论以及项目反应理论，并将这些理论运用在实际的教育测量探索中。另一方面，很多学术成果日积月累，助推我国教育测量学的蓬勃发展。张述祖在 1979 年第 5 期《教育研究》上发表《论教育测量的重要性和教育测量的一些基本概念》，这是建议重视教育测量的第一篇论文。1982 年，以叶佩华、邹有华为代表的学者翻译了《心理与教育的测验和

评价》(1977年第四版)，这是教育测量恢复发展后第一本有影响的译著。1987年，王汉澜教授主编的《教育测量学》出版。同时还有张厚粲的《标准化考试简介》、张敏强的《标准化考试》、郑日昌的《教育测量学的基础》等。众多学者开始翻译、修订、自编智力测验、人格测验和学习能力测验等，并着力推动我国高考的标准化改革，取得了一系列的成绩。

二是成立了专业研究组织机构，建立了教育测量学研讨平台。1981年，成立了中国教育学会教育统计研究会，并组织了多次全国性学术研讨会。1988年，正式将教育统计研究会更名为中国教育学会教育统计与测量研究会，开始组织国际性的学术研讨会。同年，我国加入国际教育成就评价协会，并与其合作，在我国进行了全国规模的教育测量抽样研究。

三是着力推进教育测量学的学科建设，并做好人才培养。逐渐地，全国很多高等院校将教育测量学列为教育系的必修课，作为本科生、研究生必修的课程之一。一些教师培训也将教育测量及相关课程作为培训内容，提高教师们教育教学的应用能力。

在国外，20世纪七八十年代，美国兴起基本能力测验运动，该运动的目的是弥补高中毕业生所缺乏的进入社会必需的技能与能力。同时，教育测量还被应用到教师入职中，教师在获得教师资格前必须通过一系列的测验，经检验具备了成为一名教师的基本能力，才能获得教师资格。至今，ETS开发出了若干种标准化考试，同时还在超过180个国家、9 000个地区管理着包括托福（Test of English as a Foreign Language，TOEFL）、托业（Test of English for International Communication，TOEIC）、美国研究生入学考试（Graduate Record Examinations，GRE）等在内的国际考试。此外还有各种职业性考试，律师、医生、会计、交通、军队等行业，都用教育测量来选拔人才、分配工作和鉴定工作效率。

在此基础上，教育测量的理论得到进一步丰富，项目反应理论在20世纪70年代得到逐步扩展，并在计算机技术的支持下逐渐应用到测量实践中，认知诊断成为测验发展的新追求。随着计算机应用功能的逐渐强大与应用范围的扩大，科学化、标准化的测验得到极大发展，尤其是计算机化测验和题库得以迅速兴起。计算机化测验包括基于计算机的测验（computer-based test，CBT）和计算机自适应测验（computerized adaptive testing，CAT）。CBT是一种以计算机为载体的测验方式。目前，一些学业成就测验、智力测验、人格测验开始采用这种方式的测验。CAT从测验的编制与组合、测验实施、测验的评分到结果的解释与呈现，都由计算机来实现。它克服了传统纸笔测验的不足，采用灵活的“因人施测”策略，提高了测验的信度、效度与效率。目前，ETS推行的工商管理类研究生入学考试（Graduate Management Admission Test，GMAT）就是采用CAT这种测验形式。题库是为了适应考试事业大规模发展，更好地满足社会发展和标准化考试的需要而设立的。它既可以大大提高测验编制的效率与质量，真正实现平行试卷的编制，又能确保试题的保密性，实现考试的公平、公正。

随时信息技术的迅疾发展，以多元智能化为依托的教育测量，取得了长足的发展，并在管理、内容开发、测验题呈现、收集反应和分析数据方面得到了很大的改善。从2000年至今，“国际学生评估计划”（Program for International Student Assessment，PI-

SA）每三年举行一次，从各个方面对每个国家和地区的 15 岁少年进行测试，以此判断学生们能否掌握参与社会所需要的知识与技能，为每个国家的教育改革提供借鉴参考。2001 年起，国际教育成就评价协会开展的"国际阅读素养研究进展"（Progress in International Reading Literacy Study）项目，计划每五年进行一次全球范围内的阅读素养评价，以此监控儿童阅读能力的未来发展。同时，2015 年，我国公布并实施《国家义务教育质量监测方案》，该方案也被称为"中国特色 PISA"（Program for Chinese Student Assessment，PCSA）。这标志着中国义务教育质量监测制度的建立。2021 年，我国《国家义务教育质量监测方案（2021 年修订版）》发布，监测学科领域也由原先的 6 个扩展至 9 个，新增劳动、心理健康和英语学科。每个监测周期为三年，每年监测三个学科领域。2017 年美国"全国教育进展评估"（National Assessment of Educational Progress，NAEP）项目对全美 4 年级和 8 年级 15 万名学生的阅读和数学进行了测试，并对这两个年级中每个年级大约 2 万名学生的写作进行了评估。从 2018 年起，"澳大利亚国家评估计划"（Australian National Assessment Program）对 3 年级、5 年级、7 年级和 9 年级学生的在线素养和算术素养进行了评估。诸如此类的全球性的教育测量项目，在为国家的教育政策、学校课程、教学以及学生的学习提供导向的同时，也不断地促进着教育测量学的发展和进步。

随着计算机科学、认知科学及数理统计学等学科渗入教育测量学领域，教育测量学的多元智能化趋势还将进一步凸显，在教育实践中的地位和作用还会进一步提高。著名的教育测量专家贝内特（Bennett）提出，表面上看，教育测评变革正在经历从纸质测验向数字化测验转变，但在数字化测验发展的更深层次，教育测评有着更多实质性的革新并重塑了教育评价。教育评价同时服务于制度性需求和个性化学习的需要，基于认知原理和理论性的领域模型设计教育测验，使用复杂情境和其他反映真实环境重要特征的交互式表现性任务，允许与计算机进行更多的自然交互，利用更复杂的方式测评新的技能，评价更多地被整合于教学①。可以说，人工智能、大数据技术与教育测量的深度交融，将给教育教学变革、教育管理、个人学习方式等带来深刻影响。

第二节　教育测量学的学科地位与学科价值

2018 年 9 月 10 日，习近平总书记在全国教育大会上提出教育领域的"九个坚持"：坚持党对教育事业的全面领导，坚持把立德树人作为根本任务，坚持优先发展教育事业，坚持社会主义办学方向，坚持扎根中国大地办教育，坚持以人民为中心发展教育，坚持深化教育改革创新，坚持把服务中华民族伟大复兴作为教育的重要使命，坚持把教师队伍建设作为基础工作。践行"九个坚持"，离不开教育测量学科的建设和教育测量实践的推广。可以说，教育测量从 20 世纪诞生至今，在教育改革与发展中发挥了积极的作用，

---

① BENNETT R E. The changing nature of educational assessment. Review of research in education，2015，39（1）：25－30.

也受到各国教育研究者、管理者和教师们的青睐与重视。探讨教育测量学的学科地位与学科贡献，深入分析教育测量学发挥的作用，是我国深化教育改革与发展的内在需求，也是教育测量学学科发展的必然要求。

一、教育测量学是教育科学体系的重要学科

20 世纪以来，随着我国教育科学的学科建设不断推进，教育科学这个大家庭的成员越来越多，体系越来越完善，并继续朝着分化与综合这两条路径纵深发展。一方面，教育学的学科分化趋势更加突出，分支学科不断涌现；另一方面，教育学的学科综合趋势十分明显，交叉学科、综合学科、复合学科、边缘学科层出不穷。例如，教育哲学、教育逻辑学、教育社会学、教育管理学、教育法学、教育文化学、教育生态学、教育经济学、教育心理学、教育统计学、教育测量学、教育评价学、教育实验学、教育技术学、教育信息学等分支学科，就是各种学科不断交叉、相互渗透的结果，由此形成了一个庞大的教育科学体系。在这个体系中，教育测量学作为一门“研究如何运用方法来分析教育活动”① 的学科，显现出较强的工具性、应用性、交叉性等特点。

教育测量学是一门工具性学科。在社会科学研究中，教育测量是研究者广泛收集数据、资料、信息的重要手段，教育测量的结果成为定量研究的关键指标。在教育科学体系中，教育测量是教育统计、教育评价等相关学科的基础。教育测量主要研究测量的基本原理、测量编制技术、测量的质量分析等，教育统计主要应用数理统计学的原理、方法来研究教育问题，教育评价主要研究对教育要素、过程及效果作出价值判断的原理、技术和方法。没有教育测量，教育统计就没有收集统计数据的原理、技术和方法，面临没有数据可以处理或处理错误数据的困境。比如我们统计到一名学生在语文这门学科的考试中前后两次的得分分别为 85 分和 92 分，但我们却不能轻易作出这名学生相比上一次考试取得进步的判断，因为这两套试题不能放在同一参考标准上。那么，这个时候我们就需要对试题的难度进行测量，以此进一步推断学生的进步情况。没有教育测量，教育评价就没有收集评价数据的原理、技术和方法，面临没有事实判断就要作出价值判断的困境。因此，教育测量是教育统计、教育评价的基础，教育统计、教育评价是教育测量的继续，即对教育测量结果进行统计处理与解释应用。

教育测量学是一门应用性学科。从其研究对象来看，教育测量可以对学生的学业成就、学习能力及品德等方面进行测验，以甄别或鉴定学生的学业、品德的优劣，诊断存在的问题与不足；可以对学生的学习兴趣、学习态度、学习习惯和学习行为进行度量，以准确地指导学生的学习活动；可以对教师的教学能力与教学效果进行测量，以判断教师教学能力和水平的高低。从其研究内容来看，它既重视测量理论的探讨，也注重测验理论的应用，比如测量工具的开发与编制、测量工具的使用与实施等。因此，教育测量学被广泛地应用于教育教学活动、教育管理与教育研究中，是一门应用性很强的学科。

教育测量学是一门交叉性学科。从教育测量学的产生和发展来看，它是心理学、教

① 张敏强．教育测量学．北京：人民教育出版社，2019：19.

育学和统计学等学科综合、集成、交叉的产物。从教育测量学的研究领域来看，它涉及多个学科的知识，既包括教育学、心理学等人文社会科学领域的知识，又包括数学、测量学等自然科学领域的知识。从研究方法来看，既要采用人文社会科学研究方法，又要借鉴自然科学研究方法。因此，它与教育学、心理测量学、教育统计学、教育评价学等既有本质的区别，又有密切的联系，既独立又交叉，是教育科学体系中的一门交叉性学科。

二、教育测量是教育教学活动的重要手段

在教育教学活动中，教育测量是顺利开展教育教学工作的重要手段，也是教育教学系统必不可少的组成部分。在不同的活动阶段与进程中，教育测量发挥着不同的作用。

1. 信息反馈功能

在教学中，教育测量常常被应用到不同的教学进程，可以给教师的教学和学生的学习提供较多的反馈。在学期教学开始或者单元教学开始之前，教育测量可以了解学生是否具备开始学习这一门课程或者这一单元所需要的知识与技能；可以了解学生的学习基础，对于即将学习的新内容，可以知道学生已经掌握了哪些内容、哪些内容将会是学生学习的难点、哪些内容应该详细讲解、哪些内容可以简单提及；可以了解学生的学习特点、学习兴趣、学习态度、学习方式，真正实施因材施教。在教学过程中，教育测量可以用于检查学生的学习情况，为后续教学提供反馈信息，教师和学生可以根据反馈予以改进与调整；可以用于诊断学习中存在的问题与困难，以帮助师生采取恰当的解决措施。

2. 改进激励功能

教育测量提供的各种信息反馈，具有以下作用：一是对教师起到改进激励作用，可以帮助教师了解学生的学习基础和学习特点，了解学生的实际状况和发展水平，了解前期教学的盲区与薄弱点，为教师提供改进教学的依据。二是可以帮助学生了解自己的长处与优势，充分激发或维持学生的内在动力，带来精神上的愉悦与满足，全面调动学生的潜在能量，提高其努力学习的热情、积极性和主动性，使学生不断进取从而实现预期目标。三是可以帮助学生明确自己的不足与弱点，激发学生学习的动机，引导学生将压力转化为动力，帮助学生确定后期努力的方向。因此，教育测量具有改进激励功能，可以为教师的教学和学生的学习提供最直接的依据。四是对学校教育教学管理起到改进作用。科学客观的教育测评，能够帮助学校提高教育教学管理的科学性，能对现前学校的学生管理、教学管理、经费开支、制度安排等方面作出科学的分析和评价，及时反馈教育教学管理过程中的问题，帮助学校改进管理制度，进行合理的教育规划。

3. 鉴定检查功能

教育测量的鉴定检查功能是指教育测量具有判断测量对象实现特定目标程度的功用和能力。在教育教学活动中，教育测量常常用于鉴定教育活动的目标实现程度、教师教学的有效程度和学生学业成就的高低程度。首先，在学期或阶段性学习开始时，教育测量可以用来鉴定诊断学生已有的基础知识，和对即将到来的学习活动的准备情况，以此

教育者就可以根据学生已有的学习水平，采取适当的教育方法，针对不同发展水平的学生做到因材施教。其次，在学期进行时或阶段学习中，教育测量的鉴定检查功能可以通过形成性测评实现。也就是在教育过程中，为了解前期学生的学习情况以及进一步引导后期教育活动，完善了对学生学习进展情况和教师阶段性教学情况的测量，以及时帮助教师和学生调整和改进目前存在的问题。最后，在学期结束或者阶段性学习结束时，教育测量可以用来检查学生的学习情况，并给予分数评定或者等级评定，鉴定学生学业成就的高低；可以测试教学目标的达成度，从而鉴定教师教学的有效程度。有的教育测量还可以用来鉴定、筛选适合进入下一个阶段进一步学习的人才，比如高考、研究生入学考试等。

三、教育测量是教育科学研究的重要工具

在教育研究中，为了全面、客观地了解研究对象在某一方面或者某一问题上的实际情况，揭示存在的问题及成因，常常采用问卷、量表、论文式考试、书面测验等方式来开展调查或测试。通过这些方式，可以获得那些难以直接观测和度量的观念、精神、心理、现象、问题等，收集更多、更真实、更精确的信息。

比如在教师教学知识的统整研究①中，研究者首先利用问卷来了解教师教学知识的分离情况（教学知识的分离现状及分离样态）。问卷主要从知识产生主体、理论与实践、知识与经验、言说知识与意会知识四个维度来进行，每个维度又分别从认知、意识、行为三个层面来了解教师的知、意、行。

研究者共发出问卷 315 份，回收问卷 302 份，问卷的回收率为 95.87%。对所回收的问卷作了有效性检查，剔除了一些无效问卷，最后统计得到有效问卷 289 份。在对问卷进行必要的检查后，所有从问卷调查中得来的数据资料都被储存、处理和分析。对研究所收集到的数据应用 SPSS 15.0 统计软件进行处理，得到如下结果：

1. 关于知识产生主体的调查

从对知识产生主体的调查情况来看，在认知层面，62.63%的教师认为“由于受到各方面因素的制约，教师缺乏创造知识的能力和方法”，66.79%的教师认为“在教学中经常使用的知识是由理论研究者创造的，而不可能是一线教师”，这说明近 2/3 的教师都认为教学知识的创造者是理论研究者，作为教学实践的主体，教师自身缺乏创造知识的能力和方法；在意识层面，44.98%的教师“常常有意识地将自己的教学经验与做法记录下来，并通过‘写’或‘说’的方式与他人共同分享”，这说明近 1/2 的教师有将自己的经验与做法和他人分享的意识，这是知识产生的前提条件；在行为层面，仅有 21.8%的教师能将自己的教学经验与做法通过一定的方式转化为可供他人分享的知识，这也说明虽然教师有与他人分享自有经验的意识，但能真正这样做或有能力这样做的却只有少数。

2. 关于理论与实践关系的调查

在理论与实践的关系上，在认知层面，69.55%的教师认为“真正的实践和理论上说

---

① 杨鸿．教师教学知识的统整研究．重庆：西南大学，2010.

的实践是不一样的，那些听起来很好的理论在实际教学中很难操作”，58.13％的教师认为“真正在教学中用得最多、效果最好的知识往往是那些教师自己都无法言说的知识，而不是那些听起来很好的理论”，这说明部分教师并不认为理论知识在实践教学中能发挥出很大的作用，并且认同在教学中用得最多、效果最好的不是理论性知识，而是实践性知识；在意识层面，52.59％的教师“常常有意识地将学到的理论应用到教学实践中”，这说明教师也在尝试着将所学的理论应用到实践中；在行为层面，仅23.53％的教师能将所学的理论很好地应用到课堂教学中，52.25％的教师表示不能将所学的理论很好地应用到课堂教学中。

3. 关于知识与经验关系的调查

在知识与经验的关系上，在认知层面，51.21％的教师认为“那些在教学中产生的个体经验可以通过一定的方式转化为被大家所认可并共享的知识”，54.32％的教师认为“教师在教学实践中可以不断地感受、体验公共知识，实现公共知识、理论知识向具体的行为和个体的观念转化”，这说明大多数教师认为知识与经验是可以进行相互转化的；在意识层面，55.36％的教师“常常有意识地将书本上的、专家的等得到人们认可的知识转化为自己的知识”，这说明教师也在尝试着将得到人们认可的知识转化为自己的知识；在行为层面，仅28.72％的教师能将书本上的、专家的等得到人们认可的知识转化为自己的经验，54.68％的教师表示不能将其转化为自己的经验。

4. 关于言说知识与意会知识关系的调查

在言说知识与意会知识的关系上，在认知层面，25.6％的教师认为“教学知识一定是能言说、能表述的”，49.83％的教师不认同“教学知识一定是能言说、能表述的”，这说明大多数教师认为教学中存在一些不能言说、不能表述的知识，并且41.19％的教师比较认同“教学实践中存在着的‘只可意会不能言传’的知识可以转化为‘可意会可言传’的知识”；在意识层面，36.32％的教师“会有意识地将‘只可意会不能言说’的知识通过写或说的方式转化为‘可言说可表述’的知识”，这说明部分教师也在尝试着将“只可意会不能言说”的知识通过写或说的方式转化为“可言说可表述”的知识；在行为层面，仅27.63％的教师能将自己的一些关于教学的“只可意会不能言说”的知识转化为“可言传”的知识，52.62％的教师表示不能将自己的一些关于教学的“只可意会不能言说”的知识转化为“可言传”的知识。

实质上，教学知识的分离可以归结为理论性教学知识与实践性教学知识的分离，其主要表现在创生主体（知识产生主体）、价值追求（理论与实践，从价值追求上来看，也就是“求真”与“求善”）、存在形态（知识与经验）、表现形式（言说知识与意会知识）等方面。更抽象地说，理论性教学知识与实践性教学知识的分离表现为：在创生主体上的“研-教”式分离、在价值追求上的“真-善”式分离、在存在形态上的“显-隐”式分离、在表现形式上的“公-个”式分离。

可以说，教育测量是教育研究不可缺少的研究工具。它能在短时间内同时调查众多对象，掌握大量的一手资料，并能对一手资料进行定量统计分析，从而全面了解研究对象的各种情况。

四、教育测量是教育科学决策的重要依据

习近平指出，“教育是民族振兴、社会进步的重要基础，是功在当代、利在千秋的德政工程，对提高人民综合素质、促进人的全面发展、增强中华民族创新创造活力、实现中华民族伟大复兴具有决定性意义”。而要实现教育成为服务国家高质发展的重要引擎，离不开一项项科学的教育决策。所谓教育决策，就是为了达到教育的某个或若干个目的，而对教育未来实践的方向、目标、原则和方法所作的决定，或者可以说，是为了教育的某个或若干个目的，而对教育活动实施方案所作的选择[①]。教育决策的基本过程为“形式分析→确定抉择→评估抉择→制定决策→制定规划→评估改革→后续改革”[②]。可见，任何一项教育决策的制定和实施都不是一蹴而就的。教育决策既不能简单作出，更不能随意为之，它需要决策者遵循教育的客观规律、把握真实的现实情况、凭借科学思维、利用科学的决策理论、采取恰当的决策程序和决策方法进行。

党和国家发展教育事业，坚持以人民为中心，坚持教育为人民服务。作出一项科学的教育决策，首先，需要充分听取基层的声音，真实反映群众意愿；其次，需要全面了解问题的背景，了解问题的脉络及衍生问题；最后，需要深入了解问题的成因，探讨有效解决问题的策略。因此，在作出教育决策之前，要开展全面深入的调研，收集众多数据资料，为作出科学决策奠定扎实基础。

实现义务教育均衡发展，是党中央、国务院作出的战略部署，是义务教育法的明确要求。为督促地方各级政府落实义务教育责任，加快义务教育均衡发展步伐，国家建立了县域义务教育基本均衡发展督导评估认定制度，由国务院教育督导委员会办公室（设在教育部）具体组织实施[③]，负责拟定教育督导的规章制度和标准，指导全国教育督导工作；依法组织实施对各级各类教育的督导评估、检查验收、质量监测等工作；起草国家教育督导报告；承办国务院教育督导委员会的具体工作。同时，教育部专门印发《县域义务教育均衡发展督导评估暂行办法》，并从2013年启动了国家督导评估认定工作，督促县域义务教育在校际资源配置、入学机会、保障机制、教师队伍、质量与管理等方面实现均衡发展，这为办好“公平而有质量”的教育奠定了基础。2021年，国务院教育督导委员会办公室克服新冠肺炎疫情影响，先后组织对广西、西藏、四川、新疆、内蒙古、甘肃6个省（自治区）的94个县（市、区、旗，以下统称县）义务教育均衡发展水平进行了国家督导评估认定。2022年，国务院教育督导委员会印发了《关于公布通过义务教育均衡发展国家督导评估认定县（市、区、旗）名单的决定》，公布了2021年通过义务教育均衡发展国家督导评估认定的县名单，共94个县正式通过义务教育基本均衡发展国家督导评估认定。至此，经过中央和地方的不懈努力，31个省（区、市）和新疆生产建设兵团的2 895个县都实现了县域义务教育基本均衡发展。这是继全面实现“两基”后，

① 马超山，温善策．教育决策论．沈阳：辽宁教育出版社，1988：3.

② 王晓辉．教育决策与治理．北京：教育科学出版社，2010：37.

③ 全国县域义务教育基本均衡发展国家督导评估认定收官．（2022－05－05）．http：//www.moe.gov.cn/s78/A11/s8393/s7657/202205/t20220505_624731.html.

我国义务教育发展中的又一重要里程碑，标志着我国义务教育站在了新的历史起点上①。

由西南大学宋乃庆教授等承担的“教育对重庆经济发展贡献的研究”课题②，立足重庆“十五”时期，选择有代表性的各类学校、区县和各类人员近万人，组织专家学者及工作人员 120 余人，围绕教育对重庆经济发展的贡献，多角度、全方位地进行了大量调查研究，获取了教育和重庆经济建设相关的大量数据资料，并运用数学方法进行了实证分析，形成了约 130 万字的研究报告，为政府决策提供了重要的科学依据。课题研究报告被认为“为制定《国家中长期教育改革和发展规划纲要（2010—2020 年）》提供了参考”，为教育部政策法规司所采纳。课题组提出的一系列推动重庆市教育事业及经济社会发展的政策建议，分别被《2008 年重庆市政府工作报告》《2009 年重庆市政府工作报告》及市政府出台的《重庆市人民政府关于进一步推进义务教育均衡发展的意见》《重庆市人民政府办公厅关于进一步加强中等职业教育招生工作的意见》《重庆市人民政府关于推进产学研结合提高自主创新能力的意见》等文件吸收和采纳，为制定教育事业改革与发展的重大决策提供了理论支撑和实证依据。

第三节 教育测量学的研究范畴与理论体系

教育测量学主要应用数量化测定的原理、技术和方法对教育领域的多种对象进行研究。作为教育科学体系中一门重要的学科，它有着独特的研究范畴与理论体系。明确教育测量学的研究范畴，讨论教育测量学的理论体系，是这门学科存在和发展的基础。

一、教育测量学的研究范畴

“范畴”一词最早见于亚里士多德的《工具论·范畴篇》，他把语言的表达形式分为“简单的”和“复合的”。按现在的理解，“简单的”相当于词，“复合的”相当于句子。亚里士多德又把“一切非复合词”分为“实体”“数量”“性质”“关系”“地点”“时间”“姿态”“状况”“活动”“遭受”十类，并称为十类“范畴”（κατηγορια）。实际上，κατηγορια 是亚里士多德自撰的一个词语，衍生于另一个古希腊惯用语 κατηγορειν，基本含义是运用言语对一个事物或一件事情的本来面目进行描述和说明。因此，κατηγορια 有“谓词”之义，“谓”的意思是说明，“谓词”意为说明之词。当“范畴”作为说明事物之词时，总是针对某个事物或事物的某个方面。当一个词用于说明某个事物或者事物的某个方面时，这个词就成了某个事物或事物的某个方面的某类“范畴”中的一个。根据说明范围的大小，“范畴”这个词所包含的事物也有多少之异，可以分为两个层次：一般范畴论和学科范畴论。一般范畴论中的范畴指的是语言能反映的世界上的所有事物，亚里

---

① 全国县域义务教育基本均衡发展国家督导评估认定收官．(2022-05-05). http://www.moe.gov.cn/s78/A11/s8393/s7657/202205/t20220505_624731.html.

② 宋乃庆．教育对重庆经济发展贡献的研究．(2010-01-08). http://www.sinoss.net/2010/0108/17414.htm.

士多德的《工具论·范畴篇》就属于这一层次。学科范畴论中的范畴指的是某一具体学科研究对象的某种或某类事物。

在现代西方思维中，“范畴”一词经常用来表示某些基本的、明确区分的实体类别或概念类别。虽然尚不可知“范畴”是如何由“谓词”之义引申为“概念类别”之义的，但事实上已是如此。汉语把 κατηγορια 翻译为“范畴”，取自《尚书·洪范》中的“洪范九畴”，由“范”“畴”二字组合而成。在“洪范九畴”中，“范”的意思为方式、方法，“畴”的意思为类型、类别，合起来的意思就是“方法的类型”。

综合以上分析，教育测量学研究的“范畴”指向教育测量学这一具体学科的研究对象的概念类别。教育测量包括测量对象、测量标准及工具、测量结果这三个最核心的概念，即三大范畴（见图 1-1）。

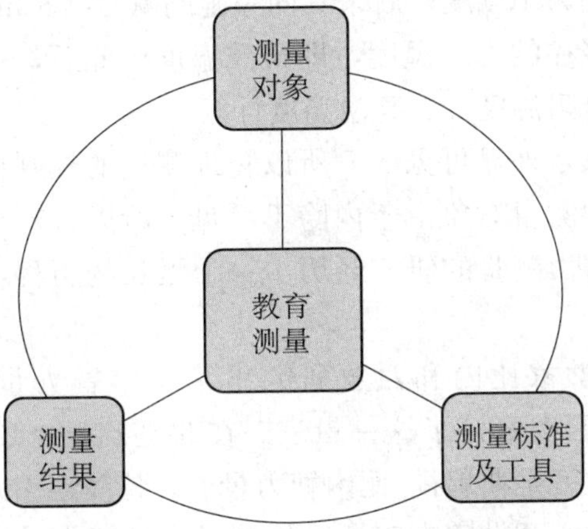

图 1-1　教育测量学的研究范畴

（一）测量什么——对象问题

对象问题是关于“对什么进行测量”的问题。从宏观范围来说，测量对象包括客观存在的一切物体和现象。每一种物体、现象又有多种属性，在进行某种测量时要指明事物、现象及其属性。比如，可以对桌子的长度、体积、重量等进行测量，可以对学生的智力、兴趣、态度、人格、品德、知识、技能等进行测量。物理测验中，物体的长度、重量、体积、温度、速度都是可以测量的属性，这些属性以显性的方式存在。但就教育研究的范围而言，教育测量的对象一般是人的精神属性或心理特性，这些属性潜在于人的内部，不可直接观察或测量，只能设置一定的情境去引发相应的外显行为，从而了解人的精神属性或者心理特性的情况。在教育测量中，主要是对学生各个学段的学业成就及相关属性，包括语文、数学、英语、物理、化学等各学科知识及相关技能、能力、态度、兴趣、习惯等综合素质进行测验。

（二）怎么测量——标准及工具问题

标准及工具问题是“依据什么来进行测量”的问题，它主要包括标准、工具等。同一个测量对象，依据不同的标准、工具进行测量，其测量结果是不一样的。依据科学、恰当的标准和工具可以得到准确、客观的测量结果，反之则会产生无效或者错误的测量结果。这说明，建立和使用科学、恰当的测量标准及工具是测量工作的关键，但要建立科学、恰当的法则是一件不太容易的事情。不管是物理测量，还是教育测量、心理测量，标准、工具的确定都是一个逐渐认识、逐渐完善、逐渐科学的过程。

以温度计的发明与使用为例。最早的温度计是意大利科学家伽利略（Galileo Galilei）在1593年发明的。它一端是敞口的玻璃管，另一端是玻璃泡。使用时先加热玻璃泡，接着把玻璃管插入水中。温度的高低就根据玻璃管中水面上下移动的多少而确定。随后，很多科学家对伽利略的温度计进行了改进。1714年，荷兰人华伦海特（Daniel Fahrenheit）利用水银作为测量物质，制造了比较精确的温度计，设计出华氏温度计，提出华氏温度一说。1742年，瑞典人摄尔修斯（Anders Celsius）改进了华氏温度计，把水的沸点定为0度，把水的冰点定为100度。后来其同事施勒默尔（Schlemmer）把0度和100度的数值倒过来，形成了现在的百分温度，即摄氏温度。此后，科学家又制造出不同的测温仪，如气体温度计、电阻温度计、高温温度计等。

由于物理测量的对象是外显可见的，所以物理测量的规则比较明确，相比之下，教育测量、心理测量等精神测量对象由于内隐不可见，所以很难设计出明确、统一的标准和工具。比如，人们对智力测验的研究经历了一个漫长的历程，但始终没有一个被完全认可的量表。

1905年，法国心理学家比内和西蒙研究出第一个智力量表——比内-西蒙量表，1908年、1911年又先后两次修订了这一量表。在此基础上，1916年，美国心理学家特曼进一步进行了修订，这就是斯坦福-比内智力量表。特曼还引入了智商概念，提出了智商计算公式。此外，美国心理学家韦克斯勒编制了多种智力量表，包括韦克斯勒学龄儿童智力量表（WISC，1949）及其修订版（WISC-R，1974）、韦克斯勒成人智力量表（WAIS，1955）及其修订版（WAIS-R，1981）、韦克斯勒学龄前儿童智力量表（WPPSI，1967）等。英国心理学家瑞文（J. C. Raven）于1938年设计了瑞文标准智力测验，该智力测验是非文字智力测验，旨在测试人的一般智力水平，尤其可以测量人解决问题的能力、观察力、思维能力、发现和利用自己所需的信息及适应社会生活的能力。瑞文于1947年、1956年对该智力测验进行了小规模修订。此外，还有其他研究者编制了不同的智力量表。

由此可见，建立标准和设计工具是测量过程中非常关键的环节，也是比较困难的环节。如果标准、工具本身不科学、不恰当，就会导致整个测量工作变得不科学、不准确。众多学习者、研究者和实践者应该高度重视这个环节，采取各种可能的方法设计科学、恰当的标准和工具。

（三）测量结果如何——质量问题

测验是测量的主要工具。测验质量的高低直接决定着教育测量的成功与否。在使用测验时，首先要对它的质量进行研究分析。质量高，测验结果才有效；质量低，测验结果就低效或者无效。测验质量的评判有四个指标：信度、效度、难度和区分度。

信度是测验的可靠性程度。具体而言，是指测验结果的可靠程度，即测验能否稳定地反映被试者的实际水平。先后对同一批被试者施测，两次结果保持一致，就说明这个测验是可靠的，能够有效地控制误差。但由于教育测量测试的特质或属性潜存于人的内部，而这种内部特质或属性又是发展变化的，可导致在不同时间对同一批被试者施测所得到的结果出现不一致的问题。此外，施测环境、主试者和被试者的情绪态度等也会影响一致性。所以，好的测验必须能够有效地控制住各种因素对测试结果的影响，即测验的信度必须要高。

效度是测验的有效性程度。具体是指测验实际上测到所要测量的特质的程度。如果真正测到了要测的特质，测验的效度就高；否则，效度就低或者无效。任何测验都要考量它的效度问题。比如，不能用体重秤去测体积，不能用学科知识测验去衡量被试者的智力水平。可以看出，测验的有效性与测验的目的是紧密相连的。一个测验用于某一目的的测试可能无效或者低效，但用于另一特定目的的测试则可能有效。比如，把尺子用于测试体重可能无效或者低效，但用于测试身高就有效。所以，没有脱离测量目的的测验，效度高的测验总是针对某个特定目的而言的。

难度是测验的难易程度。它是指被试者完成项目作答任务时遇到的困难程度，这个指标是针对具体的项目而言的。有的项目很难，只有个别被试者才能正确作答；有的项目容易，几乎所有被试者都能正确作答。通常一个测验包含多个项目，不同项目的难度是不相同的。整个测验的难度可用所有项目难度的平均值来表现。在教育测量中，不同类型测验的难度是不一样的。常模参照测验的目的是尽可能把握被试者的个别差异，其难度应接近中等水平。而目标参照测验的目的是考查被试者水平是否达到特定要求，其难度要依据特有的标准来确定。

区分度是测验在多大程度上能将水平高低不同的被试者区分开来的量度。它要求项目能够准确地鉴别出被试者的水平高低，这个指标也针对具体的项目。高水平被试者，在所测特质的项目上应该得高分；低水平被试者，在所测特质的项目上应该得低分。如果某个项目不能有效地鉴别被试者的水平高低，就说明该项目的区分度低。

二、教育测量学的理论体系

教育测量围绕研究范畴形成了一套概念、原理及思想观点的系统，这个系统由测量概念、测量原理、测验编制和测验结果处理等构成，其结构如图 1－2 所示。

（一）测量概念

概念是思维的基本单位，是思维的出发点和归结点。任何学科的发展都以概念为基础。因此，概念是教育测量这门学科的逻辑生长点与归结点。从逻辑学上说，概念的逻辑结构分为内涵与外延，这是概念必须明确的两个逻辑特征。概念的内涵又称为概念的质，是指概念所反映事物的本质属性。概念的外延又称为概念的量，是指概念所反映的本质属性的事物的范围。任何一个概念，总是从事物的性质、特征、状态、功能等属性来反映事物的。因此，教育测量的概念包括性质、特征、功能、历史、内涵、外延等内容。本书在第一章和第二章对这些内容进行探讨。

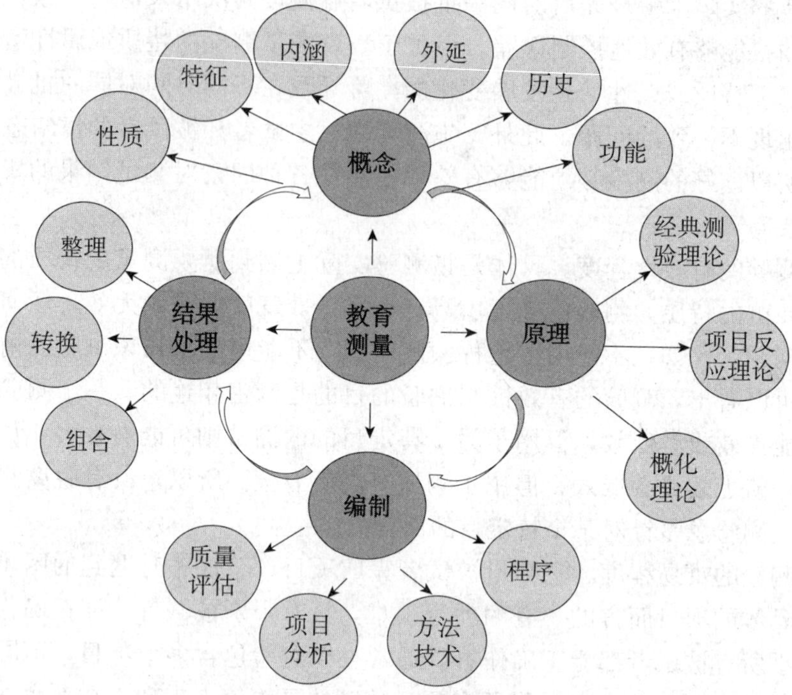

图 1－2　教育测量学的理论体系

（二）测量原理

教育测量的原理主要有经典测验理论、概化理论、项目反应理论、新一代测量理论。其中前三者被称为测量的三大理论，新一代测量理论应用领域相对较小。本书将在第二章中详细介绍这四种理论，这里仅作概述。

经典测验理论（classical test theory，CTT）自 19 世纪末 20 世纪初提出，到 20 世纪 50 年代趋于完善，是最早发展起来的测验理论，也是最基础的测验理论。它是以真分数模型为基石建立起来的理论，由于操作简单、体系完整、适应面广，在实践中是用得比较多的理论。

概化理论（generalizability theory，GT）是在 20 世纪六七十年代兴起的，它用全域分数代替真分数，用概括化系数、G 系数代替信度。GT 认为任何测量都处在一定的情境关系中，应从测量的情境关系去具体地考察测量工作，要结合测量的情境关系对经典测验理论的笼统的误差进行探查和分解，分析误差的不同来源，考察误差的相对变化，从而对误差进行控制，提高测验的信度。可见，GT 能更好地辨析与控制测量误差，能针对不同测量情境估计测量误差的不同来源，从而为改善测验、提高测验的质量提供有用信息。但是，GT 与 CTT 同属于随机抽样理论，未能从根本上建立经典测验理论的项目参数系统，再加上计算非常烦琐，因此在应用中受到一定限制。

项目反应理论（item response theory，IRT）在 20 世纪 50 年代初创立，60 年代后期随着计算机技术的发展而兴起。项目反应理论是在克服传统测验理论的基础上发展起来的。它以潜在特质为假设，从项目特征曲线开始，有效解决了经典测验理论中无法建立考生得分与项目参数之间的函数关系的问题。IRT 数理逻辑严密，测量精度高，且项目参数估计独立于被试者样本，在实际应用中有较多优点，尤其适用于计算机自适应测验。但是，由于 IRT 对使用者的素质和客观条件有很高要求，故应用范围受到限制。

新一代测量理论又称认知诊断理论（cognitive diagnostic theory，CDT），是当今心理学和教育测量学研究中一个受人关注的研究方向。该理论由弗雷德里克森等人在 1993 年出版的《新一代测量理论》一书中正式提出。认知诊断理论融入了认知心理学与教育心理学的研究成果，在测量上超越了传统单一的测验分数输出，力求通过测验深入挖掘个体的认知发展水平，在此基础上开展有针对性的教育教学。但是，CDT 由于缺乏可操作性和高度复杂性，导致其无法在教育测量领域进行大面积应用。

进入 21 世纪后，尽管以上四种经典测量理论仍然是影响力最大和使用最广泛的测量理论，但是随着学习观、人才观、教育观的进一步深化，学生的学业水平表达不再是单一维度的表征性结果，所以任何一种测量理论都不能完全衡量和解释学习主体的“成就空间”。测量理论的多维化、整合化、衍生化发展也将成为未来教育测量理论的发展方向。

（三）测验编制

测验编制是测量工作中最重要的工作，测验编制的质量直接决定着整个测量工作的质量。因此，如何确定测量目的、分析测量目标、设计测验项目，如何科学施测、进行项目分析、进行质量评估、修改测验项目、编配组成测验、编写测验实施说明书等，是测验编制需要考虑的工作。本书将在第三章重点介绍教育测验的编制程序与技术，在第四章探讨教育测验的项目分析，在第五章研究教育测验的质量评估。

（四）测验结果处理

测验结果处理的质量不仅影响着教学、管理、研究等的质量，更影响着学生发展和教育改革的质量。测验结果的分析处理主要包括：教育测量分数的整理——用统计图和统计表来生动、形象地展示测量结果，表现统计数据与被说明事物之间的数量关系，勾勒事物的全貌和特性；教育测量分数的转换——用标准分数、T 分数和百分等级分数来比较测量分数的高低，比较被试者水平的高低；教育测量分数的组合——用合成分数来综合评价被试者的水平。本书将在第六章中重点介绍教育测量结果的处理。

本章小结

（1）现代教育测量起源于古代的考试制度。中国是最早建立考试制度的国家，早在西周奴隶制时期就建立了学校教育考试制度，至隋炀帝大业二年（606 年）又兴起“科举取士”考试制度——科举制。中国数千年的考试制度为现代教育测量的产生奠定了坚实的基础。

（2）教育测量发端于早期人们对学生学业成就和学力水平的检测。不论是我国存在约 1 300 年的科举制，还是西方各国广泛采用的口试，早期这些考试大多凭借主观经验进行，既没有科学的试题编制方法，也没有客观的评分标准。因此，早期人们对教育测量的探索处于主观经验化发展阶段。

（3）19世纪，就在我国科举制度逐渐走向程式化、僵化之时，欧美各国在工业革命的推动和教育普及的浪潮之下，受西方现代心理学、教育学、统计学等学科理论发展的影响，教育测量呈现出生机勃勃的发展态势，并作为一门学科正式产生。1904年，桑代克出版《精神与社会测量导论》，该著作系统介绍了统计方法及编制测验的基本原理，提出了“凡物之存在必有其数量”的论断，为测量学奠定了理论基础。因此，桑代克被称为教育测量学的鼻祖。

（4）随着教育测量的深入发展，各种测验更加标准化、客观化，教育测量也由重视测量学生的知识，转为重视对学生的智力、思想品德、能力等的测量；由追求单一答案的求同式思维，发展为重视多种答案的求异式思维；由偏重测量学生的学习成绩，发展到关注课程、教材、教育教学改革等各个方面；由传统单一的常模参照性测验，发展到常模参照性测验与目标参照性测验相结合的形式。

（5）随着计算机应用功能的逐渐强大与应用范围的扩大，科学化、标准化的测验得到极大发展，尤其是计算机化测验和题库得以迅速兴起。计算机化测验包括基于计算机的测验和计算机自适应测验。基于计算机的测验是一种以计算机为载体的测验方式。目前，一些学业成就测验、智力测验、人格测验开始采用这种测验方式。计算机自适应测验从测验的编制与组合、测验实施、测验的评分到结果的解释与呈现，都由计算机来实现。它克服了传统纸笔测验的不足，采用灵活的“因人施测”策略，提高了测验的信度、效度与效率。

（6）教育测量学从20世纪诞生至今，在教育改革与发展中发挥了积极作用，也受到各国教育研究者、管理者和教师们的青睐与重视。它不仅是教育科学体系的重要学科和教育教学活动的重要手段，还是教育科学研究的重要工具和教育科学决策的重要依据。

（7）教育测量学主要应用数量化测定的原理、技术和方法对教育领域的多种对象进行研究。作为教育科学体系中一门重要的学科，它有着独特的研究范畴与理论体系。教育测量学包括：测量什么——对象问题，这是关于“对什么进行测量”的问题；怎么测量——标准及工具问题，这是“依据什么来进行测量”的问题，它主要包括标准、工具等；测量工具如何——质量问题，测验是测量的主要工具。

关键术语

● 教育测量

按照一定的规则用数字对教育效果加以描述和确定的过程。

● 科举制

中国历代封建王朝通过考试选拔官吏的一种制度。发轫于隋朝大业二年（606年），终于清朝光绪三十一年（1905年）。科举制是一种对社会智商、能力的培养、挑选、使用的社会性管理程序，为社会智商、能力的挑选提供了可见、可比、可控、可重复、可验证的过程及依据。

复习思考题

1. 简要说明教育测量经历了怎样的发展历程。
2. 查阅资料探究教育测量在当代取得了哪些进展。
3. 说明为什么现代教育测量学没有诞生在中国。
4. 在教育科学体系中，教育测量学有什么样的学科地位？
5. 教育测量学的研究范畴与理论体系包括哪些内容？

第二章

教育测量的基本原理

本章提要

教育测量是教育研究过程中一个非常重要的环节，全面了解教育测量离不开对其基本原理的把握。本章在教育测量概述的基础上，对教育测量的基本原理进行阐述，旨在为系统地理解教育测量学这门学科打下坚实的基础，形成一个严密的知识逻辑体系。为此，本章首先引入测量的含义，以此导入教育测量的概念，并辅之以一些常用易混淆的术语，将其与教育测量概念进行区分，从而加深对概念掌握的程度。其次，阐述教育测量的特征和功能。在学习本门课程中，了解教育测量的特征和功能无疑是必要的，这将有助于学习者将教育测量学与其他学科进行区别。再次，全方位地说明教育测量所包含的要素和种类。对教育测量要素的学习，是形成一个科学有效的测量结果所必不可少的；对教育测量种类的区分，是选取或采用合适的教育测量类别时的依据。最后，整理和归纳教育测量的基本理论。了解理论是为了更好地把握思想，通过对教育测量理论的概括，为学习者提供多视角的教育测量思想。总之，通过本章的学习，学习者将在专业意义上获得关于教育测量学的印象，为在以后的章节中更深入、更全面、更具体地探索教育测量的有关问题奠定基础。

学习目标

- 理解教育测量的概念与本质，并与测验、测试、考试、评价相区分。
- 了解教育测量的特征及功能。
- 明确教育测量的要素和种类。
- 明晰教育测量理论发展的基本脉络。
- 描述经典测验理论的内涵、价值和缺陷。
- 描述概化理论的内涵、价值和缺陷。
- 描述项目反应理论的内涵、价值和缺陷。
- 描述新一代测量理论的内涵、价值和缺陷。

第一节　教育测量的概念与本质

一、什么是测量

美国著名心理学家桑代克曾经说过："任何事物终究是以一定数量存在的，对之完整的认识包括知晓其数量和质量。"美国著名测验专家麦考尔则认为："凡是以数量存在的，都能够被测量。"可见，测量在人们认识事物以及现实生活中发挥着非常重要的作用。

对于什么是测量，学者们仁智互见。史蒂文斯（S. S. Stevens）在 1946 年提出，测量"是根据法则给客体或事物指派数字"。洛德（Lord）和诺维克（Novick）则在 1968 年修正了史蒂文斯的定义，他们提出，测量指的是客体的属性而非客体本身。结合这两个定义可以看出，测量应当包含三个基本要素，即法则、事物及其属性、指派数字。

所谓法则，就是指导测量进行的一种准则或方法，即人们依据什么来进行测量。法则是一个测量所具备的最重要的特性。法则不科学或不可靠，得到的测量结果就会出现偏差，失去测量的意义。简单来说，尺子不准，测量的结果就无法使人信服。另外，对于同一个测量客体，采用不同的法则进行测量，结果必然存在差异。例如测量桌子的高度，用不同的尺子去度量，其结果肯定是不一样的。当然，对客观世界的物体进行测量时，由于有公认的测量法则或尺度，如测量物体的高度、重量等，一般不会出现大的偏差。但是对人的某些特性（如心理特征）进行测量时，则往往会出现较大的偏差。

确定测量的法则后，还要明确测量的对象，即对什么进行测量。事物及其属性是测量的对象或目标。在实际测量当中，客体的物理属性由于存在形式较为具体，通常容易直接测量出来，如物体的高度、重量、体积、温度等。而客体的心理属性则由于存在形式较为抽象，往往不容易直接测量，如测量一个人的语言能力。语言能力属于人的心理特征，是无法直接测量的，但是人的心理活动会在人的具体活动和行为中体现出来，所以可以通过测量其外显行为或外在表现特征来推论一个学生语言能力的高低。

所谓指派数字，就是用数字或符号来代表某一事物或事物的某一属性的量。这是测量结果的表现形式。测量的结果以数字或符号的形式呈现出来，这是区别测量与定性评价的重要标志之一。数字本身没有实际意义，只是一种符号，只有当数字被用来指代事物的某种属性时，它才变成了量化的数，并可以对其进行解释和分析。比如张三在某次数学测试中得了 87 分，李四得了 92 分，结论是李四比张三多考了 5 分。另外，在一定的条件下，还可以对数据进行运算，从而对事物的属性进行推测。

二、什么是教育测量

根据对测量定义的解析，可以初步描述出教育测量的定义，即按照一定的规则对教育领域内的事物或属性加以数量化测定的过程。教育测量有广义和狭义之分。从广义上说，教育测量泛指运用测量手段对教育活动所进行的量的测定。广义的教育测量所涉及的范围很广，凡是需要并能够测量的、与教育有关的活动均在研究之列，如教育投入、教育过程各要素、教育的效果等。从狭义上讲，教育测量专指按一定规则对学生的知识、智能、个性发展、思想品德等所进行的量的测定。通常所提及的多是狭义上的教育测量。

在教育测量领域，经常用到测验、测试、考试、评价等术语或说法。这些术语与教育测量既有联系，又有区别，不能混为一谈。

测验与测试是同一概念，不同学者对测验或测试的界定不尽相同。在已有的定义中，阿纳斯塔西（A. Anastasi）的定义是人们公认最权威的。她认为，测验实质上是对行为样本的客观和标准化的测量[①]。与教育测量相比，测验的含义要狭窄一些。因为测量既包括对样本的测验，又包括对样本进行数量化的分析，并对测验结果进行一定的阐释和评价。测验或测试通常是教育测量的主要工具。当然，在很多情况下，教育测验与教育测量是可以相互通用的。

与测量以及测验相比，考试的范畴相对狭窄。一般来说，测验需要经过细致的科学分析才能编制出测验项目，且测验的程序也有较严格的要求，而通常所说的考试则更多带有主观随意色彩。此外，考试大多应用于学业成就测量之中，而测验不仅可以用于考核学生的学业成就，而且可以用于心理特质的测量。

与教育测量、教育测验相比，教育评价的含义更广、综合性更强。教育评价是对教师、学校、学生进行评估，旨在确定教育的有效性以及学生整合和理解信息的程度[②]。在对事物作出评价时，通常可以从质量和数量两个层面进行描述，或者只描述其中的一个侧面。大多数情况下，测量强调的是数量方面的描述，而评价则侧重质量方面的描述。教育测量是展开教育评价的基础，教育评价要在教育测量所获得的客观信息的基础上进行。同时，教育测量的结果只有通过教育评价才能获得实际意义，否则它只是一堆抽象的数字，很难为决策者提供有参考价值的信息。但是，教育测量的结果只是教育评价的重要依据，而不是唯一依据，教育评价需要更多元化的材料和方法来进行支撑。因此，并非所有的教育测量或测验都属于教育评价，也并非所有的教育评价活动都涉及教育测量或测验。教育考试、教育测量、教育评价三者的关系见图 2-1。

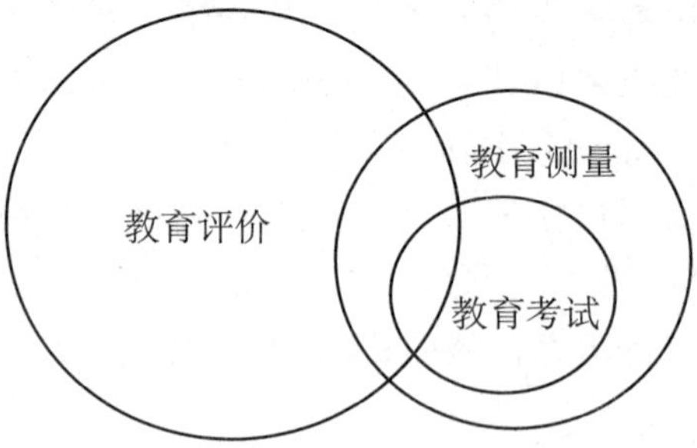

图 2-1 教育考试、教育测量、教育评价关系图

① 付翠．事件相关电位测谎的心理测量学要素分析．南京师大学报（社会科学版），2008（3）：100.

② 雷新勇．关于教育评价改革的若干思考．中国考试，2020（9）：10-14.

三、教育测量的本质是什么

教育测量按照一定的规则对教育领域内的事物或属性加以数量化测定，这个过程是一个尽量追求纯粹客观的过程。也即，客观性是教育测量的核心本质①，具体体现为两个“分离”：一是测量主体和测量客体的分离。具言之，在教育测量的过程中，测量对象是人体主观话语外的客观存在，是测量对象本身所固有的，不是根据测量主体的主观意志臆造出来的，独立于测量它的基本框架。在选择和制定教育测量指标、编制教育测量标准、实施教育测量及教育测量数据分析时，测量主体要尽量排除价值观、偏好度、能力值、道德情感等主观因素的影响，以中立的方式进行测量，以保障测量结果的客观性。在允许的测量误差范围内，不同测量主体的测量结果必须具有一致性。二是在测量结果呈现时，事实和价值、描述陈述和规范陈述是分离的。教育测量只提供事物数量上的描述陈述，教育评价则以教育测量提供的客观材料为基础，在遵循方向性、可行性与科学性的原则下，对事物进行价值方面的规范陈述。因而，可以看出教育测量与教育评价两者有着密切的联系，前者是后者的一个重要环节。

孟子说：“权，然后知轻重；度，然后知长短。物皆然，心为甚。”也即无论是物质的还是精神的，均有不同程度且可度量。由此，教育测量既包括物质性测量，也包括精神性测量。对于物质性测量而言，保持客观性是比较容易的，其不依附于测量者的主观意愿。比如学校的各类办学要素如经费投入、办学规模、师资水平、信息化条件等的均衡测评，无论是在测量指标、测量参照点，还是在测量标准的确定上，都具有外显化、具象性与相对稳定性的特点。对于精神性测量而言，保持客观性是比较困难的，比如测量学习满意度、自我效能感、学习兴趣、学习成就、批判性思维、创造力、道德品质等心理发展要素，在测量指标、测量参照点与测量标准的确定上，一般具有内隐性、抽象性与不确定性特点。在这种情况下，测量指标、测量标准与测量对象等要素的选择与设计更具挑战性，运用考试、观察、量表等进行测量后常常还要进一步进行推断分析，但无论如何，要尽量保证除去各类测量误差与特殊情境因素后能够实现测量结果的统一性与普适性。

第二节　教育测量的特征与功能

一、教育测量的特征

物质与精神是哲学领域的一对重要范畴，物质与精神的对立统一是事物存在的基本特征。宏观而言，测量同样可以划分为物理属性的测量和精神属性的测量。教育测

① 史晓燕．教育测量与评价．北京：北京师范大学出版社，2016：3.

量面对的测量对象绝大多数是潜在的，如学生的学习成绩、智力水平、品德状况、人格特质等精神属性的测量，与物理属性的测量相比，精神属性的测量具有以下四个特征：

（一）测量目的的针对性和时代性

不管是物理测量还是教育测量，都应当首先具备明确的目的。伴随知识迭代更新加速和时代对人才需求的变化，教育的成功不再是单纯培养学科成绩拔尖的学生，更要求所培养的学生拥有 21 世纪所需要的核心素养，如良好的沟通能力、批判性思维、国际胜任力、团队协作等①。教育测量目的的针对性表现为教育测量必须为实现教育目的服务，因而，随着教育目的的转向，教育测量目的也必须作出同步调整，具体而言，既要掌握学生在知识方面的学习情况，也要掌握学生在思想品德、个性、情感以及能力等方面的真实情况，了解教育教学的效果，以便合理地组织教育活动，安排教学内容，改进教学方法，贯彻因材施教，从而促进学生在德、智、体、美、劳等方面的全面、和谐发展。因此，教育测量在内容制定、工具选取、实施程序、结果评价等各个环节都必须严格按照新时代教育目的的新要求，以最新的课程标准和教材内容为依据来进行，凸显教育测量的时代性。

（二）测量对象的模糊性和复杂性

2017 年 10 月，党的十九大报告指出："要全面贯彻党的教育方针，落实立德树人根本任务……培养德智体美全面发展的社会主义建设者和接班人"。2018 年 9 月，习近平总书记在全国教育大会上指出，"健全立德树人落实机制，扭转不科学的教育评价导向……"，教育的指挥棒在中小学实际上是考试分数和升学率，在高校主要是科研论文，关于德育、素质教育的应有地位和科学评价体系没有真正确立起来。这是一个必须解决的老大难问题。故而，要扭转以单一的分数、升学率、论文等作为学生素质评价内容的局面，将"立德树人"作为检验学校教育质量的基本标准。所谓"立德树人"，就是要通过人性发展、品德涵养、精神提升等思想道德建设实现人的全面发展②。在新时代背景下，教育测量的对象主要就是学生及其背后的人性发展、品德涵养、精神提升等精神属性。首先，人的精神属性具有内在性。所测量的精神属性，如认知水平、智力水平、实践能力、创新精神、学习态度、科学精神等，都不像桌子的长度或物体的温度等物理属性那样明确，而是以内隐的形态存在的。其次，人的精神属性具有多变性。不管是学生的智力水平、道德品质，还是学业成就、实践能力，都受到心理活动的影响，同时也都伴随着生理年龄、客观环境的变化而变化。如一个学生在某种条件下可以作出某种类型和某种难度的数学题目，但是在另一种条件下却无法完成同一类型和同等难度的数学题目。最后，人的精神属性具有个体性。正所谓"有一千个观众，就有一千个哈姆雷特"，人与人之间的内在精神属性差异是必然存在的。教育测量对象精神属性的以上三个特性，决定了教育

---

① 刘欧．教育测试的国际趋势．中国考试，2021 (1)：37－40.

② 高国希，叶方兴．高校课程体系合力育人的理论逻辑．中国高等教育，2017 (23)：10－13.

测量的模糊性和复杂性。

（三）测量工具的多元性和不确定性

教育测量对象的复杂性和多样性必然要求教育测量工具的多元性。教育测量需要对学生的能力倾向、成就、态度、兴趣、潜能及发展等进行全面了解，这就需要采用多元化的测量工具。例如，史蒂文斯根据测量的精确程度，将量表从低级到高级分为类别量表、顺序量表、等距量表和比率量表四种。教育测量工具的不确定性主要是指所使用工具的单位和标准是相对的。首先，测量尺度具有相异性。对于教育测量而言，即使是针对同一样本的测量，如果不同的测评者所使用测量工具的尺度不一，则测量结果必然有差异。其次，测量活动具有难验证性。由于教育测量工具的抽象性和不稳定性，很难再次使用相同尺度对先前的测量进行重复验证。最后，测量单位具有相对性。以学生学业测验的分数为例，受试题的难易程度、评分标准、班级学生成绩分布等差异的影响，不同班级学生的考试分数以及不同试题的学生分数的价值并不相等。此外，同一试题的考生分数的价值也并不一定相等，如 60 分比 61 分少 1 分，99 分比 100 分少 1 分，这两个相差的 1 分价值并不相等。

（四）测量结果的间接性和推断性

物理测量的对象是物质实态的性质、功能或组织，它们中的大部分是可以被感觉到的，因此属于直接测量。相反，教育测量的内容大多是不易触及的心理品质。当今人类的科学技术水平还无法完全支持教育测量科学直接地测量人的心理实体，而只能通过人的外显行为或通过人对来自外界的一组刺激所作出的反应结果，对人的道德品质、知识技能、智力水平、思维品质、创造能力、情感态度等作出间接性的、推断性的测量。因此，教育测量属于一种间接测量。例如，要想测量学生的创新精神，就得编制一套能够引起学生行为反应的相关测验题目，从而通过对学生完成测验题目的表现情况来间接地估计和推断学生的创新精神程度。测量结果的间接性和推断性大大增加了教育测量工作的难度，因此要求教育测量工作者在编制测量和实施测量过程中必须秉持专业负责、科学谨慎的精神。

二、教育测量的功能

教育测量是为实现教育目的而服务的，其对教育的作用体现在多个方面。如有学者认为教育测量是改进教学的良好工具，是教育管理的重要手段，是教育研究的重要方法[①]。有学者认为教育测量具有检查学习、因材施教、反馈激励、教育科研、指导就业、课程开发等功能[②]。为了更加深入、系统地了解教育测量的功能，有必要从系统分析的角度对教育测量的功能进行阐释。一般而言，教育活动是社会、心理和控制三个向度的统

---

① 王汉澜．教育测量学．开封：河南大学出版社，1987：21.

② 于向英．教育测量与统计．郑州：郑州大学出版社，2004：7－9.

一，而这三个层面的要素可以构成教育系统的三个最基本的子系统，即目标系统、行为系统和控制系统。因此，教育测量的功能可以表征为目标导向、行为改进和控制管理三大类。

（一）教育测量的目标导向功能

教育目标是教育者（教师）和受教育者（学生）展开教育活动的基本依据，是教育活动应当协同达到的教育质量标准。教育过程各个阶段教育目标的有机组合，就构成了教育目标系统。目标系统体现了教育系统中社会方面的成分，从方向、任务和内容三个方面决定了教师的教和学生的学。根据前面的论述可知，教育测量是以教育目标为依据，是为实现教育目的而服务的，旨在判断教育系统的功能是否实现。通过教育测量判断教师教学水平的高低，主要看他是否有效地帮助学生达到了教育目标的要求；通过教育测量判断学生学习成绩的好坏，也是主要看学生是否达到了教育目标要求的程度。这就促使教师和学生在进行教育活动时，必须以教育目标为准绳，保证教育过程朝着目标指引的方向发展。

依据“泰勒原理”，教育目标的制定主要来源于各个群体的不同需求，具体体现为社会需要和学生全面发展的需要。确定各种教育需求的路径无非两种：一种是基于经验之上的主观直觉，另一种是借助于科学的客观测量。前者有效但并不可靠，容易受到主体状态的影响，如教师对学生学习需求的判断容易受到教师个人好恶、成见、情绪等多方面因素的影响。因而，为了更适切、准确地了解教育需求，制定出科学合理的教育目标，必须使用标准的教育测量。例如在进行教育教学之前，教师可以先对学生实施一次有针对性的测量，评价学生在学习之前已具备的知识基础，用来作为制定教学目标的参考。从这个层面来讲，教育测量还有利于教育目标的合理制定，保证教育活动朝科学方向发展。

（二）教育测量的行为改进功能

行为系统是指教师和学生通过心智和信息的相互作用而实现教育目标的过程以及影响这一过程的各种心理因素、教育手段等所构成的整体。教师和学生为实现教育目标而进行的相互作用就是通过这一系统而实现的。在行为系统中，教育测量主要发挥行为改进的功能。教育测量的主要目的不仅有定向，还有改进，从某种程度上说，改进比定向更为重要，因为教育的根本目的不是对被教育者作出鉴定，而是帮助他们全面发展。教育测量的行为改进功能具体表现为对学生学习行为的改进和对教师教学行为的改进。

教学是一个连续性的动态过程，在此过程中，教与学双方都需要通过获得反馈，及时掌握情况，调整相应策略。对于学生而言，科学、适时的学业成就测验具有一定的激励功能。正如美国学者怀特（H. B. White）在 1932 年的研究所发现的，准备参加学期考试的学生，其学习表现优于那些认为学期考试没有必要的学生。此外，学科测验前的知识复习和测验时的作答过程，都是一种有价值的过渡学习。而测验的结果可以为学生提供短期的学习目标，让学生明确所要学习的内容，提供有关学习进步的反馈信息，促进学生记忆、理解和学习迁移，并帮助学生自己作出最佳的学习决策或制订出最佳的学习计划，激发学生的学习动机。

对于教师而言，教育测量是对教师劳动成果的一种鉴定和评价，这种行为一方面能够给教师带来一定程度的精神满足；另一方面也可以让教师产生压力或动力，保持教学的热情，从而激发教师以更多的热情投入教育教学活动之中。另外，在教学前、教学中、教学后所进行的各种不同目的的测试，能够为教师修改教学计划、了解学生对教学目标的完成情况提供可靠的依据。而基于各种测验结果所进行的分析，能够让教师进一步诊断学生认识结构上的缺陷，从而为实施补救教学提供依据，确保教学目标的落实。

（三）教育测量的控制管理功能

控制系统是指控制教育过程朝着实现教育目标方向发展所必需的各种教育手段和方法的最佳组合。教育测量作为教育评价的基础，是控制教育过程的主要手段，可以为改进教育过程提供必要的反馈信息，这是教育测量最直接的、主要的功能。具体而言，教育测量在教育控制系统中的功能主要表现为两个方面。

首先，教育测量可以有效监控教学效果。标准的测验可以为教育行政领导指导教学、进行教育决策提供科学的依据。教育行政部门可以凭借各种标准测验，评价所管辖区域或教育机构的教育教学质量，鉴定教材或教学方法，从而为选拔与评定学校管理人员和教师、提高工资水平等行政举措提供以资借鉴的依据。

其次，教育测量可以作为选拔人才的工具。科学的人才选拔及人才安置机制的建立和运行离不开教育测量的支撑。当前，随着社会化大生产的发展，仅凭个人经验的人才选拔手段已经不能满足现实的需要，在此背景下，各种高效、标准的人才选拔性测验应运而生，如高考、全国英语等级考试、研究生入学考试等。各种特殊的能力测验也层出不穷，如行政能力测验、教师资格考试等，通过测验为各种资格评定提供依据已经成为社会发展的常态。

以上是教育测量在教育活动系统内部所展现的基本功能。除此之外，教育测量对教育科学研究同样功不可没，主要表现在三个方面：一是教育测量是教育科学研究的基本工具之一。在教育科学研究中，为论证所提出的研究假设，通常需要通过测量等方法来收集资料、获取数据，为得出研究结论提供客观依据。因此，教育测量是开展教育研究不可或缺的科学方法。二是教育测量自身是现代教育科学研究的重要领域之一。教育测量学是教育科学体系中极其重要的学科之一，是人们依据教育基础理论与教育规律来指导教育实践通常所依赖的技艺和方法，因此，教育测量对于体现教育科学体系的价值在许多方面起着“代言人”的特殊作用。三是教育测量是诸多社会科学研究的重要工具之一。例如，教育测量不仅在教育学领域有着十分重要的作用，在社会学、政治学、经济学、管理学等领域中，也扮演着十分重要的角色，即作为一种研究工具为各项研究提供事实性依据。

第三节 教育测量的要素与类型

一、教育测量的要素

不管是物理属性的测量，还是精神属性的测量，都必须具备三个基本条件或三个基本要素，即测量的量具、测量的单位和测量的参照点。测量结果是否科学精确，取决于是否具备科学有效的测量工具、意义明确的测量单位和参照点。

（一）教育测量的量具

量表是教育测量的工具。所谓量表，即任何可以使事物数量化的值或量的渐进系列，如天平、磅秤等带刻度的横杆是测量重量的量表，米尺是测量长度的量表等。就教育测量而言，量表主要是以文字试题、图形、符号、操作等方式来呈现。量表具有四个基本特征，即描述性、比较性、程度和起点。描述性是指用某一特定的词或标识来代表划分的每个等级；比较性指的是描述的相对规模；当比较了所有的不同点并且分级表示以后，量表还有另外的特征——程度；如果某个量表有一特定的起点或零点，则量表还有起点这个特征。量表的每个特征都是建立在前一个特征之上的，如果一个量表有高一级的特性，那么它一定有低一级的特性，反之则不成立。从对客观事物、现象测度的程度或精确水平来看，可将所采用的计量尺度按低级到高级、粗略到精确分为四个层次，即类别量表、顺序量表、等距量表和比率量表。

1. 类别量表

类别量表又叫称名量表，是把物、人或事件分成不连续的类别的量表。类别量表提供一个定性系统，将人或对象分为类别、级别或集合，并分派给不同的数字或者符号。类别量表只具有“同”与“不同”的特性，没有数量大小的含义。例如，将学生按照其性别进行分类，“1”为男生，“0”为女生，当然也可以用“蓝色”和“红色”进行指代。鉴于类别量表中的数字是任意的，因此所分配的数字无法进行加减、排序或其他方式的运算。

2. 顺序量表

顺序量表是表示事物相对关系的数值特征的量表。将对象之间的差距按照高低、大小、轻重等程度分为若干等级，然后以某种等级中包含的某种属性作为划分依据，用以测定人或者对象应该属于的等级。顺序量表允许将研究对象按照其显示或拥有特性的量进行排序。例如，将学生普通话水平划分成甲、乙、丙、丁四个等级，甲等用 4 表示、乙等用 3 表示、丙等用 2 表示、丁等用 1 表示，则对学生普通话水平的评定就构成了 4＞3＞2＞1 的关系。顺序量表主要显示的是对象与对象之间按照某一特性进行排序的相对位置，并不能确切指明对象之间相差的程度，因而，量表上的数字仍然无法进行加、减、乘、除四则运算，只能运用中位数、百分数、等级相关数等方法进行统计。

3. 等距量表

等距量表是连续的类别之间有相等差额的量表。等距量表不仅可以对对象进行排序，而且量表的单位也是一致的。例如得分为 80 分和 82 分之间的差与 60 分与 62 分之间的差是一样的。但值得注意的是，等距量表的参照点是人为指定的，只具有相对意义，没有绝对零点。例如在智力测验中，如果被测者没能正确回答任何一个问题，最终测试得分为零，并不表明被测者没有智商，而只能表明这一被测者无法正确回答这套测试题的所有问题。等距量表的无绝对零点、单位相等这两大特征决定其代表的数值只可以做加、减运算，不能进行乘、除运算。例如 20 摄氏度与 10 摄氏度的差等于 10 摄氏度与 0 摄氏度的差，但是并不意味着 20 摄氏度是 10 摄氏度的 2 倍。

4. 比率量表

与前三种量表相比，比率量表既有相等单位，也有真正的零点，是最高水平的量表。如长度为 0 米的物体其就是没有长度，长度为 1 米的物体就是长度为 2 米的物体的 1/2。换言之，这类量表既可以确定一个事物比另一个事物大多少，又可以确定大多少倍。因此，此类量表代表的数值可以进行加、减、乘、除四则运算。

为直观起见，表 2－1 呈现了四种量表的基本特征。

表 2－1　教育测量量表的特征

量表名	概　念	功　能	局　限	应用例子
类别量表	把物、人或事件分成不连续的类别的量表	将数据分成互相排斥、互不相容的各种类别	数字没有序列的意义，不能说明类别的数量差别	用“1”和“0”分别表示男女学生在标识上的区别
顺序量表	表示事物相对关系的数值特征的量表	不仅具有类别量表用数字代表特征的功能，而且具有对数据排序的能力	不考虑差异的绝对量，只考虑相对差别	用优、良、中、差四个等级评定学生学业成就
等距量表	连续的类别之间有相等差额的量表	在以上量表功能基础上，增加了量表范围内各点之间的间距相等这一维度	比率是无意义的，零点是任意规定的，所表示的数值只能进行加减运算	将原始测验分数转化为标准分数，进而将测验得到的不同单位的分数转换到同一等距量表上进行分析比较
比率量表	有绝对零点和相等间距的量表	最高水平的量表。综合了前三种量表的功能，并又增加了绝对零点或原点的概念	大多数教育测量往往没有绝对的零点	体重 80 公斤是体重 40 公斤的 2 倍

（二）教育测量的单位

测量单位就是测量所得数据的单位。任何测量都必须有单位，这是测量的基本要求，因为没有单位就无法解释测量结果的性质。物理测量的单位比较明显，如人们约定俗成用米、厘米等作为测量长度的单位，用千克、克等作为测量重量的单位，用世纪、年、月、日、时、分等作为测量时间的单位。在教育测量领域，则通常以分数为单位来表示测验成绩的高低，如数学成绩85分、外语成绩90分等。

符合测量意义要求的单位，必须是标准化了的单位。这就要求测量单位符合两个条件：一是具有相对稳定的确定意义，二是有相等的价值。所谓相对稳定的确定意义，是指相同的单位对所有人都是公认的，即相同的测量数值，任何人对它的解释都是一致的。如所有人对1厘米长的解释都是一致的，而不会因人而异、因时而异或因境而异。所谓相等的价值，是指同一单位在量尺或量表的所有相邻点（即单位之间）距离相等，意义相同。物理测量所使用的单位容易符合这一要求，如2米、1米之间相差的1米与10米、9米之间相差的1米，这两个1米是绝对等值的。而教育测量所使用的单位却往往不等距或等距不等值。如以百分制为单位测量学生的数学成绩，在一个难度系数为0.2的数学测验和在一个难度系数为0.8的数学测验上同样得到60分，这两个60分绝对是不等值的。又如60分与61分之间相差的1分也不会等同于99分与100分之间相差的1分。当然，教育测量单位的这种不均值并不意味着教育测量无法走向科学道路，事实上，在教育测量领域，同样可以采取措施（如标准分值转换）使分数达到等值。当然，这是后面的论题。

（三）教育测量的参照点

要确定事物的量，就必须有一个计算的起点。所谓参照点，就是计算事物数量的起点，也就是零点。标准化的测量单位必须伴有标准化的测量条件，即要有相同的计算事物数量的起点。唯有如此，测量所得的相同结果才有同样的意义。例如，在参照点都是“0”的前提下，测得20公斤重的大米和20公斤重的食用油具有同等的重量。参照点不同，测量结果就会因其所代表的意义不同而无法进行相互比较。

参照点有两种：一种是绝对参照点，另一种是相对参照点。所谓绝对参照点，即以绝对的零点作为测量的起点。比如长度、重量、体积等物理属性的测量都是建立在以绝对的零点作为参照点的基础上的测量。相对参照点是以人为确定的零点作为测量的起点。如地势高度的测量，就是以海平面为测量的起点。在测量中，最理想的参照点是绝对参照点，相对参照点则越接近零点越理想。

由于教育测量对象的模糊性和复杂性，教育测量中所应用的参照点基本都属于相对参照点。例如以某个年级或某个年龄段儿童作业的平均分数作为参照点，或以一个地区的一次标准化测验的平均分作为参照点。在参照点为相对零点的连续体，只能表示差异的大小，而不能以倍数的方式来解释。比如在一次数学测验中，不能说得100分的学生是得50分的学生的成绩的两倍，而只能判定得100分的学生的数学能力比得50分的学生强。

二、教育测量的类型

教育测量的种类根据不同的分类标准而有所不同。以下是几种常见的分类方法：

（一）基于测量目标的分类①

根据测量目标的不同，教育测量可以分为学业成就测验、智力测验、能力倾向测验和人格测验四种。

学业成就测验亦称为“学绩测验”，是关于教学目标的考试，旨在对学生学习效果进行检验，如语文测验、数学测验、物理测验、化学测验等。学业成就测验可分为两种：一是标准化学业成就测验，由专家按科学程序编制，施测条件统一，可用于不同学校的同一年级。二是教师自编的学业成就测验，是由教师以所教内容为基础，根据经验编制，虽然测验质量无法保证，但针对性较强，能为教师教学改进提供有效依据。

智力测验又称智慧测验，旨在测量智力的高低。智力测验多以言语推理测验为主要内容，如对词汇、词的异同及类比等项目进行测量。目前国际上常用的个人智力测验主要有斯坦福-比内智力量表和韦克斯勒智力量表等。

能力倾向测验是一种探索个人潜能的测验，旨在深入了解被试者在某方面的特长和发展倾向，按内容可以分为一般能力倾向测验、特殊职业能力测验、创造力测验和心理运动机能测验等。一般能力倾向测验主要测量记忆能力、想象能力、推理能力、分析能力等，典型方法有一般能力倾向测验和区分性能力倾向测验两种。特殊职业能力测验主要测量独特于某一职业的能力，典型方法有西肖尔音乐能力测验、飞行能力测验等。创造力测验主要测量各种创新思维能力，典型方法有南加利福尼亚大学测验、托兰斯创造性思维测验等。心理运动机能测验主要测量心理运动能力、身体能力，典型的方法有贝内特机械理解测验、明尼苏达操作速度测验等。

人格测验也称个性测验，主要测量个体行为独特性和倾向性等特征，如人的态度、情绪、兴趣、品德、动机、意志、性格、美感等，涉及的测验类型包括性格测验、品德测验、兴趣测验、意志测验、情感测验等。人格是由多方面内容组成的，因此无法通过一次测试或一种测试完所有人的人格。常用人格测验问卷有艾森克人格问卷（EPQ）、明尼苏达多项人格测验（MMPI）和卡特尔 16 种人格因素测验（16PE）等。

这四种不同测验的特征及其区别如表 2－2 所示。

表 2－2　学业成就测验、智力测验、能力倾向测验和人格测验四种测验的特征

测验名称	概念描述	应用范畴	实例举样
学业成就测验	关于教学目标的考试，旨在对学生学习效果进行检验	不仅是对知识的测量，也包括技能的测量；既可以是学科测验，也可以是综合测验	学校平时组织的课堂考试，如期中、期末考试等
智力测验	又称智慧测验，旨在测量智力的高低	用于测量学生的观察、识记、分析、判断、推理等思维活动的能力	常用的工具有斯坦福-比内智力量表、韦克斯勒智力量表等

① 教育测量的分类角度多样、方法不一。比如有的学者以测量的对象为标准把教育测量分为学业成就测验、智力测验、人格测验和特殊能力测验（参见：王汉澜．教育测量学．开封：河南大学出版社，1987：18.），而有的学者则根据测量的属性把教育测量分为智力测验、能力倾向测验、人格测验和教育测验（参见：王孝玲．教育测量．上海：华东师范大学出版社，2001：18－19.）。这说明相同的测验按不同的划分方式，可以分为不同的类型，因此分类是相对的。

续表

测验名称	概念描述	应用范畴	实例举样
能力倾向测验	一种探索个人潜能的测验，旨在深入了解被试者在某方面的特长和发展倾向	用于测量学生的一般能力、特殊职业能力、创造力和心理运用机能等	如美国劳工就业保障局编制的“一般能力倾向成套测验”(GATB)
人格测验	也称个性测验，测量个体行为独特性和倾向性等特征	用于测量性格、气质、兴趣、情绪、动机等方面的个性心理特征和个性倾向性	常用人格测验有艾森克人格问卷（EPQ）、明尼苏达多项人格测验（MMPI）和卡特尔16种人格因素测验（16PF）

（二）基于测量对象的分类

根据测量对象的不同，教育测量还可以分为个别测验和团体测验。

个别测验指的是一个主试者在同一时间内只测一个被试者。该类测验多用于智力测验和特殊的教育测验，如外语的会话能力测验、幼儿或不会用文字作答的被试者的教育测验等。优点在于主试者对被试者的行为能够作较为真切的观察和控制；缺点在于只适用于小范围的测验，时间不经济，实施测验的标准化程度不高。

团体测验是一个主试者在同一时间内测试多个被试者的测验。绝大多数的教育测验和部分智力测验都是团体测验，如全国、全省、全市、全县组织的统一升学考试。团体测验的优点在于时间和经济成本低，适用于大规模的测验；缺点在于主试者难以对被试者的行为进行真切的观察和控制。

这两种不同测验的特征及其区别如表2-3所示。

表2-3 个别测验和团体测验两种测验的特征

测验名称	概念描述	应用范畴	实例举样
个别测验	在同一时间内只测试一个被试者的测验	适用于小范围的测验	如外语口语测试、音乐表演测验等
团体测验	在同一时间内测试多个被试者的测验	适用于大规模的测验	如统一入学考试

（三）基于测量时机的分类

根据测量时机的不同，教育测量可以分为准备性测验、形成性测验、过程性测验、诊断性测验和总结性测验五种。

准备性测验也叫预测测验，指在进行某一学习活动之前进行的、用来测量学生对于完成某一学习任务或胜任某一工作的准备情况的测验。这类测验的目的是测量被试者在某一领域可能达到的水平和成就，如选拔食品研发员考试，根据食品研发员应该具有的基本素质（视觉、味觉、审美能力、创新能力）编制量表，以考查被试者是否拥有这些基本素质，判断其有无培养的潜力。

形成性测验又叫进展性测验，是在教学过程中实施的测验，旨在通过测验掌握被试者在接受教育过程中知识、能力、情感、思想等的形成情况。例如，在教学过程中，当教师完成对某一单元的教授之后，为了知道学生对该单元知识的掌握情况，以有针对性地及时调整教学进度和方式，教师就需要开展形成性测验，以获得反馈信息。

过程性测验旨在获取学生在教育教学或测验活动中的过程性表现，从过程表现中抽取测量证据，推论学生潜在特质水平或心智活动过程[①]。过程性测验的核心在于凸显教育教学与测验活动中的过程性价值，指向学生的学习过程和内在心智过程。2020 年《深化新时代教育评价改革总体方案》政策的发布，在推动教育评价从结果导向到过程导向的转变的同时，也将过程性测验推到了较高的地位。

诊断性测验旨在发现被试者在学习或思想上存在的问题，以便对症下药，改进教学，提高教育质量。例如，诊断学生在除法计算中存在何种问题，之所以难以掌握除法运算是因为除法口诀表掌握不准确还是自己不够细心，等等。

总结性测验是在一门学科或一项教育活动结束时开展的测验，旨在了解学生对这门学科知识的掌握情况或在这一活动中、这一阶段内的知识、技能、思想、体力和心理等方面的发展情况。

这五种不同测验的特征及其区别如表 2-4 所示。

表 2-4 准备性测验、形成性测验、过程性测验、诊断性测验和总结性测验五种测验的特征

测验名称	概念描述	应用范畴	实例举样
准备性测验	指在进行某一学习活动之前进行的、用来测量学生对于完成某一学习任务或胜任某一工作的准备情况的测验	用于测量学生是否具有完成某一学习或工作任务的最低知识和能力	在讲授新知识之前对学生应具有的先行知识和能力进行测验，如在进行乘法教学之前，先进行加法测验
形成性测验	又叫进展性测验，指在教学过程中实施的测验	用于测验学生在教育过程中知识、能力、情感、思想等的形成情况	如教学中进行的单元测验
过程性测验	指获取学生在教育教学或测验活动中的过程性表现的测验	用于测验学生的成长与发展过程和内在心理活动过程	如基于信息技术所构建的交互性、动态性测验
诊断性测验	是为诊断学生在学习或思想上的问题而编制的一种测验	用于发现被试者在学习或思想上存在的问题，以便对症下药，改进教学	如诊断学生在除法计算中存在什么样的问题等
总结性测验	指在一门学科或一项教育活动结束时所举行的测验	用于测验学生在学习活动后的知识、技能、思想、体力和心理等方面的发展情况	如期末测验、毕业考试等

（四）基于测量参照标准的分类

根据测量参照标准的不同，教育测量可以分为常模参照性测验和目标参照性测验

① 袁建林，刘红云．过程性测量：教育测量的新范式．中国考试，2020（12）：1-9.

两种。

常模参照性测验是以被测团体的常模（平均数）为参照标准来衡量个体水平的测验，其评分基准源于被测团体测验后的得分。常模参照测验的主要目的在于将被试者的表现与该团体中其他被试者相比较，从而确定每个被试者在群体中的相对位置，常用于选拔性和竞赛性活动以及能力分组等方面。值得注意的是，常模参照性测验虽能对被试者的学习起到考核、监督作用，但却不能确定被试者的实际水平以及达到目标的程度，缺少对困难和错误的诊断。常使用的常模参照表有百分等级量表、标准分数（Z）量表、离差智商量表、比率智商量表等。

目标参照性测验又称准则参照测验，是以预定的目标（大纲）为参照标准来衡量测验成绩的测验。值得注意的是，目标参照性测验的行为标准建立于施测之前，与被测群体无关。目标参照性测验主要功能在于将被试者的测验结果与已经规定的目标作比较，进而判断被试者达到既定目标的程度，通常以合格与不合格、达标与未达标等绝对分数来表示。这类测验除了有甄选作用之外，还能确定被试者达到既定目标的程度。

这两种不同测验的特征及其区别如表 2－5 所示。

表 2－5　常模参照性测验和目标参照性测验两种测验的特征

测验名称	概念描述	应用范畴	实例举样
常模参照性测验	以被测团体的常模（平均数）为参照标准来衡量个体水平的测验	主要用于区分学生的个别差异和相对水平	如各类升学考试
目标参照性测验	以预定的目标（大纲）为参照标准来衡量测验成绩的测验	用于确定被试者达到目标的程度，多用于合格性、达标性活动	如单元教学之前、中间或结束时进行的测验

（五）基于测量材料的分类

根据测量材料的不同，教育测量可以分为文字测验和非文字测验两种。

文字测验是指以文字材料编制测试内容，并以文字作答的测验。绝大多数的教育测验和大多数智力测验都属于文字测验。文字测验的优点在于不仅应用范围较大，而且还能对个体的高级抽象能力进行测量；其缺点在于难以对语言有困难、且教育文化水平低的被试者进行施测。

非文字测验指以非文字材料（如图形、仪器等）编制测验内容，并以非文字方式（如操作、记号等）作答的测验。其优点在于摆脱了被试者文化水平的限制，适用于语言有困难或语言文化背景不同的被试者，如驾照考试中的科目二、科目三，可适用于语言有困难或语言文化背景不同的被试者；缺点在于编制较为复杂，有时难以对高级能力进行测量。需要指出的是，目前我国相关的非文字测验很少，而当前的教育、教学等实际应用却需对一般和特殊儿童的智力水平提供具有较高鉴别力的评估，因此，很有必要开发各类相关的非文字测验。这也是我国教育测量领域今后需要努力的一个方向。

这两种不同测验的特征及其区别如表 2－6 所示。

表 2-6　文字测验和非文字测验两种测验的特征

测验名称	概念描述	应用范畴	实例举样
文字测验	指以文字材料编制测试内容，并以文字作答的测验	应用范围较大，团体测验多采用此形式	绝大多数的教育测验和大多数智力测验都属于文字测验
非文字测验	指以非文字材料（如图形、仪器等）编制测验内容，并以非文字方式（如操作、记号等）作答的测验	适用于语言有困难或语言文化背景不同的被试者，一般适用于个别施测	如托尼非文字智力测验（TONI-2）

（六）基于测量形式的分类

根据测量形式的不同，教育测量可以分为客观性测验、论文式测验、投射测验和情境测验四种。

客观性测验，顾名思义是指完全采用客观性试题的测验，常以是非题、填空题、简答题、选择题为主。此类测验的试题评分准确、客观、公正，可用于测量学生知识的广度和记忆能力、判断能力以及性格特点。随着技术的不断发展，这类测验往往可以通过机器阅卷，进而节省大量的人力，但其也有着难以对被试者创造力和材料组织能力等进行测量的弊端。

论文式测验适用于测验被试者掌握知识的深度和对问题的分析、综合和评价能力，多以论述题、作文题的形式出现。论文式测验的优点在于被试者有阐述自己观点的自由，能较大程度地发挥出自身的能力；不足之处在于一方面评分标准难以掌握，不同评分者对同一考题答案的给分往往难以保持一致，另一方面试题代表性不足，不能全面反映被测者掌握知识的情况，测验的可靠性不够高。

投射测验是人格测量方法之一，指向被试者提供一些意义比较含糊的刺激情境，让他在不受限制的情境下，自由表现出他的反应，然后分析反应的结果，从而推断其人格结构的测验。投射测验的优点在于：一是能使被试者的个性特点得到自由表现，克服了以问卷形式测量个体个性的刻板性；二是施测材料可以为图片、视频等，对于缺乏阅读能力的被试者较为包容。投射测验的缺点在于：一是施测时间和人力成本较高；二是由于缺乏客观标准，测评结果客观性弱；三是测量结果难以对个体行为有很好的预测作用。

情境测验是将被试者置于一种近似于实际的情境中，根据其行为表现来归纳、推论其个性的测验。如主试者出示一张图画或一段文章，让应试者回答对这张图画或者这段文章的感受等。此外，这类测验也包括将被试者置于事先设计好的情境中，进而观察被试者的反应。随着信息技术的发展，当前出现一类虚拟情境测验，具体指将被试者放置于依靠网络技术等架构起来的虚拟情境中，进而进行各种测验，达到心理训练与评估的目的。

这四种不同测验的特征及其区别如表 2-7 所示。

表 2-7 客观性测验、论文式测验、投射测验和情境测验四种测验的特征

测验名称	概念描述	应用范畴	实例举样
客观性测验	指完全采用客观性试题的测验	适用于测量学生知识的广度和记忆能力、判断能力以及性格特点	常见形式有：是非题、填空题、选择题、简答题等，如艾森克人格问卷（EPQ）
论文式测验	以论述题、作文题的形式出现的测验	适用于测验学生掌握知识的深度和对问题的分析、综合和评价能力	如中国古代科举考试的“策论”（按问题作答）
投射测验	指向被试者提供一些意义比较含糊的刺激情境，让他在不受限制的情境下，自由表现出他的反应，然后分析反应的结果，从而推断其人格结构的测验	适用于人格测验	如著名的罗夏克墨迹测验（Rorschach Ink-Blot Test）
情境测验	是将被试者置于一种近似于实际的情境中，根据其行为表现来归纳、推论其个性的测验	适用于测试被试者的真实性、公正性、兴趣爱好、认识能力和道德判断能力等	如行政人员测评中的无领导小组讨论、公文筐测验等

（七）基于测量标准化程度的分类

根据测量标准化程度的不同，教育测量可以分为标准化测验和自编测验两种。

标准化测验是由训练有素的专业人员慎重编制、按统一的步骤实施的、测量误差受到严格控制的一种测验，系统化、科学化、规范化的程度较高。标准化测验的“标准”主要体现在测验全过程、项目编制、测验管理、评分记分等方面的标准化。标准化测验的优势在于：一是有效性，即能保证测试结果可以准确地反映测试目的的特质；二是可靠性，即能保证测试对象在参加其他相同目标测试后所得的结果一致；三是高效性，即能够在较短的时间里对一个测试对象的能力作出符合标准的评价和判断；四是经济性，即时间、人力、物力成本相对较低。然而教育是复杂多元的。习近平总书记 2018 年在全国教育大会上强调坚持中国特色社会主义教育发展道路，培养德智体美劳全面发展的社会主义建设者和接班人，这意味着教育测验要能涉及个体全面发展的各类发展要素。然而，标准化测验就像用一把刻度不准的尺子在丈量着每个不同学生的学习程度和每所不同学校及不同教师的教学质量，使人们像对待工具一样对待学生，只注重学生在认知方面的能力，而忽视了学生在情感、道德及伦理等方面的发展。因此，应该正视标准化测验存在的问题和不足，使它在不断接受质疑的情况下，不断得到完善。

自编测验是由教师根据具体的教学目标、教材内容和测验目的而自行编制的测验。一般不要求进行试测，不求信度、效度和常模，不建立测验量表。教师自编测验有以下几个优点：一是能够就较短时间的学习内容施行测验，随时了解学习者的学习状况，为教育者及时改进教学提供依据；二是测验内容与教材内容、教学目标、教学进度完全相

一致；三是测验的难易程度适合于学习者的水平；四是对于学习者经常发生的错误针对性较强。教师自编测验的不足主要体现在受限于教师的能力水平，测验编制水平参差不齐，效果难以保证。

这两种不同测验的特征及其区别如表 2-8 所示。

表 2-8 标准化测验和自编测验两种测验的特征

测验名称	概念描述	应用范畴	实例举样
标准化测验	由训练有素的专业人员慎重编制、按统一的步骤实施的、测量误差受到严格控制的一种测验	适用于对测验结果有严格要求的测试	如比内-西蒙量表、魏氏成人量表、高考等
自编测验	由教师自己编制的测验	适用于学校在较小范围内考查学生学习成绩的测试	如班级的单元测验、期中测验、期末测验等

第四节 教育测量的基本理论

一、经典测验理论

（一）经典测验理论概述

教育测量学家把 20 世纪前期发展至 50 年代初步完善的测量理论称为经典测验理论。经典测验理论在心理与教育测验发展历程中有着特殊的地位，它既是历史上第一个测验理论，也是测验最一般、最基本的理论，目前仍具有鲜活的生命力，应用极为广泛。可以说，现代测验理论大多是在经典测验理论的研究基础上，针对它在某方面存在的问题而发展起来的。

经典测验理论起源于斯皮尔曼（Spearman）有关智力和智力测验的著名研究，并由诺维克给出了最终的公理化形式。斯皮尔曼认为任何心理测验所得到的分数 X 都是由反映被试者稳定心理特征的真分数 T（例如在教育考试中考生的真实能力水平）和误差分数 e（由随机因素，例如考试中考生的情绪、考场等所造成的实际成绩与其真正能力水平的差）所组成的，即 $X=T+e$[①]。在这里，X 表示观测所得的测验分数，T 表示个体的真分数，e 表示随机误差。举个简单的例子，在一个有 20 道题目的数学测验中，A 实际上会做的题目是 15 个，但因疏忽写错了 3 个答案，因此他的测验分数为：$X=15-3=12$ 。而 B 实际上也会做 15 个题目，但他却多猜对了 3 个题目的答案，因此他的测验分数为：$X=15+3=18$ 。

真分数理论的数学模型包含三个基本假设：第一，由于测量误差的随机性，误差分数 e 的平均数为零；第二，误差分数 e 与真分数 T 相互独立，即二者的相关为零；第三，

① 纪凌开．经典测验理论的局限性评析．湖北大学成人教育学院学报，2005（4）：64-66.

两次测量的误差分数之间的相关为零。误差是随机出现的，每次测量所产生的误差是独立的，所以两次测量所产生的误差之间不存在统计意义上的相关。在上述三个基本假设的基础上，真分数理论作出了如下两个重要推论①：其一，真分数等于实得分数的平均数，即 $T=E(X)$；其二，在一组测验分数中，实得分数的变异数（方差）等于真分数的变异数（方差）与误差分数的变异数（方差）之和，即 $S_X^2 = S_T^2 + S_e^2$ 。经典测验理论在真分数理论假设的基石上构建起了它的理论大厦，主要包括信度、效度、项目分析、常模、标准化等基本概念。

（二）经典测验理论的应用价值

毫无疑问，经典测验理论是体系最成熟的测量理论，以其为基础的测验在各行各业得到了成功的应用。可以说，经典测验理论是其他各种测验理论得以产生的基石。在新的测验理论崛起的今天，经典测验理论仍然占据着不可替代的地位，之所以如此，和经典测验理论的应用价值密不可分。

1. 分析方法易掌握，应用具有普遍性

经典测验理论经过了几十年的发展，形成了一套以真分数理论为基础的、较为完善的测验理论以及对题目和测验进行统计分析的方法。相比之下，这些统计分析方法在计算上较为简单，意义也直观明了，因此，容易被教育工作者所理解和掌握。这就促进了该理论实践应用的普遍性。事实上，经典测验理论中的信度、效度等概念几十年来一直被运用着，几乎每一个编制良好的测验都有效度指标。

2. 假设条件易满足，应用具有广泛性

经典测验理论以真分数理论为基础，建立在实得分数 X 与真分数 T 和误差分数 e 的关系上。而在此基础上推导出来的一系列假设都容易得到满足，所以属于弱假设。这些弱假设条件容易被绝大多数测验数据资料所满足，所以从实际的应用来说，假设条件容易满足，其应用具有广泛性。

（三）经典测验理论的缺陷

尽管经典测验理论在长达半个世纪的时间里“独领风骚”，但是随着实践的不断深入，这种传统理论也逐渐暴露出诸多与生俱来的缺陷，归结起来，主要有以下五方面：

1. 真分数模型的若干假定不符合事实

经典测验理论假定真分数 T、实得分数 X 和测验误差分数 e 之间的关系可以用一个简单的线性函数 $X=T+e$ 来表示，但大量的研究表明，真分数与实得分数间的非线性关系更符合事实②。此外，误差与真分数独立的假设也难以满足。经典测验理论假定误差与真分数相互独立，即 $R_{Te}=0$，这是不符合事实的。因为，低能力被试者答题时一般会比高

① 一帆．经典测验理论．教育测量与评价（理论版），2009（7）：26.

② 庄腾腾，谢晨．我国中小学生技术素养测评工具设计探析：基于国际科学与技术素养测评框架．华东师范大学学报（教育科学版），2018，36（6）：42-53.

能力被试者有更多的猜测，所以其测验误差分数的大小及方差必然要大于高能力的被试者。

2. 测验的项目统计量受样本的抽样变动影响大

经典测验理论中项目统计量主要是项目难度（P 值）和项目鉴别力（D 值）。项目难度 $P=R/N$（R 表示答对的人数，N 表示被试者总数）代表答对该项目的被试者比率。如果抽取的样本中，能力高的被试者多，那么 P 值也随之增高，反之则低。区分度通常以项目与总分的相关性或高低能力组的通过率之差表示，当两组能力差别大时，区分度就高，反之则低。可见，这两个项目统计量严重依赖于被试者样本。因此可以说，抽样变动是经典测验理论难以解决的问题。

3. 进行不同测验的被试者难以进行比较

不同测验测量同一种特质水平时会得到不同测验分数，项目难度高，被试者测验分数就低。为了解决这一问题，经典测验理论要求所有被试者都实施相同的测验项目，才能对测验结果进行比较，或者利用相同测验或平行复本测验被试者。但是在经典测验中，大多数试题的难度值处于中间水平，少数试题的难度值处于极端水平。这种设计方法对中等能力水平的被试者较为合适，而对高能力或低能力的被试者则难以作出精确的估计。只有当测验难度与每个被试者能力水平相匹配时，测验的效度（衡量测验质量的另一个重要指标）才可能达到最大，此时即使缩短测验项目长度也不会影响其成绩，这便是"因人施测"的问题。但在经典测验中，"因人施测"是难以实现的，因为两次不同难度的测验结果是无法进行比较的。

4. 信度指标在实践应用中难以起到应有的指导作用

在经典测验理论中，根据真分数模型，测验信度是真分数的标准差与观测分数标准差之比。[①] 按此定义，测验信度实际上是不能计算的。因为这个定义除了原始分数方差实际可得，真分数方差与误差分数方差都无从求取。为实际估计测验信度，经典测验理论又提出了平行测验概念，从而推演出若干信度估计公式[②]。但如前所述，严格平行的测验是不存在的，即使同一测验在不同时间施测，受到遗忘、动机、焦虑程度、新知识与新技能获得的影响，也不可能达到完全平行的程度。因此，在此基础上估计的测验信度很难达到比较高的精确程度，而缺乏精确度的信度指标显然不能轻易应用在实践之中。

5. 参数指标对测验活动的指导价值相当有限

经深入研究发现，经典测验理论的所有项目参数与被试者能力参数之间的关系通常显得非常含混泛化。在经典测验理论中，被试者能力量表是测验的卷面总分，而被试者卷面总分的参照系是测验的全部项目，如被试者得分 60 表示该被试者正确作答了全部项目的 60%。项目的难度量表是被试者群体的得分通过率，其参照系是被试者群体，如项目难度 0.60 表示有 60%的被试者正确作答该项目。由于参照系不同，因此无法判断难度

---

① 石小亮，王铁龙，吕杰，等．森林生态系统服务信度分析与累积影响评价：以吉林省为例．林业经济，2020（12）：59-69.

② 克罗克，阿尔吉纳．经典和现代测验理论导论．上海：华东师范大学出版社，2004：126.

为 0.60 的项目是否就与得分为 60 分的被试者特质水平相匹配。难度量表与能力量表存在不一致性，因此尽管两个指标各自的意义都非常清楚，但是由于没有把它们定义在同一个度量标尺上，因此失去了准确指导测验编制的作用。

在实际应用中，经典测验理论也存在一些问题，比如它无法向测验编制者提供各项目及测验在其分数量表上具有最大区分能力的位置。比如高考要设定录取分数线，该点具有最大的区分能力，但经典测验理论却无法确定这一分界点。此外，经典测验理论认为项目难度 P 是非等距的，应转化成等距量表，这样一来就提高了计算复杂性。

二、概化理论

（一）概化理论概述

众所周知，但凡测量总会出现误差，而产生测量误差的原因也是多种多样的。鉴于经典测验理论不能具体指明哪种误差或在总误差中各种误差的相对大小如何的问题，20 世纪 60 年代至 70 年代初，克隆巴赫（Cronbach）等人提出了概化理论。概化理论又称概括力理论或拓广理论，是经典测验理论和误差分析相结合的产物。概化理论的基本思想是：任何测量都处在一定的情境关系之中，应该从测量的情境关系中具体地考察测量工作。基于此，概化理论提出了多种真分数与多种不同的信度系数的观念，设计了一套方法去系统辨明多种误差的来源和大小，并通过实验性研究设计控制测验误差的具体方案。同时用全域分数代替真分数，用概括化系数（G 系数）代替信度。

概化理论主要运用方差分析的方法对测验情境中误差的各种来源进行区分，把误差方差分解成相应的各方差分量，从而选择合理的测验设计方案以减少误差，提高测量的精确度。概化理论的基本框架主要表征为以下若干概念：

1. 测量目标和测量侧面

"测什么"和"怎么测"构成了测量情境关系的总和。"测什么"即测量目标（object of measurement），是指测量者希望描述的事物属性，比如课堂教学的质量、学生的成绩、教材的优劣等。"怎么测"在概化理论中称为测量侧面（face of measurement），是指影响测量目标观测值的各种因素，比如测量工具、测量程序、测量环境、测量者水平等。测量侧面可以分为不同的水平，比如测验项目、测验场所、测验时间等，它们都是测量的面，这些面的变化都可能导致不同的测量结果。某一侧面的所有可能水平的全体称为可接受的观察全域，而测量对象在观察全域上的观察均分称为全域分数，概化理论中的全域分数类似于经典测验理论中的真分数。

2. 可靠性

在经典测验理论中，信度是指一致性的指标，其注重的是两次测验的两个部分或评分者间的一致性。概化理论用可靠性（dependability）的概念替代了传统信度的概念。作为经典测量理论的拓展，它引入了实验法和方差分析（Analysis of Variance ，ANOVA）的思想，将误差分解到各个侧面及交互作用，然后通过调整侧面的水平数以及侧面之间的关系，观察概化系数和可靠性指数的变化，为决策提供依据①。概化理论认为，概化越精确，就越能从一个测验的情况来推断观察全域的情况。

3. 测量设计

概化理论的研究首先要按照一定的测量设计（类似于实验设计）方案安排测验，并对收集到的资料进行方差分析，分解出各种误差成分。测量设计主要可以从侧面的个数、侧面间的关系、侧面和观察全域的关系三个维度进行分类。根据侧面的个数，可以将测量设计分为单侧面设计、双侧面设计和多侧面设计三种；根据侧面间的关系，可以将测量设计分为交叉设计、嵌套设计和混合设计三种；根据侧面和观察全域的关系，可以将测量设计分为固定侧面设计和随机侧面设计两种。

4. 概化 G 研究和决策 D 研究

概化理论的理论研究包括 G 研究（generalizability study）和 D 研究（decision study）。简单地说，G 研究是测量程序的开发过程，D 研究则是测量工具的应用过程。前者旨在尽可能多地挖掘出各种潜在的测量误差来源，并估计出它们的变异分量大小。后者主要是根据决策的需要，以概化研究的方差分量估计值为基础，改变测量情境关系的某些方面，使得测量误差趋于最小，从而提高测量的信度和效度。

（二）概化理论的应用价值

概化理论在诞生之初并没有得到迅速的推广，直到 20 世纪 80 年代后期才逐步发展起来。随着概化理论内涵的丰富和研究水平的提高，概化理论的应用范围越来越广。概化理论在教育测量中的应用主要体现在以下三个方面：

1. 在检验测评工具效度中的应用

概化理论可以用于测评工具效度的检验，帮助研究者在设计测评工具时，细致考虑可能影响测评分数的各种变异来源，估计各变异来源的方差分量，最大优点是能对设计中的某些侧面及侧面水平进行调整。例如通过检验评估者在不同测验类型上的评分一致性，可鉴别聚合效度；通过比较同一个考生在不同的测验维度上的得分差异，可判断鉴别效度。

2. 在确定评分误差中的应用

测量侧面是测量误差的重要来源，可以分为评价者侧面和测评要素侧面。首先，与传统的评分者一致性计算方法相比，概化理论在处理评分者一致性问题上表现更灵活。评分者效应反映了评分者对不同测评维度和评定标准的理解的一致性程度，方差分量越小，一致性程度越高。其次，测评要素侧面的全域不是无限的，且测评要素的全域中不存在与该侧面样本长度相等的其他可替代的样本，通常将某个侧面固定之后，概化系数会比完全随机模式时的概化系数高，但其推论全域会变小。在这种情况下，当对测评要素侧面的各个水平进行随机单侧面交叉设计，并估计相应的方差分量时，单个能力维度

---

① 甄锋泉，张敏强，刘颖．概化理论方差分量及其变异量估计：跨分布的模拟研究．心理学探新，2020（5）：431－437.

在总变异中所占的比率越高，说明评分者对被试者的评分越能较好地反映被试者的真实水平。维度在总变异中所占的比率过低，说明对该维度的测量不准确。

3. 在优化测评工具中的应用

完成了对各方差分量的估计和解释后（概化理论中的 G 研究），可通过 D 研究进一步改进测验设计，即以 G 研究所得到的变异分量估计值为基础，通过调整测量过程中各方面的关系，使测量误差最小。

（三）概化理论的缺陷

尽管概化理论具有许多独特的优点，且受到教育测量界越来越多的关注，但要使概化理论在实际教育测量中得到合理的应用，还必须明晰该理论的一些局限性。概化理论的不足主要可以归结为三点。

1. 在心理特质多维性测量的研究上仍力不从心

根据前面的分析，概化理论注重所测心理特质的单维性，因此在实际应用中同样要保持试题样组的同质性。虽然概化理论可以通过设立异质试题样组为一个测量侧面，依次估计该侧面各种水平组合下的 G 系数，间接探讨潜在特质空间的结构，但总的来看，概化理论在心理特质多维性测量的研究上仍力不从心。

2. 对误差来源的估计还不够精确

在计量方法上，概化理论对各类误差源的考察是以方差分析为基础，通过方差分量的估计来实现的。但是，由于一些测验数据结构的复杂性，方差分量估计有时还会出现负值，这在实际研究中比较难解释。

3. 测验可靠性过于依赖实测数据的完备性

在测量应用中，概化理论用于实测数据的事后分析是比较理想的，但用在事先指导时，就要逊色一些。研究者必须有较高的测验设计水平和实测控制能力，在将预测数据分析的结果应用到实际测验的编制时，也应充分注意到随机误差的影响。

三、项目反应理论

（一）项目反应理论概述

项目反应理论，又称潜在特质理论（latent trait theory），是 20 世纪中后期以美国测量专家洛德为代表的测量学者们为了克服经典测验理论的局限性而提出的现代测验理论。项目反应理论作为一种以试题参数为前提条件的理论，研究的主要内容是被试者在测验项目上的反应行为与被试者潜在特性之间的关系。自 20 世纪 70 年代以来，项目反应理论在其各个主要应用领域，如测验设计、能力估计、测验等同化、适应性测验等方面，都取得了相当大的进展。如今，项目反应理论已被许多大型的测验出版机构、国家教育部门以及许多工业和专业组织用来指导编制各种测验，进行各种与测验有关的问题的研究。可以说，项目反应理论的成功标志着测量理论学科进入了一个新的阶段。

与经典测验理论不同，项目反应理论是建立在强假设基础之上的。其基本假设主要有四条。

1. 单一维度假设

在项目反应理论的应用中，通常假定影响被试者对项目作出反应行为的只有一种心理特质，正是这种特质决定了被试者在所有项目上的回答，而没有其他特质的干扰。例如，在某次数学测验中，测验所测量的仅仅是学生的数学能力，而学生的考试动机、认知水平、语言理解能力等其他特质对他在数学测验上的成绩没有影响。可见，这种假设非常有利于测验的编制和对测验结果的解释。

2. 局部独立性假设

局部独立性假设是指被试者对测验中任何一个项目的反应都只受其特质水平的影响，独立于对其他项目的反应。也就是说，被试者对测验中任一项目作出正确应答的概率不受其对其他项目应答的影响。

3. 单调性假定

单调性假定，也叫项目特征曲线假定，指被试者对项目正确反应的概率随其能力水平的增加而单调递增。该假定描述了被试者对某一测验项目的正确反应概率与该项目所对应的被试者的潜在特质水平之间的一种函数关系。

4. 非限时性假设

项目反应理论要求测验在不限时的条件下进行。在这种情况下，如果被试者对某些测验的项目未作反应，则可认为这是由于他的能力不够，从而把该项目作答错处理。非限时测验实质上是一种理想测验，而现实中几乎所有的测验都是限时的，否则测验就无法正常运行。当然，如果限时合理的话，仍然可以获得与非限时同样的效果。

在项目反应理论中，数学模型起着极为核心的作用。为了定量地描述考生对于项目的反应，研究者们通过数学方程式把可观察到的考生反应和潜在的特征联系起来，建构了各种项目反应模型。总体而言，项目反应模型可以分为两大类：静态模型和动态模型。静态模型反映的是实体在某个时刻的状态，用来描述考生在某个时刻的特质水平。动态模型用来描述由实体活动所引起的系统状态在时间轴上的变化。由于篇幅所限，在此不一一介绍。

（二）项目反应理论的应用价值

在实际应用中，项目反应理论在编制自适应测验、测验成绩等值处理、题库建设等方面有很大的价值。

1. 编制自适应测验

项目反应理论在教育测量领域一个最成功的应用就是编制自适应测验。经典测验理论要求所有被试者接受同样的试题。因此，能力水平低的被试者对那些难题或望而生畏，或凭猜测答题，得分往往不能反映被试者的真实水平；能力水平高的被试者则很容易就完成测验，同样不能测试出其真实水平。项目反应理论认为，最能提供测量信息的试题是难度与被试者能力水平估计值相吻合的试题。因此，可以用量体裁衣的方法，因人而异地让不同水平的被试者接受不同难度试题的测验，并且将水平不同的被试者的成绩作横向比较。这种针对不同被试者的具体情况选取不同试题的测验，称为自适应测验。接受不同试题测验的被试者的成绩之所以可以进行横向比较，是因为项目反应理论分析出的题目参数——难度、区分度、猜测分数和能力水平分数是不依赖于样本的，即参数具有不变性。因此，经过题目分析收入题库的试题是标准化了的试题，可以在同一量尺上衡量被试者。另外，项目反应理论还可以结合计算机的应用，实现计算机化自适应测验。

2. 测验成绩等值处理

测验等值（test equating）就是将测量同一心理特质的不同测验或被试参数转换到统一度量单位系统的过程[①]。测验等值具有重要的现实意义，在教育实践中，人们总是希望一种测试的不同考次能按相同的尺度来评定成绩，以便能够保证历次成绩的可比性。但是一般来说，除无须进行等值处理的情况外，一种测试的两次不同考次得出的观测分数是不会相等的[②]。然而，项目反应理论有助于使测验分数达到相等。虽然经典测验理论也为测验等值提供了很多有意义的方法，但项目反应理论的方法则更加有效，因为它是以项目参数（"锚题"等值设计）或被试者的能力参数（"锚人"等值技术）为纽带，通过固定不同年度间测验的项目参数或被试者的能力参数进行的真分数等值。例如，通过测验分数等值处理可以使不同年度的考试成绩具有可比性，并以此判断不同年度测验的评价标准是否一致、测验是否公平。

3. 题库建设

衡量任何大规模的正式测验是否标准化的一个重要标准就是有无已知指标参数的高质量试题。这就需要测验编制者拥有一个试题库。要建立一个试题库，除了编制和征集试题外，组织预测和估计项目参数、筛选和修改试题、归类存档工作都与测验理论提供的理论模型有直接关系。而利用项目反应理论指导题库建设有其独特的优越性。首先，项目反应理论的项目参数具有线性变换不变性的特点。因此，它能在较宽松的被试条件下（如能力可以不等），用垂直等法实现项目参数的等值。这样就扩大了被试者的来源，而不必苛求大样本和等值能力分布的条件。其次，项目反应理论提出了信息函数（information function）的概念。信息函数综合了项目的难度、区分度、猜测因素等各方面的信息，提供了项目测量误差大小的重要指标。因此，在题目筛选过程中，信息函数的值为试题修改和删除提供了重要的参数依据。再次，项目反应理论通过试测后估计了项目猜测参数，同时又引入了信息函数的概念。因此，可以从这两个方面入手解决被试者的猜题问题。最后，项目反应理论引入了信息函数的概念，使得测验的质量控制得以实现。测验编制者可以根据由测验信息函数加总求得的测验标准误差的大小要求来编制试题，以便达到试卷设计要求。

---

① KOLEN M J，BRENNAN R L. Test equating，scaling，and linking：methods and practices. New York：Springer，2014：177－180.

② 袁春阳. IRT：理论与应用. 南华大学学报（社会科学版），2001（4）：69－71.

（三）项目反应理论的缺陷

作为一种新的测验理论，项目反应理论的科学性和完善程度也只是相对的。随着科学技术、教育测量理论与实践的发展，项目反应理论暴露出许多不足，主要表现为以下几个方面：

1. 单一维度假设难以满足

项目反应理论是建立在强假设基础之上的，因此其假设条件要求相对严格。比如单一维度假设不是一般学科所能完全满足的，这也是项目反应理论受到攻击的最主要原因。目前的现实问题是，单维性需达到什么程度才能应用项目反应理论，但这一标准的确定尚缺乏充分的理论依据。

2. 推广性较差

相对于经典测验理论，项目反应理论建立在更为复杂的数学模型之上，计算方法复杂，工作量大，不易被人掌握，这些局限妨碍了其在实践中大范围应用的推进程度。

3. 测验精确度不易保证

项目反应理论对测验条件要求较严格，例如，样本容量要大、被试者的能力分布范围要广、测题数量要多等，这些条件不满足就会影响其精确性。

4. 对多级评分模型的探索不够

现有的项目反应理论模型主要针对的是二级评分试题（只有正确与错误两种答案的试题），而对多级评分的试题模型，虽说有一些探索，但在理论和实际应用上都还不够成熟。

四、新一代测量理论

（一）新一代测量理论概述

新一代测量理论又称认知诊断理论，是当今心理和教育测量学研究中一个受人关注的研究方向。该理论由弗雷德里克森等人在 1993 年出版的《新一代测量理论》一书中正式提出。密斯莱维曾经明确指出，教育与心理测量理论的发展经历了标准测验理论与新一代测量理论两个阶段，前一阶段的代表理论为经典测验理论、概化理论、项目反应理论，后一阶段的代表理论为认知诊断理论[①]。

广义的认知诊断指建立起观测分数和被试者的内部认知特征之间的关系。狭义的认知诊断指在教育教学领域中，按被试者有没有掌握测验所测的技能或特质来对被试者加以分类。当前，人们已经不满足于单纯给学生一个简单的测验分数，而是更希望测验能够提供诊断信息，能够报告学生的认知结构（学生掌握了哪些知识点，哪些知识点未掌

① 刘声涛，戴海崎，周骏．新一代测验理论：认知诊断理论的源起与特征．心理学探新，2006（4）：73－77.

握而需要补救），这就是认知诊断。认知诊断模型是一种离散的潜在变量模型，它提供了关于被试者在一组属性上更细粒度的多维诊断反馈信息，反映了被试者对于知识技能的理解和掌握程度，也可以体现不同被试者的能力水平[①]。

（二）新一代测量理论的应用价值

认知诊断理论是认知心理学和心理测量理论的结合，它广泛结合了当前认知心理学与教育心理学的研究成果，是当代测验发展的新追求，具有重大的意义。认知诊断理论的价值意义主要体现为"三个有利于"。

1. 认知诊断有利于实现测验的促进发展功能

促进发展是任何一种测验的最根本也是最重要的功能。认知诊断理论的研究可以为教师的教学实践提供指导，帮助教师识别学生特质，为教师采取补救措施提供依据，有利于开展有针对性的教学与辅导。因此，认知诊断可以为素质教育提供有力的评价和诊断工具，具有极大的应用价值。

2. 认知诊断有利于对学科能力进行深入阐释

随着心理测量学和认知心理学的进一步发展和现代教育技术水平的进步，学习者更加渴求获得更具体的、细微水平的测量与诊断评估。此时认知诊断评估逐步走入历史舞台，强调"能力水平"和"认知水平"维度能够被同时诊断，不再仅仅是单一的宏观维度的"知识水平"[②]。在测验领域中，认知水平的研究是对能力水平的研究的深入和拓展。能力水平研究的目的在于能力的定位，而认知水平研究的目的在于认知能力结构和性状的诊断。因此，认知诊断测量对学业成就的评价，超越了单独的分数评定或能力指标评定，能够挖掘深层信息，对学科能力作出具体解释。

3. 认知诊断有利于提高测验的内容效度

目前，人们通常运用经典测验理论或项目反应理论编制教育和心理测验，这二者是依据项目的统计特性来指导测验编制的，对内在的知识结构重视不够，难以对测验的内容效度进行分析。认知诊断依据认知心理学和教育心理学的研究成果编制测验，测验的内容效度能够得到保证。

（三）新一代测量理论的缺陷

当然，认知诊断理论并非十全十美，其在应用推广过程中遭遇了不小的"寒潮"。事实上，认知诊断理论自提出以来，更多的是停留在研究领域和小规模的应用领域，在社会上大规模的考试中的应用并不多见。这和该理论自身存在的不足有关系，主要表现如下：

---

① 尹昊，周蔓，刘彦楼，等．认知诊断模型题目功能差异检验方法的健壮性比较．中国考试，2021（3）：36－44.

② 刘妍，戴静，石小恋，等．认知诊断理论在计算机自适应测试中的应用与启示．中国远程教育，2017（4）：42－49.

1. 缺乏操作性

认知诊断的实施主要以认知心理学模型为基础和核心，而心理学理论建构中的认知诊断，需要内在心理加工的假设模型。限于科学技术的发展水平，当前大多数的认知诊断理论研究者主要用计算机来类比、模拟人大脑的内部加工机制，由这种研究范式得出的研究结果必然大多是解释性、描述性的。但是，教育领域中的认知诊断测量，则需要已经被证实的理论模型。因此，认知诊断理论在教育领域实际应用时可操作性不强。

2. 高度复杂性

人的认知结构较为复杂、易变，很难用模型去描述、刻画，因此从测量学研究来看，开发出合适的可实用的统计模型的工作是非常艰巨的。另外，当前的认知诊断理论的发展还存在这样的尴尬境地，即认知心理学和测量学两学科的沟通与结合并不是很顺畅。这直接导致的局面是：复杂的数学模型令认知心理学家望而却步，而测量学家常常不能很好地驾驭认知心理学必备的知识。由此可见，在当前条件下，认知诊断理论要在教育测量领域大面积应用还是相当困难的。

本章小结

(1) 教育测量是按照一定的规则对教育领域内的事物或属性加以数量化测定的过程，其含义有广义和狭义之分。广义地说，教育测量泛指运用测量手段对教育活动所进行的量的测定；狭义地讲，教育测量专指按一定规则对学生的知识、智能、个性发展、思想品德等所进行的量的测定。通常所提及的多为狭义上的教育测量。

(2) 教育测量与测验、测试、考试、评价等术语或说法既有联系，又有区别，不能混为一谈。

(3) 教育测量属于精神属性的测量，因此区别于物理属性的测量。它有着自己的特征，包括：第一，测量目的的针对性和严肃性。教育测量主要是为教育目的服务的，具有鲜明的目的性和针对性。第二，测量对象的模糊性和复杂性。教育测量的对象是人，人精神属性的复杂性和多变性，导致了教育测量对象的模糊性和复杂性。第三，测量工具的多元性和不确定性。教育测量对象的模糊性、复杂性要求教育测量的工具必须多元化。第四，测量结果的间接性和推断性。教育测量是精神属性的测量，且教育测量的对象是人，使得教育测量区别于其他的物理属性测量的直接性，只能通过外显的行为或通过人对来自外界的一组刺激所作出的反应间接推断结果。

(4) 教育测量的功能可以分为对教育活动系统内部的基本功能和对教育科学研究的功能。对教育活动系统内部的功能是根据构成教育系统的三个最基本的子系统——目标系统、行为系统和控制系统来表征的，分别为目标导向功能、行为改进功能和控制管理功能。对教育科学研究的功用主要表现在三方面：一是教育测量是教育科学研究的基本工具之一；二是教育测量自身是现代教育科学研究的重要领域之一；三是教育测量是诸多社会科学研究的重要工具之一。

(5) 教育测量的要素包含测量的量具、测量的单位和测量的参照点，这也是教育测量的三个基本条件或三个基本要素，对形成一个科学的教育测量结果非常重要。

（6）教育测量的种类因为分类的标准不同而有所不同，通常主要从教育测量的目标、对象、时机、参照标准、测量材料、测量形式和标准化程度来进行分类。

（7）教育测量的理论包括：经典测验理论、概化理论、项目反应理论、新一代测量理论，各个理论都有其应用价值和缺陷。

推荐阅读

1. 方超，黄斌．中国过度教育测量、趋势及其影响因素的实证研究．教育科学，2018（4）.

2. 杨向东．教育测量在教育评价中的角色．全球教育展望，2007（11）.

3. 刘芃．现代教育测量启示．历史教学，1998（11）.

4. 袁建林，刘红云．过程性测量：教育测量的新范式．中国考试，2020（12）.

5. 雷新勇．教育测量理论应用于高考改革实践若干问题的探讨．中国考试，2020（1）.

关键术语

● 测量

根据一定规则用数据对事物的特性加以描述和确定的过程，是人们认识客观事物的有效途径。

● 经典测验理论

又称真分数理论，其基本思想是把测验的得分看作真分数和误差分数的线性组合。该理论基于三个基本假设：误差分数的平均数为0；误差分数和真分数相互独立，误差是由与测量目标无关的变量引起的；误差分数是随机的。

● 概化理论

真分数理论与方差分析相结合的产物。强调从特定条件下的测量结果来推断更广泛的条件下可能得到的测量结果。

● 项目反应理论

根据测验所测特质的水平与人们对测验项目或题目的反应之间的关系建立的一种模型。由于特质水平无法直接观察，所以该理论属于一般的潜在特质模型。该理论基于三个假设：对项目进行的描述，可以独立于对这些项目作出反应的人；对人的描述，可以独立于他们进行反应的项目；在测验正式使用和评价之前，就可以对测验的特性进行预测。

● 新一代测量理论

又称认知诊断理论。从认知心理学的角度分析学生在题目作答过程中所采用的知识和技能，并将其融入心理计量学模型之中，获得关于学生优势与不足的详细诊断信息。

复习思考题

1. 分析教育测量、测验、考试、评价的共性和区别。

2. 教育测量有什么特征，每个特征的具体表征是什么？

3. 教育测量量表有哪几个层次，每个层次的量表的功能是什么？

4. 说说几种常见的教育测量的分类方法。基于教育目标分类，可将教育测量分为哪几种？尝试说说每种教育测量类型的应用范畴。

5. 构建教育测量理论发展的脉络图。

第三章

教育测验的编制与实施

本章提要

在理论研究和实践应用中想要更好地发挥测验的效能，就必须编制出高质量的、高适应性的测验。本章主要介绍教育测验编制的基本程序，包括基于目标分类理论的测验目标的确立、测验内容与形式的设计、项目编制与编排、测验的技术分析与鉴定，以及测验标准化等核心步骤。

同时，由于项目是测验的基本要素，直接反映测验质量的好坏，因此，本章也详细介绍了包括选择题、匹配题、是非题、填空题、简答题在内的客观题，以及包括论文题和操作题等在内的主观题中不同种类测验项目的特点，并通过各种项目实例的生动展示解析了各类型项目的编制原则和技术要求。

最后，因实施测验是教育测量的关键环节，关系到教育测量能否有效落地。因此，本章也具体介绍了测验实施的工作准则、具体事项，以及各个环节的保障措施。

学习目标

- 描述编制教育测验的一般程序。
- 了解教育目标分类理论的内容。
- 准备教育测验的命题双向细目表。
- 描述选择型测验和问答型测验的相对优点。
- 描述在设计测验项目时要考虑的因素。
- 描述如何在测验中安排题目。
- 了解教育测验实施的注意事项。

第一节　教育测验的基本编制程序

教育测验林林总总，根据测量目标的不同，教育测验可以分为学业成就测验、智力测验、能力倾向测验和人格测验等；根据测量对象的不同，可以分为个别测验和团体测验；根据测量时机的不同，可以分为准备性测验、形成性测验、过程性测验、诊断性测验、总结性测验；等等。不同种类的测验在目标、内容、形式和结果等方面表现出各自的特性，其编制要求也有具体的差异。但就整体而言，教育测验的编制还是可以总结出一套相对稳定、具有一定普适性的核心程序或关键步骤。具体包括：测验目标的确立、测验设计、项目编制与编排、测验的技术分析与鉴定、测验的标准化等。

在实施编制测验的具体步骤之前，应拟定一个翔实可行的计划，就编制测验的相关环节和要素进行明确和限定，并以此严格按照计划开展测验的编制工作，避免随意性，提高工作效率，保证测验编制的科学性。

一、测验目标的确立

测验目标是测验编制者通过测验所要实现的某种具体目的，它明确规定测验所要达到的预期结果或标准。测验目标的确立，就是要编制者明确所要测量的对象是谁，指向何种心理特质，测验结果的功用是什么。

教育测验是对教育效果或过程情况进行测量的工具。因此，教育测验目标首先应该与教育目标一致，并且要促进教育目标的达成。测验目标的确立以目标分类理论为指导。自 20 世纪以来，许多心理学家和教育学家都对教育领域中的目标分类问题进行了深入研究，提出了不同的主张或观点，形成了各具特色的理论体系。其中，布卢姆（B. S. Bloom）等人的教育目标分类理论、加涅（Gagne）的学习结果分类理论等对后人都产生了较大影响，是测验编制者确立测验目标的主要理论基础。

1. 布卢姆等人的教育目标分类理论

布卢姆于 1956 年出版《教育目标分类学》（第一分册：认知领域），提出认知领域目标分类的理论和方法；1964 年，他与克拉斯沃尔（D. R. Krathwohl）等人撰写出版了《教育目标分类学》（第二分册：情感领域），提出情感领域目标分类的原则；1972 年，哈罗（A. J. Harrow）和辛普森（E. J. Simpson）合作出版了《教育目标分类学》（第三分册：动作技能领域），提出动作技能领域目标分类的原则。以认知领域、情感领域和动作技能领域为主的教育目标就共同构建了一个完整的教育目标分类体系。

（1）认知领域。

布卢姆把认知领域的教育目标，从低级到高级分为识记（knowledge）、理解（comprehension）、应用（application）、分析（analysis）、综合（synthesis）、评价（evaluation）六个层次。这些层次具有递进关系，即较高层次目标包含且基于较低层次目标。每一层次目标的具体规定性如下：

识记，是指认识并记忆，这是最低层次的认知目标。这是对具体事物和普通原理的回忆，对方法和过程的回忆，或者对一种模式、结构或框架的回忆。

理解，是指一种低层次的领会或领悟，是较低水平处理各种材料和问题的理智操作方式，或把握知识材料意义和趋势的能力。领会超越了单纯的记忆，即便它可能是初步的或是肤浅的。

应用，是指在某些特定或具体的情境里，正确地使用抽象概念、法则、原理等。这是初步的直接应用，而不是通过分析全面地、综合地运用。

分析，是指把材料分解成各种组成要素或组成部分，以便弄清各种要素或部分的相互关系或组成原理，从而使概念更加明确，使材料的系统、组织、结构更为清晰。

综合，是指以分析为基础，全面加工各种要素或组成部分，把它们重新组合成新的整体，从而创造性地解决问题。它涉及具有特色的表达、制定计划或操作步骤、推导出一套抽象关系等活动，强调独特性与首创性，是高层次的目标要求。

评价，是认知领域里教育目标的最高层次。它针对特定目的对材料和方法的价值及符合准则的程度作出定量或定性的判断。它要求理性地、深刻地对事物本质的价值作出有说服力的判断，并综合内在与外在的资料、信息，作出符合客观事实的推断。

如表 3-1 所示，以“教师的责任”这一学习内容为例，学习者在不同的层次目标上表现出不同的认知水平。当学习者能够认识或回忆出关心学生身心健康是教师的责任时，就达到了知道层次，尽管此时学习者可能只是机械记忆或者不明缘由；当学习者能够说明教师育人比教书重要的原因，或者是归纳出教师不负责任的表现时，就达到了理解层次，尽管此时的理解还不够深入或者不够全面；当学习者能够在自己的教育教学实践中，充分地将教书育人这一抽象概念应用于具体情境，遵守教师行为规范等相关法则时，就达到了应用层次；当学习者能够深入地把教师的责任分解成在德、智、体、美、劳等方面的具体责任，并弄清各组成部分的相互关系时，就达到了分析层次；当学习者在分析的基础上，对教师的责任各要素进行重组，进而设计出一份优秀教师在管理、教学和科研等方面的责任书时，就达到了综合层次，此时，学习者已经能够全面把握学习内容的组成要素，并根据解决问题的需要进行创造性加工；当学习者能够建立教师责任感的标准，并依据标准评价某所学校教师责任心的现状时，就达到了评价层次。在“光合作用”这一学习内容中，各层次认知水平表现如表 3-1 所示。

表 3-1　认知领域教育目标的层次示例

内容	层次					
	识记	理解	应用	分析	综合	评价
教师的责任	知道关心学生身心健康是教师的责任	说明教师育人比教书重要的原因，归纳出教师未尽责任的表现	在自己的工作中实践“教书育人”，遵守教师的行为规范	分析在德、智、体、美、劳各方面教师的责任及其关联程度	设计一份优秀教师在管理、教学和科研等方面的责任书	评价学校教师责任心现状，建立相应的标准
光合作用	了解光合作用的基本条件	解释光合作用在植物生长中的作用	说明不同植物的光合作用过程	分析不同时间植物光合作用的区别及其原因	在生产上应用光合作用原理	论证光合作用对人类环境的影响

我国在布卢姆认知领域教育目标分类法的基础上，经过本土化的理论研究和实践探索，形成了我国认知目标的分类，常见为五分法（知识、理解、应用、分析与综合、创造）和四分法（识记、理解、简单运用、综合运用）。

例如，《义务教育数学课程标准（2022 年版）》中用“认识、理解、掌握、应用”等认知目标动词表述知识技能目标的不同水平。在该标准中，这些动词的具体含义如表3－2所示。

表3－2 认知目标动词的具体含义示例

知识技能目标	认识	从具体实例中知道或举例说明对象的有关特征；根据对象的特征，从具体情境中辨认或者举例说明对象
	理解	描述对象的特征和由来，阐述此对象与相关对象之间的区别和联系
	掌握	在理解的基础上，把对象用于新的情境
	应用	综合使用已掌握的对象，选择或创造适当的方法解决问题

（2）情感领域。

情感领域也译作情意领域，主要涉及一个人的情感、态度、兴趣和价值观等。情感领域的教育目标依据价值内化的程度由低到高分为接受（receiving）、反应（responding）、价值化（valuing）、组织（organization）、品格形成（characterization）五个层次。

接受，指人感受到某些现象或刺激的存在，并愿意接受或注意它。接受是最低级的价值内化水平，包括觉察、愿意接受和有控制或有选择地注意三个方面的内容。

反应，指人不仅注意某种现象或刺激，而且以某种方式对它作出反应，这是一种较低程度的积极注意，包括默认的反应、愿意的反应和满意的反应。

价值化，指人将特殊的对象、现象或行为与一定的价值标准相联系，进而爱好相应的有价值的事物，包括价值的接受和对某一价值的偏好、信奉。

组织，指人将许多不同的价值标准整理归类，克服它们之间的矛盾、冲突，并开始建立内在一致的价值体系，包括价值的概念化和价值体系的组织两个方面。

品格形成，指外在价值内化于人的性格之中，构成人的世界观、人生观等价值体系，从而长时期控制人的行为。这是情感领域教育目标的最高层次，包括泛化心向和性格化两方面的内容。

如表3－3所示，以“中国近代史”这一学习内容为例，学习者在不同的层次目标上表现出不同的情感程度。如果学习者愿意参加中国近代史课程的学习活动，能够认真听讲，做好笔记，就达到了接受层次，表明学习者愿意接受并开始主动注意这方面的信息；如果学习者能够积极地参加中国近代史学习活动，主动质疑、发言，乐于参加讨论，与他人合作，就达到了反应层次，此时学习者能够对接收到的信息给予比较积极的回应；当学习者能够对中国近代史人物、事件提出自己的观点，学习认真努力，并分析自己的成功与不足时，就达到了价值化层次，此时学习者已经可以依据一定的标准对学习内容以及自己的学习状态进行价值判断；如果学习者能够对中国近代史辩证地形成系统看法，能够形成适合自己的学习方法，处理好个人与他人或集体的关系，就达到了组织层次，此时学习者已经将零散的价值标准和判断行为系统化、结构化，也能够组织自己的学习过程；如果学习者能够保持良好的学习兴趣和习惯，热爱中国近代史，形成正确的历史观并以此诠释历史，就达到了品格形成层次，此时根植于学习者思想深处的历史观会一直调控着他的言行。

表 3-3 情感领域教育目标的层次示例

内容	层次				
	接受	反应	价值化	组织	品格形成
中国近代史	愿意参加中国近代史课程的学习活动，认真听讲，做好笔记	积极参加中国近代史学习活动，主动质疑、发言，乐于参加讨论，与他人合作	对中国近代史人物、事件能够提出自己的观点，学习认真努力，并分析自己的成功与不足	对中国近代史形成系统看法，形成适合自己的学习方法，较好地处理个人与他人或集体的关系	保持良好的学习兴趣、习惯，热爱中国近代史，形成正确的历史观并以此诠释历史

（3）动作技能领域。

布卢姆本人并没有编写出动作技能领域的目标分类，在目前出现的几种分类方法中，尚无公认的最好分类。其中，辛普森把动作技能领域的教育目标分为知觉、定向、指导下的反应、机制、复杂的外显行为、适应、创新七个层次。

知觉，指通过感觉器官觉察客体或关系的过程，它是动作活动的必要非充分条件，是动作的"情景-解释-动作"连锁中基本的一环，具体包括感觉刺激、线索选择和转化三个不同水平。

定向，指为某种稳定的行动或经验而作出的预备性调整或准备状态，包括心理定向、生理定向和情绪定向三个方面。

指导下的反应，指在复杂动作技能形成的早期阶段，通过教师指导或根据自我评价表现出来的外显行动，包括模仿和试错两个方面。

机制，指已成为习惯的习得性反应，是以某种熟练和自信的水平从事某种行动。这一反应比前一层次的反应更复杂，对刺激和情境更具有适当性。

复杂的外显行为，是指有了所需要的动作模式，能够从事相当复杂的动作行动。在这一层次上，技能已被掌握，能进行得稳定而有效。它包括消除不确定性和自动化的操作两个方面。

适应，指改变动作活动以符合新的问题情境，这是技能的高度发展水平，能体现新的具体情境的要求。

创新，指根据在动作技能领域中形成的理解力、能力和技能，创造新的动作行动或操作方式。

如表 3-4 所示，以"新能源汽车驱动电机冷却系统维修"这一学习内容为例，学习者在不同的目标层次上表现出不同的动作技能水平。在知觉层次，学习者能够通过感觉器官识别各种操作工具，在理论上掌握它们的使用方法；在定向层次，学习者能够对手、脚、身体姿势和细心、耐心、恒心、信心等身心表现作出调整，以准备或适应维修新能源汽车驱动电机冷却系统的操作行为；在指导下的反应层次，学习者能够在教师的指导下或者在榜样的示范下，自己形成新能源汽车驱动电机冷却系统维修防护装备、专用工具、手工工具等的使用行为，并对操作方法进行练习和纠错；在机制层次，学习者能够熟练、迅速、规范地进行新能源汽车驱动电机冷却系统维修的具体操作，操作的方法和程序等都已经成为某种习惯；在复杂的外显行为层次，学习者已经掌握各种操作技能，能够高水准地完成新能源汽车驱动电机冷却系统维修的复杂操作；在适应和创新这两个层次，学习者能够根据问题情境的变化对技能进行迁移，甚至能够生成新的程序和方法来解决问题。

表 3-4 动作技能领域教育目标的层次示例

内容	层次						
	知觉	定向	指导下的反应	机制	复杂的外显行为	适应	创新
新能源汽车驱动电机冷却系统维修	理解驱动电机冷却系统组件结构与运行原理，知道操作时需要哪些工具，掌握和明确各工具使用方法	调整不同操作细节中手、脚、身体姿势，培养对驱动电机结构拆装与维修所需的细心、耐心、恒心、信心等品质	观察并模仿使用各类维修工具的方法、程序等，在工具使用中进行操作方法练习和纠错	严格执行高压作业安全规定，迅速检查、调整和优化冷却液、电动水泵、散热器风扇等的运行状态，使之符合驱动电机冷却系统运行的规范要求	逐渐增强新能源驱动电机冷却系统相关操作的兴趣，有完成工作的信心，操作动作衔接连贯、工序流畅、配合协调，符合等级标准，规范地完成操作任务	把使用驱动电机冷却系统维修工具所形成的技能应用于各种类型的相关操作中	根据新能源驱动电机冷却系统操作技能原理革新操作方法，改进操作工具

2. 加涅的学习结果分类理论

加涅吸收了信息加工心理学和建构主义认知心理学的思想，形成了有理论也有技术操作支持的学习理论。他把学习区分为不同层次，以代表不同种类的认知能力，同时提出了五种学习结果，分别为言语信息（verbal information）、智力技能（intellectual skills）、认知策略（cognitive strategies）、动作技能（motor skills）和态度（attitude）。

言语信息，是指陈述事实或观点的能力，这是进一步学习的先决条件，是培养智慧技能的基础。

智力技能，是指学会使用符号与外界环境相互作用的能力。智力技能是人类习得性能力中最重要的一种，它可以分为由简单到复杂四个层次：辨别、概念、规则、高级规则。

认知策略，是指用来控制注意、学习、记忆与思考方式等内部过程的技能。它通过影响学习的内部加工方式来对学习者的活动作出调节，在某种程度上也是一种特殊的调控认知过程的智力技能。

动作技能，是指学习由许多有组织的肌肉运动所形成的综合活动的能力。它不是指个别的动作，而是强调动作的完整性和统一性，其行为结果表现为身体动作的敏捷、准确、协调和连贯。

态度，是指一种能够影响人对某一类事、物或人作出个人选择的内部状态。人的行动是受态度影响的，但态度又是人的动作结果。

此外，日本著名的教育家梶田叡一也建立了一套教育目标体系，他将教育目标分为认知目标、情感目标、意志目标、技能目标四个领域，同时分为开、示、悟、入四个层次。

以上教育目标分类理论都为教育测验目标的确立提供了重要依据或基础，测验编制者可以据此选择相应的目标领域和层次水平。不同社会文化背景之下产生的理论体系有所不同，测验编制者在使用时还应充分考虑测量对象的特点，研究参与测量的个人或团体在人口社会学变量（如宗教、民族、语言、文化等）和人口经济学变量（如人的职业、行业、收入等）等方面的差异性。

二、测验设计

1. 测验内容的设计

当测验目标明确以后，就需要进一步选择教育测验的内容范畴，这是至关重要的一个环节。指向测验目标的教育内容很多，而一份测验的容量有限，那么，选择哪些内容或要素进行测验就必须作出合理的分析和思考。

测验内容设计，实际上是对与测验目标相关的教育内容进行抽样并赋予权重的过程。为保证这一过程的科学性，测验编制者应该充分考虑：测验内容应该覆盖哪部分教育内容；各部分教育内容之间是怎样的关系，应占内容总量的多大比例；每一部分教育内容应该达成何种预期。

测验编制者要厘清上述问题的思路，命题双向细目表是行之有效的工具之一。命题双向细目表是一个由测验的内容维度和目标水平构成的表格，它能够帮助测验编制者决定应该选择哪些方面的内容、各部分内容应实现的目标水平和测验内容在整个测验中所占的比例。

如表 3-5 所示，以“代数知识”这一内容的命题双向细目表为例，一般来说，表的纵向列出的是测量内容维度，横向列出的是测量目标所要求的表现水平，纵横交会处即是该内容维度在某一目标层次上的测量权重。以上三者，也构成了命题双向细目表的基本要素。一份设计科学的双向细目表，每一项内容维度的权重合计与该内容维度和测量目标的关联性应该成正比。也就是说，权重越大的内容维度，其对实现测量目标的重要性就越大；同样的，每一个目标水平的权重合计也应该体现这种一致性。通常，对于学科成就测验而言，在双向细目表的横向设计上，可根据课程标准中确定的教学目标和应试学生的实际水平，借鉴布卢姆关于认知领域教育目标的分类方法，按认知水平由低到高的顺序，依次列出测验的具体测量目标。一般而言，各级测验目标水平在试卷中的分类比例为，“知识”占 18%，“理解”占 28%，“应用”占 30%，“分析”占 13%，“综合”占 8%，“评价”占 3%左右为宜，如果学生学习水平较高，则前三类测量目标试题的百分比应该小些，反之可以大些。这样，在参照标准的前提下根据学生的学习情况和测验目的进行适度调整，可以在实现测验目标的同时也起到激励学生学习主动性和积极性的目的；在双向细目表的纵向设计上，相对而言，教材中重要且综合性程度高、对以后学生学习具有很好迁移价值的知识点所占比重要大些，次要的知识点所占比重要小些。这要根据对课程标准和教材内容的分析与理解来确定，同时还要兼顾测验目的和学科属性的具体需要，然后确定具体知识点以及在不同教学水平上的分布与数量权重[1]。

---

① 朱德全．教育测量与评价．北京：高等教育出版社，2016：157.

表 3-5　命题双向细目表示例

<table>
<tr><th colspan="3" rowspan="3">测量内容</th><th colspan="6">测验目标</th><th rowspan="3">合计</th></tr>
<tr><th colspan="6">认知要求</th></tr>
<tr><th>知识</th><th>理解</th><th>应用</th><th>分析</th><th>综合</th><th>评价</th></tr>
<tr><td rowspan="9">代数知识</td><td rowspan="5">集合与简易逻辑</td><td>集合、元素及其关系、空集</td><td>3</td><td>4</td><td>4</td><td>2</td><td>1</td><td>1</td><td>15</td></tr>
<tr><td>集合的表示法</td><td>2</td><td>3</td><td>2</td><td>2</td><td>2</td><td>1</td><td>12</td></tr>
<tr><td>集合之间的关系（子集、真子集、相等）</td><td>2</td><td>2</td><td>1</td><td>2</td><td>1</td><td>1</td><td>9</td></tr>
<tr><td>集合的运算（交、并、补）</td><td>3</td><td>4</td><td>4</td><td>3</td><td>1</td><td>1</td><td>16</td></tr>
<tr><td>充要条件</td><td>1</td><td>2</td><td>1</td><td>1</td><td>1</td><td></td><td>6</td></tr>
<tr><td rowspan="4">不等式与区间</td><td>不等式的基本性质</td><td></td><td>6</td><td></td><td></td><td></td><td></td><td>6</td></tr>
<tr><td>区间的概念</td><td></td><td></td><td></td><td>6</td><td></td><td></td><td>6</td></tr>
<tr><td>一元二次不等式</td><td></td><td></td><td></td><td>6</td><td>9</td><td></td><td>15</td></tr>
<tr><td>含绝对值的不等式</td><td>3</td><td></td><td>6</td><td>6</td><td></td><td></td><td>15</td></tr>
<tr><td colspan="3">合计</td><td>14</td><td>21</td><td>18</td><td>28</td><td>15</td><td>4</td><td>100</td></tr>
</table>

待测验形式设计完成之后，即可在命题双向细目表的基础上进行补充和融合，形成综合反映测验内容、测验目标、测验题型以及难易程度等要素的复式表格。

2. 测验形式的设计

命题双向细目表为测验编制提供了依据，在此基础上，测验编制者需要对测验方式、项目类型、区分度、容量和时间等要素进行设计。设计时遵循以下几条原则：使用测验对象容易明了的测验方式；测验对象在完成测验时不会因测验项目的类型不当而提供不真实信息；测验过程易于操作，省时省力且经济；测验结果易于统计分析。

（1）测验方式的确定。

一份测验以何种方式呈现给测验对象，是测验编制者在这一环节首先应该考虑的问题。测验按照组织方式，可以分为个体测验和团体测验；按照呈现方式，可以分为纸笔测验、口头测验、操作测验等。测验方式的确定一般取决于测验对象的年龄、行为能力等特点或特殊需要。例如，对阅读能力较低的人（幼儿、盲人、文化水平较低者等）不宜采用纸笔测验；对有语言障碍的人（如聋哑人）不宜采用口头测验等。目前，教育测量中使用最为广泛的仍然是纸笔测验。

此外，测验方式的确定还应当结合各种实际因素加以考虑。例如，当测验对象众多且时间和经费有限时，宜采用团体纸笔测验；当人数少，时间充裕，又具备相应实验仪器和设备条件时，则可采用操作测验。

（2）项目类型的确定。

项目是组成测验的每一个具体题目。项目类型通常分为主观题和客观题（也可分为开放式和封闭式）。主客观题的划分依据是在评分时是否受评分者主观因素的影响，二者皆是具有某种共同特征的题目类型的总称。具体说来，主观题包括论述题、证明题、作文题、操作题等，客观题包括选择题、是非题、匹配题、排列题、填空题、简答题等。

主观题答案开放，易于全面、真实地收集测验对象的思维过程等信息，可以用来测量较高层次的教育目标，可能会得到测验编制者意料之外的信息和材料。但是由于主观题答案不明确，回答耗时相对较长，在测验时限内能够达到的对测验内容的覆盖率较小，因而无法保证内容效度；同时，主观题评分困难，易受无关因素的影响。客观题答案明确，回答简便，因而在测验时限内能够达到更高的对测验内容的覆盖率；同时，客观题有明确的标准答案，评分简单可靠，易于使用现代化、信息化的统计手段。但是，编制较高目标层次或综合性较强的客观题的难度更大，花费时间更长，且难以排除测验对象的推断猜测。

如表 3-6 所示，两类题目各有优缺点，因此，测验编制者应根据测验内容以及相应的目标层次，结合各种题型的特点，遵循有关题型的命题原则来选择和确定测验项目的具体类型，并编制具体项目。

表 3-6 主客观题优缺点比较

	客观题	主观题
信度	较高	较低
效度	较低	较高
覆盖面	较宽	较窄
陈述性知识	较适宜	较不适宜
程序性知识	较不适宜	较适宜
猜测可能性	较大	较小
常模建立	较易	较难

资料来源：国家教委“高考题型功能”课题组．题型功能与考试命题．南京：江苏教育出版社，1992.

（3）测验区分度的确定。

测验区分度是指各个项目的区分度集合，这一要素的确定应该依据测验目标而设计。比如，如果是能力测验或学业成就测验，就应当包括各种不同难度的测验项目，以鉴别各种不同能力或不同知识水平的对象；如果是人格测验，就应当使得各个项目在不同方向的备选答案上都有一定人数分布，以鉴别具有不同人格特征的对象；如果测验具备选拔功能，区分度应该相对较高；如果测验具备诊断性功能，区分度应该相对偏低。

（4）测验容量和时间的确定。

测验容量和时间是一对相互影响、相互制约的要素，需要测验编制者统筹考虑。理论上讲，测验时间越长，测验容量越大，测验内容的覆盖面就能够尽量广，内容效度就能得到尽可能的保证。然而，受测验类型、测验方式、测验编制和实施成本等因素的影响，测验时间和容量通常有一定的限制。例如，纯粹速度测验的时间应该严格限制，使作答最快的被试者也不能在规定时间内完成所有题目；难度测验理论上不该有时间限制，而实际应用中通常以能够发挥被试者水平而不致出现作答疲劳为原则规定时限；常模参照测验应保证规定时间内 75%以上的测验对象能完成所有题目，标准参照测验应保证 90%以上的测验对象完成所有题目等。一般情况下，测验编制者可用尝试法，根据经验合理估计并确定测验容量和时间。

三、项目编制与编排

1. 项目编制

项目编制是对测验的微观设计，即对构成测验的每一个题目的设计。项目编制是对命题双向细目表的具体落实，它将把每一个维度的内容材料，按照不同测验目标水平的要求，用不同的项目类型呈现出来。测验编制者在编制项目之前，应该充分收集相关的测验资料，资料尽可能齐全丰富，具有普遍性、趣味性，能够为项目的科学编制建立基础。

项目编制应该是一个群策群力、反复论证的过程。在这个过程中，测验编制者要遵循一定的原则，使用科学的技术（详见第二节）对测验项目进行编写和反复修改，直至项目完全符合测验要求。项目编制用语必须正确明了，无歧义；初编项目的数量要多于实际所需，便于筛选或编制复本。

2. 项目编排

项目编制完成以后，就需要根据测验的目标和性质，以及测验对象的特点，尤其是作答时的心理反应，对项目加以合理编排，形成一份科学的测验。项目编排的基本原则包括：按照项目类型，同属一类的项目集中编排；按照项目内容，从易到难排列（这里对题目难度的判断，主要依据试题编制者的主观经验），或从一般到特殊、从具体到抽象编排；按照项目形式，把反应方式相似的集中编排；按照重要性，重要的项目尽可能靠前编排；按照敏感性和开放性，将敏感类等项目尽可能靠后编排，避免测验对象反感和出现畏难情绪。

在实际应用中，有时为了避免测验对象形成反应倾向或反应定势，在项目编排时也会出现在一定程度上打乱顺序或者混合螺旋式编排项目的情况。

四、测验的技术分析与鉴定

一份教育测验的编制工作初步完成以后，它的科学性和适应性还有待进一步分析和鉴定。具体步骤如下：

1. 开展预测

预测的目的在于获得测验对象在各个测验项目上形成的反馈信息。它既能提供哪些项目表述不清、不易理解或容易误解等质的信息，又能提供测验项目优劣等量的指标。一个完整的预测流程包括：预测前的初评、正式实施预测和再次实施预测三个环节。

在预测过程中，应注意以下问题：

（1）预测对象应取自将来正式被试者总体中的一个代表性样本，样本量不宜过大，也不宜过小，通常控制在 400～500 人；为减小取样误差，可以选择总体中的两个样本同时进行施测，分别进行测验项目分析，比较结果的一致性；为便于计算，教育测验的预测样本通常选取 370 人。

（2）预测的实施程序与情境应力求与正式测验近似，以保证预测结果的有效性。

（3）预测的时限可以适当延长，以便每一个被试者都能完成测验，从而收集更全面的信息，为后续测验项目分析提供充足的资料依据。

（4）预测过程中，被试者的反应情况须全面及时记录，如被试者完成测验的最短时间、最长时间和一般时间，被试者参与测验的情绪或态度，被试者对测验试题的疑惑不解的地方等。

2. 项目分析

测验项目分析就是依据预测所得的数据资料，运用科学统计技术，对测验项目的难度、区分度以及测验的信度、效度等所作的客观分析，详见第四章。

依据项目分析的结果，测验编制者对达不到测验要求的项目进行修订或者淘汰，对测验项目的呈现形式和顺序、测验容量和时限等要素进行调整，以提高测验的科学性和适应性。技术分析与鉴定是测验标准化中一个必不可少的程序。

五、测验的标准化

一个测验的质量，还取决于该测验的标准化水平。所谓标准化，是指测验的编制、施测、评分以及测验分数的解释等全过程的一致性。测验之所以需要标准化，目的在于提高测验的科学性，进而减小误差，保证科研对测验目的的有效性以及测验结果的可靠性。

标准化测验，也称标准化考试，于 20 世纪 40 年代首先出现于美国，现已在国际上广泛流行。20 世纪 80 年代，广东省开始进行标准化考试的试验，并对以高考为核心的考试各环节进行标准化管理。整体而言，标准化测验通常具有权威性、稳定性、社会性、广泛性、科学性、建有常模和系统性等特征。具体地说，测验标准化包括以下内容：

1. 测验内容的标准化

标准化的首要前提是对所有被试者施测相同或等值的题目，若测验内容不同，所测得的结果就无法进行比较。测验等值应具备六个条件。（1）同质性。被等值的不同测验形式所测的必须是同一范畴的知识或能力。（2）等信度。被等值的不同测验形式必须具有相等的测验信度。（3）公平性。如果两个测验是等值的，则被试者参加其中任何一个测验，等值后的结果应该是一样的。（4）可递推性。如果测验 X 与测验 Y 等值，测验 Y 与测验 Z 也等值，那么测验 X 与测验 Z 一定存在等值关系。（5）对称性。测验间的等值转换关系是双向的，可以将测验 X 上的分数转换为测验 Y 上的分数，反之亦然。（6）样本不变性。X 与 Y 测验之间的等值关系不随被试者样本和施测情境的变化而变化，它完全由本身的内在一致性所决定。

2. 施测过程的标准化

标准化的第二个条件是所有被试者必须在相同的条件下受测。

（1）相同的测验情境。如统一的采光条件、统一的桌椅高度、统一的桌面面积、统一的房间布置等。

（2）相同的指导语。指导语一般包括两部分，一是向被试者说明测验目的，解除其顾虑；二是向被试者说明如何对测验项目作出反应。指导语必须事先拟好，印在测验项目的前面，力求简洁明了，不致引起误解。如果被试者对测验不熟悉，应当提供1~2个例题。

（3）相同的测验时限。测验的时间限制是测验程序中的重要方面，不过，不同的测验对时限要求也不相同。一般来说，人格测验对时限的要求不太严格，甚至不要求时间限制，但能力测验和学业成就测验必须考虑时限问题。

只有在统一的环境和标准的条件下实施测验，才能保证公平合理地对待所有被试者，保证测验结果的客观性，提高测验分数之间的可比性。

3. 测验评分的标准化

评分或计分是导致测验结果误差的一个极其重要的因素，因此，评分的客观性是标准化测验的第三个条件。评分的客观性意味着两个或两个以上的评分者对同一份测验的评定是一致的，只有当评分客观时，才能将分数的差异归于被试者本身的差异。但要做到完全客观（一致）地评分是困难的，一般来说，不同评分者之间的一致性达到90%以上，便可认为评分客观。客观性评分要求如下：

（1）对反应要及时清楚地记录，以免由于记忆模糊造成混乱，尤其是在口头测验和操作测验中更是如此。

（2）要有一张标准答案或正确反应的表格，即记分键。选择题测验的记分键包括每一测验项目正确反应的号码或字母；问答题的记分键包括一系列的正确答案和容许变化的范围；论文题的记分键包括一致可接受答案的要点；人格测验没有正确答案，记分键上指明的是具有或缺少某种人格特征者的典型反应。

（3）将被试者的反应与记分键比较，确定反应的应得分数。

4. 测验分数解释的标准化

一个标准化的测验，不仅指测验内容、施测过程和评分程序的标准化，还包括对测验结果解释的标准化。如果对同一测验结果可作出不同的解释，那么测验便失去了客观性。

某一测验分数只有与一定的参照标准相比较，才能显现出它所代表的意义。在教育测验中，建立参照标准的过程通常是建立常模的过程。常模是指被试者在测验所测内容上的普遍水平或总体分布状况。对某一测验结果的解释要与这一被试者所属团体的常模作比较，才能说明这一测验结果所代表的意义。

第二节　教育测验的项目编制技术

测验项目是构成测验的基本元素，项目编制的恰当与否直接关系到整个测验的质量。因此，测验编制者应充分了解各种类型项目的特点，严格遵循各类题型的编制原则，正确采用科学的项目编制技术。

一、项目编制的基本原则

整体而言，无论是客观题还是主观题，项目编制都要讲求科学性，都必须遵循一些基本的原则。

（1）项目的表达（无论是口头还是书面）要意义完整、简洁通顺，并能表达一个明确的问题，避免产生歧义或晦涩难懂。文字、图标和符号等的使用应正确规范。

（2）项目的表述应使用恰当的语言结构，避免句型或句式复杂给被试者造成无关测验目标的阅读障碍，影响测验效度。

（3）项目内容和难度应能从命题双向细目表中找到依据，应能反映测验内容的重点，而不是琐碎或无意义的内容。

（4）项目的内容要正确、无异议，不宜涉及低俗、消极或与被试者的发展水平不相适应的材料。

（5）项目编制尽量选用新材料，以免被试者凭机械记忆作答。

（6）项目的正确答案应是没有争议的，答案的复杂程度应与被试者的发展水平相符。

（7）各个项目之间必须彼此独立，不出现相同或近似的题目，不要有相互暗示或相互启发的现象。

二、客观题的编制

客观题主要包括选择题、匹配题、是非题、排列题等，而填空题、简答题等限制性题型，由于其评分也相对客观，因此也归类于客观题之中。以下介绍几种常见客观题的编制技术：

1. 选择题

（1）选择题的界定。

选择题要求被试者根据题意在所提供的几个选项中选出符合要求的答案。就其结构而言，选择题包括题干和选项两部分。题干是题目的主干，可用疑问句、陈述句或词组来表示；选项是备选答案，可用短句、词组或词表示。在备选答案中，除正确答案之外，其他是错误答案，又称干扰答案或迷惑答案。在分类上，根据正确或最佳答案的数量，选择题分为单项选择题、多项选择题和不定项选择题三类；根据提问方式，选择题分为直接问题格式和不完整句子格式两种，前者的优点在于可以用明显的方式提出问题，后者的优点则在于可以用更简洁的方式来描述问题，如下述案例所示：

【示例】

◎直接问题格式：

下面哪座山是中国佛教四大名山之一？（　　）

A. 峨眉山　　B. 华山　　C. 泰山　　D. 嵩山

◎不完整句子格式：

中国佛教四大名山之一是（　　）

A. 峨眉山　　B. 华山　　C. 泰山　　D. 嵩山

选择题有所谓的正确答案与最佳答案格式之分，上述示例就是正确答案格式的试题。然而，选择题有时可以有不止一个正确答案，如下题所示。值得注意的是，一方面，在某些情况下，在面对最佳答案格式时，很难做到每个人都选择同一答案，最佳答案格式允许作答者选择大多数专家都同意的选项作为答案；另一方面，最佳答案格式往往要求学生认真区分选项之间的细微差别，由此将导致可以测量更复杂教育目标的试题出现。

【示例】

◎最佳答案格式：

在为孩子选择幼儿园时，哪个因素通常被认为是最重要的？（　　）

A. 价格　　B. 位置　　C. 师资水平　　D. 学校环境

（2）选择题的特点。

选择题的优点在于：其一，选择题可以评估各类教育目标，通用性强。从历史和地理到统计和研究设计，选择题可以评估从简单到复杂、从基础到高级的各类教育目标。其二，选择题评估较为客观，信度高。选择题可以消除评分过程中的主观性，提高测验结果的信度。其三，选择题不受反应定势的显著影响。被试者无法确定答案时，虽可能会倾向于选择中间项，但是这种趋势并不显著。其四，选择题所得结果可以深入分析并使用。借难度和区分度指标以及干扰项的分析，可以在一定程度上保证测量的质量。其五，选择题能够让施测者掌握犯错误的信息。通过对被试者错误情况的分析，可以获得学生常见的错误和误解的诊断信息。其六，选择题适用于各种性质和各种目标层次的测验，测验内容的覆盖率较大，被试者作答方便，测试结果便于统计。

选择题的不足在于：其一，选择题在测量教育目标时无法做到“全”和“尽”。与其他题型相比，选择题确实能够测量很多教育目标，但是对于考生解决问题的实际能力以及考生的思想、观点的组织和表述能力等无法进行测量。其二，选择题可能受制于过度猜测。对于部分学习成绩不好的学生，在完成选择题时容易出现凭运气得分的情况。其三，选择题难于编写干扰项。合适的干扰项既要与正确答案有质的区分，又需要具有较大的迷惑性。

（3）选择题的编制要求。

除了遵循项目编制的基本原则以外，选择题的编制还应该符合以下要求：

第一，题干应避免滥用否定结构，尤其是双重否定。如果与选项直接相关的题干内容是否定结构，可能给被试者造成无关的阅读障碍，影响测验效度。如需使用否定词，可用着重号加以提示，避免被被试者忽略。

【反例】

◎多选题：

下列 JAVASCRIPT 语句中，不能正确赋值的错误选项是（　　）。

A. var a：=3　　B. a：=3　　C. a=3　　D. a=[3]

此题目的题干使用了双重否定，导致题目难以理解。

第二，题干或选项不能对正确答案有任何暗示。米尔曼（Millman）和波克（Pauk）

于1969年描述了选择题为被试者提供暗示的十大特征①。

A. 句子：选项中正确答案的句子比错误答案要长；

B. 条件：正确答案的条件说明得充分，使其具有精确性；

C. 通测性：正确答案比错误答案具有更广泛的应用性；

D. 外形位置：正确答案不在选项的第一个或最后一个位置上；

E. 逻辑位置：按自然顺序排列的选项，正确答案不在两端的位置上；

F. 相似性或相反性：正确答案是两个叙述相似选项中的一个，或是两个叙述相反选项中的一个；

G. 措辞：正确答案包含在一个熟悉的或定型的句子之中；

H. 语言：正确答案中不包含未曾让学生知道的语言或技术术语；

I. 情感词：正确答案中不包含“胡言乱语”“莽撞的”“轻率的”等激烈性的词；

J. 愚蠢概念：正确答案不用无礼的话或超出常情的话来表示。

【反例】

◎单选题：

“把员工视为活动主体、公司主人翁”体现了哪一种人力资源管理模式的精神？（　　）

A. 自我中心式、非理性化家族管理

B. 以人为中心、非理性化家族管理

C. 以人为中心、理性化团队管理

D. 个人中心式、理性化团队管理

此题目的选项中，A、B、D三项都使用了比较激烈甚至有贬义倾向的词语，如自我中心、个人中心、非理性，导致被试者可能从情感倾向性上推断出正确答案。

第三，选项中不要泛用“以上皆错”或“以上皆对”，否则容易掩饰被试者的真实水平。特别是“以上皆错”作为最佳式多选题中的一个选项，可能引起较大争议。

第四，选项之间应该相互独立，避免实质意义相同或相互包含、相互重叠的现象。

【反例】

◎单选题：

一个标准大气压下，纯水的冰点是（　　）。

A. －2℃　　B. 0℃　　C. 3℃以下　　D. 1～5 ℃

此题目中的B选项是被包含在C选项的范围之中的，这样就使得正确答案不唯一。

第五，所有错误选项应该是似是而非的，具有一定的迷惑性。

【反例】

◎多选题：

抗日战争是近代中华民族反抗外敌入侵史上第一次取得完全胜利的民族解放战争，中国赢得抗日战争胜利的主要原因是（　　）。

A. 共产党发挥了中流砥柱的作用

B. 中国的国力空前强大

---

① 陈芳．关于科学把握选择题命题的编制技巧的若干建议．现代中小学教育，2007（4）．

C. 得到了国际反法西斯力量的同情和支持

D. 中国实现了空前的民族觉醒和民族团结

此题目中，选项 B 的似真性和迷惑性比较差。

第六，选项个数越多，猜测正确的可能性就越小，但编制难度就越大。因此，一个项目通常设置 4～5 个选项。为计分方便，同一个测验中，选择题的选项个数最好一致。

第七，正确答案必须是一个唯一的选项或者选择组合，无任何争议。

第八，选择题应避免正确答案的位置呈现某种规律，以防增加被试者猜测的机会。

2. 匹配题

(1) 匹配题的界定。

从某种程度上说，匹配题也是一种特殊的选择题或选择题的变式，它要求被试者从供选答案中为每一个问题选择一个最匹配的答案。就其结构而言，匹配题应该包括一组题干、一组或一组以上的备选答案。每个备选答案可以选用一次，也可以选用多次或者一次也不选用。备选答案数目与题干数目相等，称为完全匹配；备选答案数目比题干数目多或少，称为不完全匹配。

【示例】

◎请将英文缩写的正确翻译填入括号中：

(　　)	①ID	A. 信息技术
(　　)	②IQ	B. 千克
(　　)	③VIP	C. 上午
(　　)	④AM	D. 智商
(　　)	⑤kg	E. 首席执行官
(　　)	⑥IT	F. 身份证
(　　)	⑦CEO	G. 重要人物

◎请将以下事件的正确时间和参与对象进行连线匹配：

《马关条约》	1842 年	英国
《天津条约》	1858 年	英、美、法、德国等
《辛丑条约》	1860 年	日本
《北京条约》	1895 年	英国、法国
《南京条约》	1901 年	

(2) 匹配题的特点。

匹配题的优点在于：一是可以用客观的方式评分，同选择题一样，匹配题可以用较为轻松、客观且可靠的方式打分。二是匹配题较为高效，其占用空间小，能让学生在一个相对短暂的时间里回答较多的试题。三是匹配题相对容易编写。编好匹配题的秘诀在于开发两个用以匹配的项目的同质集合，并且避免给正确答案提供线索。

匹配题的不足在于：一是使用范围有限，只适用于较低水平的学习。二是可能会导致机械记忆行为的产生。由于其只专注于事实性知识和简单关系，匹配题的使用可能会鼓励机械记忆。三是难以开发相关材料的同质列表。匹配题要求项目之间具有内在联系，属于同一类型，这使得项目很难编写。四是使用比较受限。匹配题只对较低水平的学习有效，它很难独立成题，只能与其他类型的题目配合使用。

（3）匹配题的编制要求。

除了遵循项目编制的基本原则以外，匹配题的编制还应该符合以下要求：

第一，同一组题干必须具有同质性，同一组的备选答案也必须具有同质性，避免增加被试者先分类再猜测的机会，影响测验效度。

【反例】

◎请将以下著作和作者进行连线匹配：

（　　）　①《西游记》　　A. 王实甫

（　　）　②《西厢记》　　B. 莎士比亚

（　　）　③《哈姆雷特》　C. J. K. 罗琳

（　　）　④《哈利・波特》　D. 吴承恩

该题目的题干中既有中国作品，也有外国作品，从而给被试者提供了匹配选项在国别上的暗示，即中国作品只能和中国作者匹配。

第二，题干和选项的数目要适当。匹配的题干或选项不宜过多，否则被试者难以寻找正确答案。不完全匹配优于完全匹配，因为后者在各项匹配关系明确以后，最后一个题干和选项也就自然匹配，选项形同虚设。

第三，作答要求应在题目的指导语中明确出来，比如匹配依据、同一选项能否多次被选或不被选等，避免被试者不能领会题目意图。

第四，题目的形式与结构应该简洁明了，题干和选项应排布整齐，各选项尽量按逻辑或时间顺序排列。同一个题目中的题干和选项应避免跨页排版。

3. 是非题

（1）是非题的界定。

是非题是指要求被试者对一个陈述句或疑问句作出是或非（对或错、肯定或否定）判定的题目类型，又称正误题。无论何种形式的是非题，被试者只能作出是或非两种反应。有时候，也可以在是非判断之后，要求被试者将错处改正。

【示例】

判断下列命题的正误，正确的在括号内画“√”，错误的画“×”。

◎从 2020 年到 2035 年，我国要在全面建设小康社会的基础上，完全实现社会主义现代化建设。（　　）

◎三星堆遗址的发现被誉为 20 世纪最伟大的考古发现之一。（　　）

（2）是非题的特点。

是非题的优点在于：一是饱含客观性。同其他选择类试题一样，是非题可以用轻松、客观和可靠的方式评分。二是具有高效性。学生能在有限的时间内完成很多的是非题。

是非题的弱点在于：一是使用范围局限。是非题只适用评估如知识和理解这样低水平等简单的教育目标。二是是非题容易猜测。是非题只有两个可选项，即使不懂的学生也有 50%的答对机会。三是是非题受限于反应定势。是非题比其他任何选择类试题都更加容易受反应定势的影响。

（3）是非题的编制要求。

除了遵循项目编制的基本原则以外，是非题的编制还应该符合以下要求：

第一，是非题要求对具有明确是非界限的内容进行判断，正确判定应该是确信无疑的。

【反例】

判断下列命题的正误，正确的在括号内画“√”，错误的画“×”。

◎狮身人面像的建造代表了古埃及法老的威严与智慧。（　　）

该题目内容本就是一个悬而未决的世界之谜，存在种种猜测和解释，其正误也就没有定论。

第二，每一项目只能包括一个重要概念或问题，针对性明确，不在细枝末节上设置障碍，避免实质上似是而非、半对半错的情况。

【反例】

判断下列命题的正误，正确的在括号内画“√”，错误的画“×”。

◎画圣是吴道子，书圣是王羲之，诗圣是李白。（　　）

该题目就是一个半对半错的例子，即便被试者判定此题目错误，测验者也不能确定被试者是否真正地明确此题目究竟错在何处。

第三，慎重使用暗示性的特殊限定词语，避免增加被试者的猜测机会。例如，当题意正确时，应慎重使用“一般说来”“有时”“有些”“可能”“大多数”这类特殊限定词语；当题意错误时，应慎重使用“每个”“所有”“总是”“任何”“决不”这类特殊限定词语。

【反例】

判断下列命题的正误，正确的在括号内画“√”，错误的画“×”。

◎在大多数国家，男性平均寿命比女性更短。（　　）

此题目中的“在大多数国家”，营造了一种严谨、不绝对化的语气，可能给被试者形成暗示。

第四，项目的表述应慎用否定，尤其是双重否定，避免给被试者造成无关的阅读障碍，影响测验效度。如需使用否定词，可用着重号加以提示，避免被试者忽略。

【反例】

判断下列命题的正误，正确的在括号内画“√”，错误的画“×”。

◎天鹅并非都不是白的。（　　）

此题目中的双重否定大大增加了题目的理解难度。

4. 填空题

（1）填空题的界定。

填空题是指要求被试者将一个陈述句里面的空缺处补充完整的题目类型，也称填充题。空缺可以是一处，也可以是几处。

【示例】

◎________，建国之大本；________，为政之先务。（《朱舜水集·劝兴》）

◎春江花朝秋月夜，________，岂无山歌与村笛，________。（《琵琶行》）

◎中央全面深化改革委员会第十七次会议强调，建立健全________，促进经济社会发展全面________，是解决我国资源环境生态问题的基础之策。

◎根据段意和首字母提示填空。

Our environment is getting w________ than before. Now more and more people realize that we should do something to help the Earth. Here are the things we can do to help the Earth. We can recycle glass, metal and paper. We shouldn't throw t________ in the garbage can! We can w________ instead of driving cars! We should try to t________ short showers and turn off all the l________ and the TV when we leave the room. All of these things will help the Earth.

（2）填空题的特点。

填空题的优点在于：一是其形态短小精悍，所占试题空间较小。二是考查目标集中，主要集中对某一确切的知识点进行考查，便于教师对学生进行有针对性的指导。三是节省学生答题时间。填空题答案简短、明确、具体，不必填写解答过程，同等时间内学生可以作答更多的问题。四是评分客观、公正、准确。填空题的答案唯一且明确，阅卷过程受阅卷人认知能力的影响较小。五是填空题不受题本身的诱导。填空题没有备选项，有既不受干扰项的诱导，又无题干提示的好处。

填空题的不足在于：一是容易导致学生机械记忆行为的产生，限制学生的想象力。二是考查的知识点过于聚焦，导致考查时容易遗漏部分知识点。三是无法对学生的高阶能力进行考查，使用范围上限制较大。

（3）填空题的编制要求。

除了遵循项目编制的基本原则以外，填空题的编制还应该符合以下要求：

第一，题目留空要恰当，空缺处应当是重要或关键的内容，且与上下文有密切联系，而非无关紧要的东西。

【反例】

◎保持是记忆过程的________环节，是________信息和________编码的过程。

此题目是考查保持的含义以及其与记忆的关系，空缺处答案依次为中心、贮存、继续，显然留空不恰当，没有关注到该知识点的重要内容。

第二，每个空缺处应当有明确且唯一的正确答案。

【反例】

◎《老人与海》的作者是________。

这类不严谨的题目比较常见。正确答案是“海明威”，但如果被试者填答“美国人”“美国小说家”等，我们也不能认为这些答案是错误的。

第三，空缺处答案如果是数字，应指明单位和数字的精确程度。

第四，一个题目的空缺处不能太多，以免使句子变得支离破碎，不易于理解题意。

第五，避免对答案形式或内容的暗示。空缺处用下划线表示，应该保持长度一致，以免对答案的长短形成暗示；空缺处的答案或内涵关联性较强的字词等不宜在题目中出现，以免对答案的内容形成暗示。

【反例】

◎________就是图上距离与实际距离之比。一般来说，所画范围________，内容简单，选用比例尺________，反之，所画范围________，内容详细，选用比例尺________。比例尺是个________，分母越大比例尺就越小。

此题目中，“比例尺”反复出现，为被试者填答第一个空缺处提供了暗示；同时，“分母”一词，对填答比例尺是个“分式”也提供了线索。

5. 简答题

（1）简答题的界定。

简答题是指简单问答题，它要求被试者用简短的字词或句子对问题进行回答。从某种程度上说，简答题也是填空题的一种变式。

【示例】

◎简述关系市场营销与交易市场营销的区别是什么？

◎中国共产党的党徽由什么图案组成？代表什么含义？

◎冰箱中都发生着哪些物态变化？

（2）简答题的特点。

简答题的优势主要有三点：一是与选择题相比，简答题不仅需要识别还需要回忆，因而更能考查学生对知识的真实掌握程度。二是针对定量问题以及图文材料题，简答题更为适用。三是简答题相对容易编写。与选择题相比，简答题更容易编写。

简答题的弱点主要有三点：一是评分难以做到非常客观。与填空题相比，教师在评阅简答题的时候没有固定的标准答案，因而主观判断仍然存在。二是除了定量问题和解释图形材料，简答题往往局限于评估相对简单的教育目标。三是不利于受测者创造性思维的发挥。教师过分依赖简答题可能会无意识地鼓励学生在学习时强调机械记忆，而不是发展其对材料更全面的理解。

（3）简答题的编制要求。

除了遵循项目编制的基本原则以外，填空题的编制还应该符合以下要求：

第一，题意要明确，问题要具体。题目本身要对答案范围有明确限定，避免被试者产生多种理解或给出多种答案。

【反例】

◎蜜蜂、小鸟、兔子和熊猫四种动物，请从中找出与其他三种不同的动物。

此题目中，按照不同的标准，这四种动物可能有不同的划分结果，导致多种答案的出现。

第二，要使被试者能够用简短的句子进行回答，且答案数量或条目不宜过多。

第三，应把问题与实际情境结合起来，强调知识的实际应用，避免单纯的记忆再现。

【反例】

◎什么叫萎缩？

答：萎缩是指已发育正常的实质细胞、组织或器官的体积缩小，可以伴发数量的减少。

此题目的编写比较死板，只能考查被试者的机械记忆。

三、主观题的编制

主观题主要包括论述题、作文题、证明题、操作题等，被试者可以自由应答，评分也相对主观。下面介绍几种常见主观题的编制技术。

1. 论文题

（1）论文题的界定。

论文题是论述题与作文题的统称，这类题目通常要求被试者用自己的话写成较长的答案来回答问题、陈述观点或思想。

【示例】

◎从农业、手工业、对外贸易和货币等几个方面分析南宋的经济发展状况。

◎阅读以下材料，提炼一个观点并结合所学知识加以论述。要求观点明确，理由合理充分，语言简练，不多于 350 字。

材料：1720—1820 年间，中国国内生产总值在世界总值中所占的比例远高于整个欧洲，19 世纪初世界 10 个拥有 50 万居民的城市中，中国就有 6 个。……到了 1840 年，中国人均粮食仅 200 千克左右，而美国的人均粮食已经接近 1 000 千克。中国的年产铁约 2 万吨，不及法国的十分之一，不及英国的四十分之一。西方铁路总里程达 9 000 公里，而中国的陆路还在用牛马拉车运输。一个人口几乎占人类三分之一的大帝国，不顾时势，人为地隔绝于世并且竭力以天朝尽善尽美的幻想自欺。这样的一个帝国最后注定要被打垮的。

◎Directions：For this part，you are allowed 30 minutes to write an essay based on the chart below. You should start your essay with a brief description of the chart and comment on China's achievements in poverty alleviation. You should write at least 150 words but no more than 200 words.

（2）论文题的特点。

论文题的优点在于：一是可以用来测量复杂的学习结果。与选择类试题不同，论文题不仅测试对象对目标的识别，还能对对象高水平认知能力进行测量。二是论文题避免了盲目揣测行为的产生。论文题的作答不是简单地选择答案，在没有掌握相关知识与技能的时候，学生无法通过猜测得出正确的答案。三是有利于促进学生创造性思维的发展。在研究论文题测验的时候，学生会用更多时间去分析和综合信息，而不是花费时间在机械记忆上。

论文题的弱点在于：一是难于得到可靠的评分。在评阅论文题时容易出现同一道题不同评分者给分差异大、同一道题相同评分者在不同时间给分不一致的情况。二是论文题评分耗费时间。论文题的作答以大量文字为主，需要耗费大量的时间。三是糊弄施测者的问题容易发生。论文题评分的主观性较强，其题虽然能消除随机猜测现象，但却无法避免糊弄问题的产生。

（3）论文题的编制要求。

除了遵循项目编制的基本原则以外，论文题的编制还应该符合以下要求：

第一，题目要尽量与所测量的高层次教育目标有关，充分发挥论文题的优势。

第二，要明确题意，避免题目笼统、空洞，可以将一个大题目转化成几个小题目；明确被试者的作答任务和条件，避免对作答无要求、无限制，作答范围太宽太广。

【反例】

◎你对新高考制度怎么看？

此题目太过笼统，题目范围过大，被试者的作答范围非常自由，可能泛泛而谈，也大大增加了评分难度。

第三，通常情况下，不应允许学生随意选择题目作答，避免评分失去可比性。

2. 操作题

（1）操作题的界定。

操作题介于纸笔测验和未来真实情境的实际活动之间，具有真实情境的模拟性。按测验情境的真实性程度可将操作测验分为四种。一是纸笔操作测验，利用纸笔测验模拟真实情境来测量被试者对知识和技能的应用。比如实验设计等。二是辨认测验，包括各种不同真实性程度的测验情境。有时只要求被试者简单地辨认某具体事物，有时要求被试者辨认完成某件任务的工具或程序，有时则要求辨认事物的问题或故障之所在并提出解决方法。这类测验是实际操作技能的直接测量。三是模拟操作测验，要求被试者在模拟情境下完成和真实活动相同的动作，其特点是强调程序的正确性。比如物理、化学实验。四是工作样本操作测验，要求被试者在标准的真实情境中实际操作。这类测验真实性程度最高，包含了真实作业的全部要素，但需在有控制的条件下完成，比如学生的顶岗实习。

【示例】

◎请按以下要求进行操作：

（1）请将考生目录下的子文件夹“kaosheng”中的文件“AA. xls”改名为“AB. xls”；

（2）请在考生目录下的子文件夹“kaosheng”中，创建一个文本文档“kao. txt”，并将内容设置为“我考100分”；

（3）请将考生目录下的子文件夹“word”中的“q. doc”文件复制到考生文件夹下的

子文件夹“kaosheng”中；

（4）请将考生目录下的子文件夹“kaosheng”中的子文件夹“text”改名为“wenben”。

◎用显微镜观察洋葱鳞片叶表皮细胞。

实验器材：显微镜、载玻片、盖玻片、吸水纸、纱布、滴管、单面刀片、镊子、解剖针、清水、稀碘酒、小块木板、洋葱鳞片叶、污物杯、擦镜纸（备用）。

实验要求：制作洋葱鳞片叶表皮细胞临时装片，用显微镜观察洋葱鳞片叶表皮细胞。

（2）操作题的特点。

操作题的优点在于：一是受推断猜测的影响小。操作题要求学生动手进行操作，虽然会有尝试的因素，但是获得正确结果的可能性较小。二是能够考查学生的实操能力，深化学生对理论知识的掌握程度。

操作题的不足在于：一是题目对测验内容的覆盖率较小，难以考查到每个知识点。二是测验准备和实施比较费时费事，且测验条件和无关变量不易控制。三是只能观察到学生操作的结果，对于学生操作过程的规范性难以考查到，不利于后期教育教学工作的改进。

（3）操作题的编制要求。

除了遵循项目编制的基本原则以外，操作题的编制还应该符合以下要求：

第一，明确测量目标，将测验内容操作化，即对整个操作进行工作分析，找出具有代表性的工作样本，并为每一操作建立一个评分标准，包括对操作速度、精确性、步骤的正确性等设定最低标准。

第二，选择合适的真实性程度。依据测验目标的要求、客观条件的限制、操作行为本身的性质等，确定题目的情境真实性程度。

第三，编写简洁明确的指导语，使被试者知道操作的资源、条件和要求，以及评价的标准是什么。

第四，确定计分的方法。通常有两种评定法。一是作品量表法。用一系列质量层次不同的作品作为样本，将被试者作品与预设的各层次样本作比较而评定。二是检核表和评定量表。如果操作活动可以分为许多技能或几个步骤，则采用检核表，可以考查被试者是否每一个步骤都做到了；评定量表则可以进一步评定被试者的每一个步骤的操作符合理想特征的程度。

第三节　教育测验的基本实施步骤

实施测验是教育测量的关键环节，关系到教育测量的价的实质性体现。测验实施者要充分了解测验组织过程中的基本工作环节，以及每个环节的工作准则与保障措施，以测验实施的科学性、严谨性与完备性推动教育测验数据的高质量收集。总体而言，测验的实施包括四个阶段的工作，即测验前的组织工作、测验中的施行工作、测验后的阅卷工作以及阅卷后的数据处理。

一、测验前的组织工作

测验前需要做一系列组织工作，以保障测验能够顺利进行。测验前的组织工作涵盖测验的各个环节，具体涉及各个环节人员、工具、环境、规则等方面的安排。

在人员安排上，主要包括选派与培训参与测验的工作人员，组织工作人员了解测验的相关纪律、施测要求、具体的分工安排与对应职责等。

在教育测验工具准备上，主要涵盖印刷运输、保密措施、管理派发等方面的安排与组织，尤其是要注重对测验工具严格保密并保障运输的安全性，避免因为测验具体项目的泄露陷入困境。这些都是保证测验公正性与科学性的重要手段。

在教育测验环境布局上，具体指向教育测验场地的安排、被试者的座位排列等，要充分考虑被试者的数量、所在区域、年龄特征等因素，要提前对教育测验场地周边环境进行检验和排查，排查干扰教育测验正常进行的如噪声、卫生、标语等因素。当下，许多教育测验都是采取“线上＋线下”混合的方式，这对教育测验环境的布局提出了新挑战，要深入思考如何借助现代化信息技术优化教育测验环境，以保障教育测验的公平性、科学性与有效性。

在教育测验规则制定上，要围绕测验的人员安排、测验纪律、违纪处理规定、试卷分配等建立系列规章制度，要在充分调研考试目标、组织功能、个体能力、现有条件等因素的基础上制定出严谨、科学、适用性强的教育测验规则体系。

通过以上四个方面的规划以推动各个参与教育测验的人员形成各司其职、功能互补、密切联系的良好局面，从而实现教育测验的顺畅进行。

二、测验中的施行工作

测验实施中最关键的阶段是测验的正式施行，其施行是否顺利和合理直接关系到被试者的测验结果。为尽可能减少无关因素对被试者的干扰，测验的施行必须制定严格的规则，测验执行也要在其推动下规范执行，聚焦测验前和测验中两个环节。应注意以下几点：

（一）测验前的测验行为规范

一方面，在测验开始之前，监测人员要向被试者紧紧围绕测验规则、考试纪律、考试时间等仔细地进行宣讲，以帮助被试者形成规范的考试行为。同时有些不重要的测验说明可以不用宣读，一是避免占用被试者的测验时间，二是避免激发被试者的焦虑情绪。另一方面，要安排被试者合理就座，避免容易作弊的座位，尽量形成利于管理且有序的座位排列。

（二）测验中的测验环境保持

在测验中，要根据已划定的测验场地以外若干距离的警戒线，禁止无关测验人员随意进入测验场地，要排除外界的一切干扰。同时要时刻掌控测验场地以内的环境，避免场内的声音喧哗，保证形成稳定安静的测验秩序。此外，若采取线上方式进行测验，要时刻关注网络环境是否稳定、机位运行是否良好、测试者周围空间是否适宜测验等问题。

（三）测验中的突发情况应对

教育测验中的突发情况主要有三种，分别为被试者的提问、被试者违反考试纪律及被试者的突发需求。面临被试者提出的问题，监测人员要进行筛选，只回答与测验有关且不涉及泄露测试题目答案的问题。若关于测验项目意思表达本身很清晰，监测人员不用特殊说明，告知被试者独立作答。若测验项目意思表达较为模糊，应第一时间将情况汇报给相关工作人员，在形成合理统一的解决方案后，向全体被试者进行说明，而不只是告知提问者。面临被试者的违规违纪问题，要按照相关考试规则妥当处理，尽量不影响其他被试者，以保证测验的可靠性、有序性和稳定性。如若难以解决，则寻求其他工作人员的帮助。面临被试者的突发需求，要视情况而定，在保证不违反测验纪律、测验顺畅进行的情况下适当满足被试者的合理需求。

三、测验后的阅卷工作

测验施行之后，要协调组织相关人员对测验结果进行评分。测验结果的评分要以标准答案和评分规则为第一依据，采用初评＋复评＋再复评的方式保证评分的可靠性与正确性。当外部资源条件允许的情况下，为避免和减少单一评阅产生的主观评分误差，尽量实现两位及以上的阅卷者交叉评阅，在此过程中也可以验证评分结果的信度情况。

一般而言，通过设计教育测验编制方案、测题编制、反复预测、测验项目的质量分析与鉴定筛选、测验试题的编辑与标准化处理、测验标准的制定、测验的有效实施等环节后，已经完成了教育测验从测验编制到测验使用的一般流程。但至此，还没有发挥出测验的核心功能，即通过测验检测被试者在某一知识技能、心理发展上的表现水平，进而推动教育教学的改革，找出更完善的教育教学方案。故而，测验者还需对测验得到的分数进行组合、转换和解释，只有如此，才能从测验数据中得到具体可参照的有价值的建议。也可以说，测验数据的处理才是真正发挥测验功能和实现测验目标的终极环节，但是由于测验者本身的能力水平、环境氛围、意识观念等影响，测验数据的处理这一环节常常被忽视，进而错过了从有限测验数据缕析出真正改革教育教学的实证依据。因此，作为一名合格的教育测验者，应该具备测验数据处理最基本的能力。唯有如此，才能真正最大限度地实现教育测验在一线教育教学中的功能发挥。

四、阅卷后的数据处理

一般而言，教育测验数据处理包括对考试分数的整理、转换与组合。首先，教育测验数据的整理主要指向数据的检查，以保证数据的完整性和准确性，同时根据需要采取特定的方式对测量数据进行排列、归类和统计，编制出相应的统计数据库，以便于对测量数据的后续处理。其次，教育测验的数据转换是为了使得不同测验数据之间具有可比性，实现测验数据的正确解释，赋予测验数据明确的意义。因为教育测验通过评卷后得到的是原始数据，其本身没有明确的意义，同时不同类型、不同科目、不同对象的教育测验标准和单位未能统一，导致各类原始数据内涵的意义存有差异。因而，为反映被试者的实际水平，同时能使得同一测验中不同被试者的知识能力水平能进行比较，以及同一被试者的不同测验类型也能进行比较，只能对原始数据进行标准化转换。在此过程中，要让被试者与测验者充分理解测验数据所代表的内涵，以推动其能够合理正确地使用，从而促进测验者教育方式的改进，以及推动被试者学习策略的调整。因为转换后的测验数据具有相等的单位，是在具有一定的参照点和单位的量表上表示出来的，这种分数常常被称为导出分数。常用的导出分数有百分等级分数、标准分数，以及标准分数的导出分数，如 T 分数、离差智商、标准九分以及 CEEB 分数等。最后，还要对转换后的测验数据进行合理的组合，以在整体上实现对被试群体不同知识技能水平的综合评价。测验的目的决定测验数据的组合方式，不同的测验目的导致不同的数据组合方式。常用的测验数据组合方式有简单组合法、加权组合法、直觉判断、多重选择、连续选择以及多元回归法等。这里主要从两个层面来介绍具体组合方法的运用，一是加权求和法，包括等权相加、加权求和、多科测验数据加权评定标准化；二是其他组合数据的方法，包括直觉判断、多重选择、连续选择、多重回归等。这些具体组合方法的运用、各种分数的转换方法与具体含义、分数的组合等详细内容请参见第六章的相关内容，这里不再赘述。

本章小结

(1) 教育测验林林总总，根据不同的分类依据，可以作出不同种类的区分。不同种类的测验在目标、内容、形式和结果等方面表现出各自的特性，其编制要求也有具体的差异。但是，就整体而言，教育测验的编制可以总结出一套相对稳定、具有一定普适性的核心程序或关键步骤。具体包括：测验目标的确立、测验设计、项目编制与编排、测验的技术分析与鉴定、测验的标准化等。

(2) 测验目标是测验编制者通过测验所要实现的某种具体目的，它明确规定测验所要达到的预期结果或标准。测验目标的确立，就是要编制者明确所要测量的对象是谁，指向的心理特质是什么，测验结果的功用是什么。测验目标的确立以目标分类理论为指导，其中，布卢姆等人的教育目标分类理论、加涅的学习结果分类理论等产生了较大影响，是测验编制者确立测验目标的主要理论基础。

(3) 测验设计包括测验内容和形式的设计。测验内容设计，实际上是对与测验目标相关的教育内容进行抽样并赋予权重的过程。命题双向细目表是帮助测验编制者决定应该选择哪些方面的内容以及各部分内容应实现的目标水平和所占的比例的有效工具之一。测验形式设计，是指对测验的方式、项目类型、区分度、容量和时间等要素进行设计。

(4) 项目编制是对测验的微观设计，即依据命题双向细目表对构成测验的每一个题目的设计。项目编制完成以后，就需要根据测验的目标和性质，以及测验对象的特点，尤其是作答时的心理反应，对项目加以合理编排，形成一份科学的测验。

（5）一份教育测验的编制工作初步完成以后，需要通过预测和项目分析对测验的科学性和适应性作进一步的分析和鉴定。一个测验的质量，还取决于该测验的标准化水平。所谓标准化，是指测验的编制、施测、评分以及测验分数的解释等全过程的一致性。

（6）客观题主要包括选择题、匹配题、是非题、排列题等，而填空题、简答题等限制性题型，由于其评分也相对客观，因此也归类于客观题之中。主观题主要包括论述题、作文题、证明题、操作题等，被试者可以自由应答，评分也相对主观。

（7）测验项目是构成测验的基本元素。测验编制者应充分了解各种类型项目的特点，严格遵循各类题型的编制原则，正确采用科学的项目编制技术，从而提高测验的质量。

（8）教育测验的实施包括四个阶段的工作，即测验前的组织工作、测验中的施行工作、测验后的阅卷工作，以及阅卷后的数据处理工作。

推荐阅读

1. 霍黎，霍舟．教育测量与评估．北京：科学出版社，2015.
2. 格伦隆德，沃．学业成就评测：第 9 版．北京：教育科学出版社，2011.
3. 黄光扬．题目编写质量与导向问题分析．中国教育学刊，2009（5）.

关键术语

● 测验目标

测验目标是测验编制者通过测验所要实现的某种具体目的，它明确规定测验所要达到的预期结果或标准。

● 测验内容设计

测验编制者对与测验目标相关的教育内容进行抽样并赋予权重的过程。

● 测验形式设计

测验编制者对测验的实施方式、项目类型、区分度、容量和时间等要素进行设计的过程。

● 客观题

主要包括选择题、匹配题、是非题、排列题等，而填空题、简答题等限制性题型，由于其评分也相对客观，因此也归类于客观题之中。

● 主观题

主要包括论述题、作文题、证明题、操作题等，被试者可以自由应答，评分也相对主观。

● 标准化测验

与非标准化测验相对，是指经过标准化程序，具有以下条件的测验：（1）具有常模，为测验分数的比较提供参照点；（2）具有代表性的相同的一组测验，为被试者的作业提供可直接比较的基础；（3）具有测验实施的详细规定，包括测验指导语、时间、情境的规定等，以保证所有被试者有相同的受测条件；（4）有评分方法的详细规定，以减少评分误差。

复习思考题

1. 请分析测验设计的主要内容和重难点分别是什么。
2. 请结合本章内容设计拟定一份教育测验编制的计划书。
3. 请简要回答各类型测验项目的优缺点分别是什么。
4. 请对本章中出现的项目编制反例，给出修改建议。
5. 教育测验的基本实施步骤有哪些?

第四章

教育测验的项目分析

本章提要

教育测验中的项目分析，可以分为定量分析与定性分析。定性分析是指分析项目的内容和形式，而定量分析是指分析项目的统计属性。定性分析主要考虑内容效度，以及项目的适当性和有效性；定量分析主要包括项目难度分析和项目区分度分析。本章主要对教育测验中项目的难度与区分度进行分析，在此基础上，将理论与实践操作相结合，对运用SPSS软件计算的难度与区分度进行详细的讲解，让读者学会在实践中进行教育测验的项目分析。本章第一节对难度分析进行讲解，对难度含义、难度计算方法、难度的等距转换以及难度的分布进行详细深刻的说明，让学生以难度为起点，逐渐掌握教育测验的项目分析。本章第二节对项目的区分度分析进行阐释，从区分度的内涵到计算方法，再到评价标准，用实际中的案例与计算相结合，让学生能够充分掌握计算方法。本章第三节，对项目分析的特殊问题进行了一定的探讨，让学生明白项目分析中某些问题的特殊性。本章第四节介绍SPSS在教育测验项目分析过程中的应用，完整展示如何运用SPSS进行项目难度分析和区分度分析，让学生将书本知识与实际操作相结合，培养学生的研究能力。

学习目标

- 明白项目分析的意图和基本路径。
- 描述难度概念的本质特征。
- 描述区分度概念的本质特征。
- 辨别难度和区分度。
- 掌握估算难度和区分度的基本方法，在不同情况下采用恰当的方法进行计算。
- 知道项目难度、区分度的分布范围。
- 熟练运用SPSS软件计算项目难度、区分度。

项目分析中的“项目”，其实就是组成测验的题目。项目分析可以分为两种类型：一种是定性分析，另一种是定量分析。定性分析是指分析项目的内容和形式，而定量分析是指分析项目的统计属性。定性分析主要考虑内容效度，以及项目的适当性和有效性；定量分析主要包括项目难度分析和项目区分度分析。任何测验的信度和效度，最终都取决于具体项目的特性。通过项目分析，可以选择、替代或修改项目，以便提高测验的信度和效度。

第一节　难度分析

一、项目难度及其估算方法

顾名思义，项目难度（item difficulty）是指测验项目的难易程度，它是项目对于被试者知识和能力水平的适合程度的指标。一般用难度系数（也称为难度值，即 P 值）来定量刻画被试者回答一个项目所遇到的困难程度的量数。项目难度的定义通常有两种方法。一种是以全体被试者在某一项目上的通过率为难度系数，此时 P 值表征为容易度。项目通过率越大，项目越容易，P 值越高。另一种是以全体被试者在某一项目上的失分率为难度系数，此时 P 值表征为困难度。P 值越大项目越困难，P 值越小试题越容易。由此可见，难度系数有不同的定义方法，因此在报告项目难度时应指明是哪种难度系数，否则容易造成认识上的混乱。需要说明的是，由于国内外绝大多数的文献都用 P 值代表项目通过率，因此本书中的难度系数 P 值同样指代项目的通过率。

项目难度的估算方法因项目分数的性质不同，以及被试者规模的大小不同而有所差异。以下介绍三种项目难度的估算方法：

（一）项目分数为二分变量的难度计算方法

在教育测量中，有些变量的测量结果只有两种类别，譬如及格与不及格、正确与错误、通过与不通过等。这种按事物的某一性质划分的只有两类结果的变量，称为二分变量。当项目分数是二分变量时，可以用以下公式计算项目的难度：

$$P=\frac{R}{N} \tag{4.1}$$

式中，P 为项目的通过率，R 为通过或答对该项目的人数，N 为参加测验的总人数。

例题 4－1

有 100 名学生参加一项测验，其中某一项目通过 45 人，试求该项目难度。

解答　根据题意，项目分数是二分变量，可使用公式 4.1：

$$P=\frac{R}{N}=\frac{45}{100}=0.45 \tag{4.1}$$

值得一提的是，在对以二分法记分的选择题的解答上，由于允许被试者猜测，被试者的得分可能会被夸大。选项的数目越少，猜中的概率越大。此外，当项目采用多项选择时，由于有多个可能的答案供选择，被试者正确作答的数目可能受机遇的影响而增长，同样容易使 P 值变大。为了平衡选项数目对难度的影响，去除猜测的成分，恢复原本的项目难度，可以对公式 4.1 计算而得的难度值进行矫正。具体公式如下：

$$CP=\frac{KP-1}{K-1} \tag{4.2}$$

式中，CP 为矫正后的项目难度值，P 为未经矫正的难度值，K 为选项的数目。

在教育测量中，如果想比较两个或两个以上项目的难度大小，而它们的选项数目又不尽相同，此时可以使用该矫正公式。

例题 4－2

A 项目有 3 个选项，难度值 $P=0.50$；B 项目有 5 个选项，难度值 $P=0.45$。试比较两个项目孰易孰难。

解答 单纯从未经矫正的难度值来看，似乎 A 项目较容易。但是，因为两个项目的选项数目有所不同，所以不能直接判断它们的项目难度，应使用公式 4.2 加以矫正。

A 项目矫正后的难度值：

$$CP=\frac{KP-1}{K-1}=\frac{3\times 0.5-1}{3-1}=0.25$$

B 项目矫正后的难度值：

$$CP=\frac{KP-1}{K-1}=\frac{5\times 0.45-1}{5-1}\approx 0.31$$

由此可见，B 项目矫正后的难度值大于 A 项目矫正后的难度值，因此 B 项目相对容易。此结论与未经矫正的结论恰好相反。

（二）项目分数为连续变量的难度计算方法

当项目分数为连续变量，即对项目不能简单地判定对或错、通过或不通过、及格或不及格时，项目难度计算公式如下：

$$P=\frac{\overline{X}}{X_{max}} \tag{4.3}$$

式中，P 为项目难度值，$\overline{X}$ 为全体被试者在该项目上的平均得分，X_{max} 为该项目的满分。

在教育测量中，公式 4.3 适用于论述题、问答题和计算题等以连续变量记分的项目。

例题 4－3

数学测验某道题的满分为 20 分，12 名考生在该题上的得分如表 4－1 所示，试求该题的难度。

表 4-1　12 名考生某道题的得分

学生	1	2	3	4	5	6	7	8	9	10	11	12
得分	15	12	10	12	8	16	15	18	20	12	10	11

解答　根据题意，该题分数是连续变量，应使用公式 4.3：

$$\overline{X}=\frac{\sum X}{N}=\frac{15+12+10+12+8+16+15+18+20+12+10+11}{12}$$

$$=13.25$$

$$P=\frac{\overline{X}}{X_{max}}=\frac{13.25}{20}\approx 0.66$$

（三）大规模被试团体受测项目难度的计算方法

不管是分数为二分变量的项目，还是分数为连续变量的项目，当被试团体人数众多时，用基本公式计算项目难度则比较烦琐，此时可以采用极端分组法计算难度。以下分别介绍运用极端分组法计算客观性试题（项目分数为二分变量）和主观性试题（项目分数为连续变量）难度的方法。

1. 用极端分组法计算客观性试题的难度

具体步骤如下：

（1）按测验总分的高低，从高到低进行排序；

（2）从最高分开始依次向下选出全部试卷的 27%作为高分组；

（3）从最低分开始依次向上选出全部试卷的 27%作为低分组；

（4）按下列公式计算难度：

$$P=\frac{P_H+P_L}{2} \tag{4.4}$$

式中，P 为项目难度，P_H 为高分组的通过率，P_L 为低分组的通过率。其中，P_H 和 P_L 的计算按照求难度的基本公式进行。

以上是用极端分组法计算客观性试题的难度的基本步骤和方法。需要指出的是，27%作为划分高分组、低分组的临界值并非是恒定的。一般而言，在确定高分组和低分组时，如果测验总分的分布符合正态分布，则划分高分组和低分组的最佳临界值为 27%；如果测验总分的分布较平坦，高分组、低分组可各占总测验人数的 33%。此外，各类标准化测验通常取 27%作为划分高分组、低分组的临界值，而一般测验在 25%～33%均可。

例题 4-4

有 500 名学生参加某一测验，根据测验总分的高低，选取高分段的 27%即 135 人作为高分组，选取低分段的 27%即 135 人作为低分组。对于某一项目，高分组答对 100 人，低分组答对 50 人。试求该项目的难度。

解答　根据题意，该题为客观性试题，可使用公式 4.4：

$$P_H=\frac{100}{135}\approx 0.74$$

$$P_L=\frac{50}{135}\approx 0.37$$

$$P=\frac{P_H+P_L}{2}=\frac{0.74+0.37}{2}\approx 0.56$$

2. 用极端分组法计算主观性试题的难度

具体步骤如下：

（1）按测验总分的高低，从高到低进行排序；

（2）从最高分开始依次向下选出全部试卷的 25%作为高分组；

（3）从最低分开始依次向上选出全部试卷的 25%作为低分组；

（4）按下列公式计算难度：

$$P=\frac{X_H+X_L-2NL}{2N(H-L)} \tag{4.5}$$

式中，P 为项目难度，X_H 为高分组得分总和，X_L 为低分组得分总和，N 为总人数的 25%，H 为该项目的最高得分，L 为该项目的最低得分。

例题 4-5

有 100 名考生参加数学关键能力的测验，选取高分段的 25%即 25 人作为高分组，选取低分段的 25%即 25 人作为低分组。对于某一项目，满分为 12 分，其得分统计如表 4-2 所示。试求该项目的难度。

表 4-2　某项目得分分析表

	X	f	fX		X	f	fX
高分组	10	10	100	低分组	10	0	0
	8	8	64		8	5	40
	7	6	42		7	8	56
	5	1	5		5	2	10
	4	0	0		4	10	40
$\sum$		25	211	$\sum$		25	146

注：表中，X 栏为该项目实际得到的各种分数；f 栏为各种分数的实际人数分布；fX 栏为各种分数与所分布人数之乘积。

解答　根据题意，该题为主观性试题，可使用公式 4.5。由项目分析表可知，$N=25$，$X_H=211$，$X_L=146$，$H=10$，$L=4$，所以，

$$P=\frac{X_H+X_L-2NL}{2N(H-L)}=\frac{211+146-2\times 25\times 4}{2\times 25\times (10-4)}\approx 0.52$$

二、项目难度的等距转换

由项目难度的估算方法可以看出，项目难度具有通俗易懂、计算简便的优点。但是，项目难度同样具有不足之处，主要表现在两点。第一，项目难度 P 作为一种反序量表，易与常规理解冲突。P 值介于 0～1，P 值越大，项目越容易；P 值越小，项目越难。这显然和常规理解不相符合。第二，不管以通过率还是未通过率作为难度指标，都属于顺序量表，不具有相等的单位，指出的仅仅是项目的相对难度。因此，P 值只能表示项目的等级关系即相对难度，而不能表示项目之间的难度差异。比如，项目 A、项目 B、项目 C 的 P 值分别为 0.1，0.2，0.3，只能据此得出三个项目中，项目 A 最难，项目 C 最容易，但是不能据此得出项目 A 和项目 B 之间的差异等于项目 B 和项目 C 之间的差异。

为了解决以上问题，可以假设每个项目所测量的潜在特质或能力是呈正态分布的，之后根据正态分布曲线，将项目的难度值 P 作为正态曲线下的（概率）面积，转换成具有相等单位的等距量表，即标准分数（Z）。因为标准分数具有相等单位，属于等距量表，所以，用 Z 值作为项目难度的指标，则为项目难度的进一步分析提供了可能。

将项目难度 P 值转换为 Z 值的具体操作方法是：设难度值为 P，则在正态分布表中查（$1-P$）所对应的 Z 值，这个标准分数对应该难度在等距量表中的位置。

例题 4-6

在某测验中，项目 A 的通过率为 0.15，项目 B 的通过率为 0.25，项目 C 的通过率为 0.35。若这三个项目所测量的能力近似正态分布，试比较三个项目间的难度差异。

解答 比较三个项目之间的难度差异，首先需要将 P 值转换为 Z 值：

项目 A 的难度 $P=0.15$，概率 $P=1-0.15=0.85$，查正态分布表，$Z=1.04$；

项目 B 的难度 $P=0.25$，概率 $P=1-0.25=0.75$，查正态分布表，$Z=0.67$；

项目 C 的难度 $P=0.35$，概率 $P=1-0.35=0.65$，查正态分布表，$Z=0.39$；

故，$Z_B-Z_C=0.28$，$Z_A-Z_B=0.37$。

结论：项目 B 与项目 C 之间的难度差异比项目 A 与项目 B 之间的难度差异小。

尽管用 Z 值替代 P 值作为项目的难度指标，解决了三个及三个以上项目之间难度差异比较的问题，但是由于标准分数本身具有小数点和负值的天然特点，给转换处理和难度解释带来了一定麻烦。为此，美国教育考试服务中心提出了如下改进公式：

$$\Delta=13+4Z \tag{4.6}$$

式中，Δ（希腊字母 delta）为正态化等距难度指标；Z 为标准分数；13 和 4 两个数字是常数，目的在于消除小数和负数。

由于标准分数通常取 ±3 之间的数值，因此，常用的 Δ 值介于 1～25，平均难度为 13，标准差为 4。Δ 值越大，项目难度越高；Δ 值越小，项目难度越低。可见，这种表述比较符合人们的常规理解。但是，难度的这种转换并非必需的，事实上，P 值仍是当前项目难度分析的最常用指标。

三、项目的难度分布

项目难度的取值恰当与否、项目难度分布状态是否合理，直接影响着一份测验的质量。但是，究竟怎样的项目难度与难度分布是合适的，这主要取决于测验的目的和性质。

对于常模参照测验而言，其目的在于尽可能地区分被试者的个别差异，因此测验结果就应尽可能拉开距离。此时测验项目的恰当难度，就应该使 P 值尽量接近 0.50。如果项目的通过率为 1.00 或 0.00，即所有被试者全部通过或全部不能通过，则无法区分不同水平的被试者。经验与研究均表明，倘若整个测验所有项目的难度系数分布在 0.30～0.70，并且整个测验的难度系数在 0.50 左右时，测验对被试者有较大的鉴别力，测验分数也接近正态分布。

对于标准参照测验而言，其目的在于检验学生是否已经达到教学目标规定的掌握程度，学生在试题上的表现应该是百分之百答对，通过率达到 1.00。因此，标准参照测验的难度值应尽量接近录取率。此时，如果教师的教学是有效的，多数试题的难度系数 P 值都会很大。难度系数反映的是教学质量的好坏，教学质量和学习效果是影响标准参照测验难度系数的最直接因素。标准参照测验并不强调考试与评价的区分和选拔功能，教师依据教材内容和实际教学情况进行命题即可。难度对测验的影响表现在两个方面：(1) 测验难度影响测验分数的分布形态，难度过大或过小都会造成测验分数偏离正态分布。(2) 测验难度影响测验分数的离散程度，过难或过易的测验，会使测验分数相对集中在低分段或高分段，分数分布的全距会缩小。项目难度以集中在 0.50 左右为最好。

第二节　区分度分析

区分度是测验项目分析的又一重要内容，是筛选测验项目的主要指标和依据。所谓项目区分度（item discrimination），是指测验项目对不同考生实际学业水平的区分程度或鉴别能力。项目区分度通常用符号 D 表示。

项目区分度的取值范围在－1.00～＋1.00。当 D 为正值时，表示正区分，说明在一道测验项目上，高水平被试者能得高分，低水平被试者只能得低分；当 D 为负值时，表示负区分，说明在一道测验项目上，高水平被试者反而得低分，低水平被试者所得分数却不低；当 D 为零时，表示零区分，说明高水平被试者和低水平被试者在测验项目上所得分数没有差异。正区分表明测验项目区分被试者水平的能力强；负区分表明项目的性能跟测验目标相背离；零区分表明项目不能提供关于被试者水平差异的信息，区分能力弱。

一、项目区分度与难度的关系

项目区分度与项目难度密切相关。表 4－3 可以说明两者之间的关系。

表 4-3　D 的最大值与项目难度的关系

难度（P）	区分度（D）
1.00	0.00
0.90	0.20
0.70	0.60
0.50	1.00
0.30	0.60
0.10	0.20
0.00	0.00

由上表可知，当 P 值为 1.00 或 0.00 时，D 值都为 0.00，这说明项目难度过大或者过小，区分度都较低。当 P 值为 0.50 时，D 值达到最大值，这表明项目难度适中，可使区分度达到最大值。

二、项目区分度的计算

同项目难度指数的计算方法类似，项目区分度的计算也有分组计算法和不分组计算法两种。

（一）分组计算法

某份测验分数序列中的首尾两端的高分组和低分组通常被认作两个极端效标组。这两个极端效标组在特定项目上的反应差别程度可以刻画项目的鉴别能力。因此，分组计算法旨在依据高分组和低分组在项目通过率上的差异比较，来确定某一项目的区分度指标。根据项目类型的不同，分组法的公式和步骤也有所不同。

1. 客观性试题区分度的计算

客观性试题区分度的计算步骤为：

（1）按测验总分由高到低排序；

（2）从最高分开始依次向下选出全部测验的 27%作为高分组；

（3）从最低分开始依次向上选出全部测验的 27%作为低分组；

（4）分别求出高分组、低分组在某一项目上的通过率；

（5）按下列公式计算区分度：

$$D=P_H-P_L \tag{4.7}$$

式中，D 为区分度，P_H 为高分组的通过率，P_L 为低分组的通过率。

例题 4-7

某测验题高分组有 90%的人答对，低分组有 40%的人答对，该测验题的区分度是多少？

解答　根据题意，可直接使用公式 4.7：

$$D=P_H-P_L=0.9-0.4=0.5$$

2. 主观性试题区分度的计算

主观性试题区分度的计算步骤为：

（1）按测验总分由高到低排序；

（2）从最高分开始依次向下选出全部测验的 25%作为高分组；

（3）从最低分开始依次向上选出全部测验的 25%作为低分组；

（4）列出试题分析表；

（5）按下列公式计算区分度：

$$D=\frac{X_H-X_L}{N(H-L)} \tag{4.8}$$

式中，D 为区分度，X_H 为高分组测验总分，X_L 为低分组测验总分，H 为该题最高得分，L 为该题最低得分，N 为考生总人数的 25%。

例题 4-8

表 4-4 是高三某数学测验第 3 道应用题的分析表。已知测验总人数为 100 人，试求该题的区分度。

表 4-4　第 3 题试题分析表

	X	***f***	***fX***		**X**	***f***	***fX***
高分组	10	7	70	低分组	10	0	0
	9	10	90		9	0	0
	8	4	32		8	2	16
	7	2	14		7	5	35
	6	1	6		6	6	36
	5	1	5		5	12	60
$\sum$		25	217	$\sum$		25	147

注：表中，X 栏为该项目实际得到的各种分数；f 栏为各种分数的实际人数分布；fX 栏为各种分数与所分布人数之乘积。

解答　由表可知该题为主观性试题，可使用公式 4.8：

$$D=\frac{X_H-X_L}{N(H-L)}=\frac{217-147}{25\times(10-5)}=0.56$$

由此可知，该数学测验第 3 道应用题的区分度为 0.56。

（二）不分组计算法

就本质而言，区分度分析是被试者在某道测验项目上的得分与效标分数之间的相关程度。因此，区分度问题实际上是一个相关问题，可以用相关系数来表示。一般来说，可以用两种变量来作为效标：一种是用测验总分作为效标，称为内部效标；另一种是用其他测量数据作为效标，称为外部效标。由于外部效标与所分析的项目之间彼此独立，因此，从理论上说，这样获得的相关系数意义更大。但是，在项目分析时一般不容易找到合适的外部效标，所以在实际测量时，人们更多地使用内部效标。事实上，大量的经验表明，用测验总分作为效标是可行的。根据项目分数与效标分数的特点，可以选用不同的相关公式计算区分度。

1. 积差相关法

积差相关（product-coment correlation）又称积距相关，是当两个变量都是正态连续变量，两者之间呈线性关系时，表示这两个变量之间的相关。因此，当项目得分与测验总分均为正态连续变量时，可以用积差相关法计算项目的区分度。公式如下：

$$r=\frac{N\sum XY-\sum X\sum Y}{\sqrt{N\sum X^2-(\sum X)^2}\sqrt{N\sum Y^2-(\sum Y)^2}} \tag{4.9}$$

式中，r 为积差相关系数，X 为被试者某题得分，Y 为被试者测验总分，N 为被试者总人数。

在求出相关系数后，需要进行相关系数的显著性检验。关于积差相关系数的显著性检验，可以通过查“积差相关系数显著性临界值表”进行。根据自由度 $df=N-2$ 与显著性水平 $a=0.05$ 或 $a=0.01$，查找相对应的临界值。如果计算得到的相关系数大于或者等于“积差相关系数显著性临界值表”中的临界值，则说明相关系数达到了显著性水平，也说明该项目的区分度达到了显著性水平。此外，还可以用 t 检验或 Z 检验法来进行积差相关系数的显著性检验。

例题 4-9

将 12 名考生在某次高中数学测验第 5 题的分数记录在表 4-5 中，试计算该题的区分度。

表 4-5　某高中 12 名考生数学测验总分与第 5 题得分情况

考生编号	1	2	3	4	5	6	7	8	9	10	11	12
测验总分	78	77	57	92	83	64	89	83	63	84	81	64
题目得分	3	2	4	6	5	1	7	6	5	5	3	1

解答　根据表 4-5 的数据可知，测验总分和题目得分均为连续变量，故可用积差相关法来计算区分度，

$$r=\frac{N\sum XY-\sum X\sum Y}{\sqrt{N\sum X^2-(\sum X)^2}\sqrt{N\sum Y^2-(\sum Y)^2}}$$

$$=\frac{12\times 3\ 810-48\times 915}{\sqrt{12\times 236-2\ 304}\sqrt{12\times 71\ 203-837\ 225}}\approx 0.60$$

查阅“积差相关系数显著性临界值表”得知，$r\approx 0.60>r_{0.05}=0.576$，因此，求得的积差相关系数 r 值达到了 0.05 显著性水平，说明该题具有区分考生水平的能力。

2. 二列相关法

当两个变量都是正态连续变量，其中一个变量被人为地划分成二分变量时，表示这

两个变量之间的相关，称为二列相关（biserial correlation）。所以，当项目得分和测验总分均为正态分布的连续变量，但其中一个变量被人为地划分为二分变量时（如通过和不通过、合格和不合格等），此时区分度的计算可采用二列相关法。公式如下：

$$r_b=\frac{\overline{X}_p-\overline{X}_q}{S_t}\cdot\frac{pq}{y} \tag{4.10}$$

式中，r_b为二列相关系数，$\overline{X}_p$为二分变量上的通过者在连续变量上的平均得分，$\overline{X}_q$为二分变量上的未通过者在连续变量上的平均得分，p为二分变量上的通过人数比例，q为二分变量上的未通过人数比例，S_t为连续变量上的标准差，y为正态分布下P的曲线高度。

二列相关系数的显著性检验的公式为：

$$Z=\frac{r_b}{\frac{1}{y}\sqrt{\frac{pq}{n}}} \tag{4.11}$$

当$|Z|\geqslant 1.96$时，表明相关系数达到了显著性水平，即题目具有区分度。

例题 4-10

表 4-6 中是 13 个学生某次高中思想政治测验总分以及在最后一道论述题上的得分情况，假设把最后一道论述题的分数在 7 分及 7 分以上定位为通过（标记为“1”，反之记为“0”），尝试计算该道题的区分度。

表 4-6　13 名考生思想政治测验总分与最后一道论述题得分情况

考生编号	1	2	3	4	5	6	7	8	9	10	11	12	13
测验得分	50	90	85	69	78	77	75	65	70	71	69	80	81
项目得分	4	10	8	7	9	6	5	5	7	3	6	8	5
类别	0	1	1	1	1	0	0	0	1	0	0	1	0

解答　根据表中的数据计算可得，

$$\overline{X}_p\approx 78.67,\ \overline{X}_q\approx 69.71,\ S_t=9.69,\ p\approx 0.46,\ q\approx 0.54$$

查阅正态分布表得，$y=0.396\,95$

因此，$r_b=\frac{\overline{X}_p-\overline{X}_q}{S_t}\cdot\frac{pq}{y}=\frac{78.67-69.71}{9.69}\times\frac{0.46\times 0.54}{0.396\,95}\approx 0.58$

其中，$Z=\frac{r_b}{\frac{1}{y}\sqrt{\frac{pq}{n}}}=\frac{0.58}{\frac{1}{0.396\,95}\times\sqrt{\frac{0.46\times 0.54}{13}}}\approx 1.66\leqslant 1.96$

因为二列相关系数未达到显著性水平，所以该题不具有区分度。

3. 点二列相关法

点二列相关（point-biserial correlation）的一列变量是连续变量（等距或等比变量），另一列是真实二分称名变量（如男和女、对与错等），与二列相关有区别。所以，当项目得分和测验总分中一个变量为二分变量，另一个变量为正态连续变量时，项目区分度的计算可采用点二列相关法。公式为：

$$r_{pb} = \frac{\overline{X}_p - \overline{X}_q}{S_t} \cdot \sqrt{pq} \tag{4.12}$$

式中，r_{pb}为点二列相关系数，其余符号同公式 4.10。

点二列相关的显著性检验与积差相关的显著性检验相同，仍然是直接查“积差相关系数显著性临界值表”。

例题 4－11

将 14 名考生在某次高中体能测验的总分与其中某一项目上的得分记录在表 4－7 中，试求该项目的区分度。

表 4－7　14 名考生体能测验总分与一个项目得分情况表

被试者	1	2	3	4	5	6	7	8	9	10	11	12	13	14
测验得分	29	30	20	33	22	34	25	35	31	32	28	27	28	36
项目得分	合	合	不	合	不	合	不	合	不	合	不	不	合	合

注：表中，“合”指“合格”，“不”指“不合格”。

解答　根据表中的数据可得，

$\overline{X}_p \approx 32.13$，$\overline{X}_q = 25.50$，$S_t = 4.56$，$p \approx 0.57$，$q \approx 0.43$

$$r_{pb} = \frac{\overline{X}_p - \overline{X}_q}{S_t} \cdot \sqrt{pq} = \frac{32.12 - 25.50}{4.56} \times \sqrt{0.57 \times 0.43} \approx 0.72$$

查阅“积差相关系数显著性临界值表”，可得，

$r_{0.05}(12) = 0.532$，$r_{pb} \approx 0.72 > r_{0.05}(12) = 0.532$

因此，相关系数达到了显著性水平，表明该项目具有较高的区分度。

4. Φ 相关法

当项目得分和测验总分均为二分变量时，项目区分度的计算可采用 Φ 相关法，公式如下：

$$r_{\Phi} = \frac{AD - BC}{\sqrt{(A+B)(C+D)(A+C)(B+D)}} \tag{4.13}$$

式中，r_{Φ}为 Φ 相关系数，A、B、C、D 四个符号分别表示下面四格表中各类的人数。

		测验总分	
		及格	不及格
题目分数	通过	*A*	*B*
	未通过	*C*	*D*

对 Φ 相关的显著性检验可以转换为 χ^2 检验，转换公式为：

$$\chi^2 = N \cdot \gamma_{\Phi}^2 \tag{4.14}$$

式中，χ^2为卡方检验值，γ_{Φ}为 Φ 相关系数，N 为考生总人数。

当求出 χ^2 后，查 χ^2 值表检验，其中四格表自由度 $df=(2-1)(2-1)=1$，在显著性水平为 $\alpha=0.05$ 或 $\alpha=0.01$ 上分别检验其显著性。一般而言，当 $\chi^2 \geqslant \alpha_{0.05}=3.84$ 时，表明 r_Φ 已经达到了显著性相关，即题目具有区分度。

例题 4－12

45 名考生通过某项操作技能测验的人数和在其中某个项目上合格的人数如表 4－8 所示。若以通过操作技能测验为效标，试问该项目对考生是否具有区分能力？

表 4－8　操作技能测验情况四格表

		测验总分	
		及格	不及格
题目分数	通过	24 (*A*)	5 (*B*)
	未通过	7 (*C*)	9 (*D*)

解答　将表中相关数据代入 Φ 相关公式得，

$$r_\Phi = \frac{AD-BC}{\sqrt{(A+B)(C+D)(A+C)(B+D)}} = \frac{24\times9-5\times7}{\sqrt{(24+5)(7+9)(24+7)(5+9)}}$$

$$\approx 0.40$$

因为，$\chi^2 = N \cdot \gamma_\Phi^2 = 45\times0.40^2 = 7.2 > 3.84$

所以，r_Φ 相关系数达到了显著性水平，该项目具有区分度。

在项目区分度的不分组计算方法中，除了以上所介绍的四种方法之外，还有四分相关法、项目效度分析法等诸多具体方法。在计算项目区分度时，一定要根据不同的测验目的和测验特征选用适宜的计算方法。

三、项目区分度的评价标准

区分度分析的根本目的是筛选项目。因此，测验的目的决定了项目区分度的取值。一般而言，如果一份测验旨在考量被试者对某些知识和技能是否已经掌握，这时只要将项目测量的重要内容纳入测验中，项目区分度可不加以考虑。如果一份测验主要发挥筛选功能，此时区分度的高低就显得非常重要。此时，区分度越高越好，因为区分度越高，项目分数就越能反映被试者的真实水平。

另外，对于不同的计算方法而言，基于区分度筛选项目的标准也有所不同。一种是相关法的筛选标准。由于相关系数的高低受样本大小的影响，因此，用相关法来分析区分度时，一般不从绝对量值来判断项目是否具有鉴别力，而是看相关系数是不是已经达到了显著性水平。如果达到了显著性水平，就表明题目已经具有鉴别力了，反之，则表明题目不具有鉴别力。另外一种是鉴别指数的筛选标准。美国教育测量学家埃贝尔

(L. Ebel) 在1965年提出了一套用鉴别指数来评价题目区分度的标准（见表4-9），这套标准的提出为项目的筛选和修改提供了很大的便利。

表4-9　项目的鉴别指数与评价

鉴别指数	项目评价
0.40以上	非常好
0.30～0.39	良好，若修改会更好
0.20～0.29	尚可，通常还需要修改
0.19以下	差，必须淘汰或加以修改

第三节　特殊情况的项目分析

在项目分析过程中，存在一些特殊的问题，如速度测验的项目分析、标准参照测验的项目分析、题目反应模式的分析等。项目分析除了难度分析和区分度分析之外，对这些特殊问题同样有必要加以讨论。这里主要探讨两种特殊情况的项目分析。

一、标准参照测验的项目分析

标准参照测验（criterion－referenced test）又称准则参照测验，是一种精心编制的、在一定的行为领域上按照具体的行为标准水平对被试者的测验结果作出直接解释的测验。与以经典测验理论为基础的常模参照测验不同，标准参照测验旨在为人们提供有关被试者是否达到某种行为标准水平或要求的信息。因此，标准参照测验不需要在被试者之间作比较。在这样的情况下，有助于鉴别被试者之间水平差异的项目难度和区分度两项指标，则不太适用于标准参照测验中的项目分析。那么，在标准参照测验中，要从是否能有效地识别被试者达到既定标准这个角度来进行项目分析，通常用以下几种方法：

1. 前测-后测比较法

该方法要求在教学前和教学后对同一组被试者两次施测，然后分析前后两次测验结果的差异。如果大多数被试者在预测中没有通过某个题目，而在接受与测验内容相关的教学后的重测中通过了，表明该题对被试者有较好的鉴别能力；如果大多数被试者在教学前后的两次测验中都通过或都没有通过某道题目，则说明该题目太容易或太难了；如果某道题目在预测中有大部分被试者通过了，而在教学之后的重测中反而没有通过，要么说明该题目在重测中编制错误，要么说明教学存在错误或缺陷。

通常可以用教学效果敏感指数和个人获得指数两个指标反映项目的性能。计算教学效果敏感指数的公式为：

$$D = P_A - P_B = \frac{R_A - R_B}{N} \tag{4.15}$$

式中，P_A为教学后某一个题目的难度，P_B为教学前该题目的难度，R_A为教学后某一题目的答对人数，R_B为教学前该题的答对人数，N为被试者总人数。

计算个人获得指数的公式为：

$$D_{IG}=\frac{K}{N} \tag{4.16}$$

式中，D_{IG}为个人获得指数，K 为前测时答错而后测时答对的人数，N 为被试者总人数。

教学效果敏感指数的取值范围在±1 之间，个人获得指数的取值范围在 0～1。这两种指数的值越接近于 1，表示前后两次测验结果的差异越大，说明题目的性能就越好。

2. 教学组-未经教学组比较法

该方法要求选取两个各方面条件相等的样本组，对其中的一组进行与测验内容有关的教学，而另一组不实施与测验内容相关的教学，并在一段时间之后，对这两组被试者实施同一测验，最终计算教学效果敏感指数来进行题目分析。公式为：

$$D=\frac{R_S-R_U}{N} \tag{4.17}$$

式中，R_S为教学组在某一道题目上的答对人数，R_U为未经教学组在同一道题上的答对人数，N 为被试者总人数。

3. 掌握组-未掌握组比较法

该方法要求选取两组被试者，其中一组被教师评定为已经掌握了有关的教学内容，另一组则被评定为未掌握有关的教学内容，然后对这两组被试者实施同一测验，最终通过计算教学效果敏感指数来进行题目分析。公式为：

$$D=\frac{R_M-R_N}{N} \tag{4.18}$$

式中，R_M为掌握组在某一道题目上的答对人数，R_N为未掌握组在同一道题上的答对人数，N 为被试者总人数。

二、题目反应模式的分析

题目反应模式的分析主要用于对常模参照测验中的多项选择题的分析。所谓题目反应模式，是指一组被试者选择多项选择题的各个备选答案的频数分布。题目反应模式的分析主要有三个功能：第一，有助于筛选性能优良的题目。根据分析不同被试者对备选答案的选择情况，可以了解题目的难度和区分度，从而可以把符合筛选标准的题目挑选出来。第二，有助于改进题目的质量。比如，有些题目的错误答案很少有被试者选择，说明这项答案迷惑性不强，因此可以适当提高其似真性，从而提高题目的区分度。第三，有助于教师掌握教学情况。比如，某个题目大多数被试者都选择了某个错误答案，这可能提示教师的教学出现了问题。

在分析方法上，决定备选答案是否合适的最简单方法是分别计算每个备选答案被高分组和低分组作为正确答案而选择的次数。具体而言，可以根据以下基本判断进行项目分析：

（1）如果正确的备选答案被所有的被试者所选择，表明该题目要么太容易，要么正确答案过于明显。

（2）如果某个错误答案没有一个被试者选择，说明该答案不具迷惑性，错得过于明显。一般而言，除非有2%以上的被试者选择，否则该备选答案就应该删除或修改。

（3）如果大多数被试者都选择了同一个错误答案，很可能是原定的正确答案为错误答案，也可能是原定的正确答案没有错，而是教师教学时教给了学生错误的知识。

（4）如果高分组被试者的选择集中在两个备选答案上，且选择率几乎相近，说明该题目可能有两个正确答案，或者选择两个选项都有一定的道理。在这种情况下，一般要修改其中的一个备选答案，使其成为错误答案。

（5）如果高分组对正确答案的选择和低分组相等甚至低于后者，说明该题目不具区分度。

（6）如果某个题目被试者未作答的人数过多（速度性测验除外）或被试者选择各个备选答案的人数几乎是平均分配的，表明该题目可能过难或题意不清，导致被试者无法作答或凭猜测作答。

第四节　SPSS 在教育测验项目分析中的应用

SPSS 是 Statistical Package for the Social Science（社会科学统计软件包）的简称，是一种亲和性佳、操作简易且普及度高的统计软件，在行为及社会科学的量化研究中，为许多研究者所使用。SPSS 功能强大，一直在不断改版升级，如今 SPSS 已出至版本 28.0，且更名为 IBM SPSS Statistics。本书所使用的软件版本均为 SPSS 28.0（以下简称 SPSS）。本节将介绍 SPSS 在教育测验项目分析过程中的应用，完整展示如何运用 SPSS 进行项目难度分析和区分度分析。

一、运用 SPSS 进行项目难度分析

（一）研究问题

某高中化学测验由选择题、解答题两种题型构成，共 15 道题（见表 4 - 10），共有 100 名学生参加了此次测验。请问如何进行项目分析以检验此化学测验 15 个题项的难度适切性？

表 4 - 10　某高中化学测验题目分值分布

题型	单项选择题										解答题				
题号	Q1	Q2	Q3	Q4	Q5	Q6	Q7	Q8	Q9	Q10	Q11	Q12	Q13	Q14	Q15
分值	5	5	5	5	5	5	5	5	5	5	8	8	9	10	15

（二）操作程序

1. 输入原始数据

原始数据的输入主要有三个步骤，具体如下：

步骤1：启动 SPSS，进入 SPSS 数据编辑器界面。

步骤2：定义变量。在 SPSS 数据编辑器界面，点击［变量视图］标签，在［名称］标题下定义学号（ID）、题号（Q1，Q2，Q3，…，Q15）、总成绩（Total）。在［类型］标题下定义各个项目的类型，其中学号为字符串类型，宽度为3；题号和总成绩均定义为数字类型，宽度为5，小数点位数为1；在［测量］标题下定义各个项目的测量尺度，学号为名义，题号和总成绩为标度；其余各项均使用默认值，如图4-1所示。

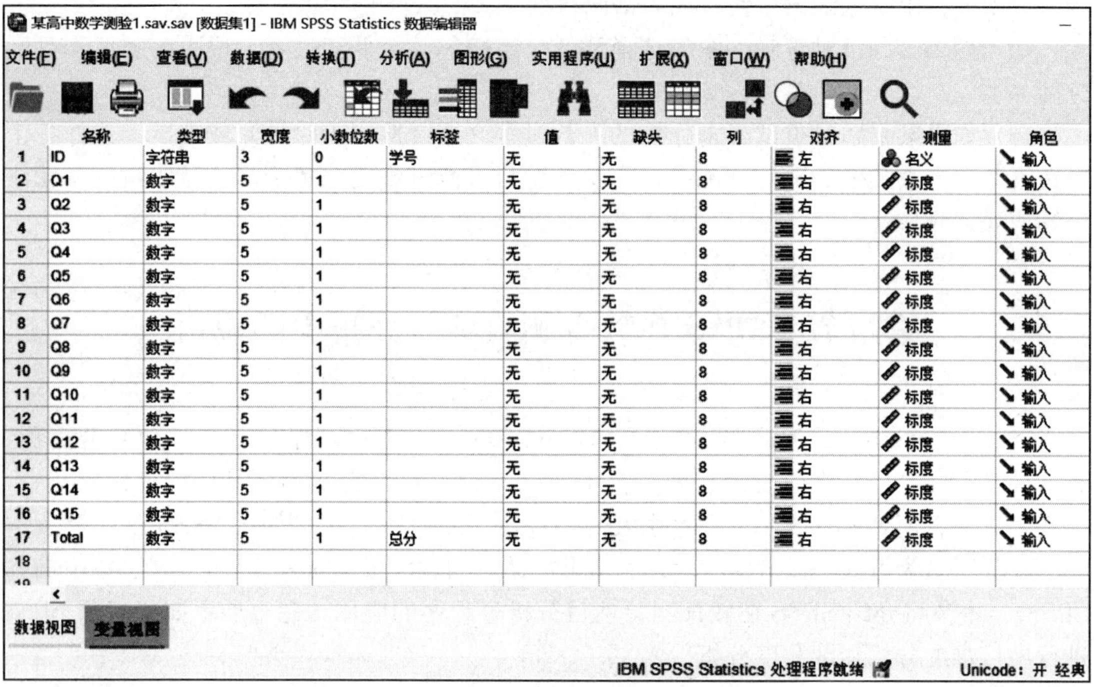

	名称	类型	宽度	小数位数	标签	值	缺失	列	对齐	测量	角色
1	ID	字符串	3	0	学号	无	无	8	左	名义	输入
2	Q1	数字	5	1		无	无	8	右	标度	输入
3	Q2	数字	5	1		无	无	8	右	标度	输入
4	Q3	数字	5	1		无	无	8	右	标度	输入
5	Q4	数字	5	1		无	无	8	右	标度	输入
6	Q5	数字	5	1		无	无	8	右	标度	输入
7	Q6	数字	5	1		无	无	8	右	标度	输入
8	Q7	数字	5	1		无	无	8	右	标度	输入
9	Q8	数字	5	1		无	无	8	右	标度	输入
10	Q9	数字	5	1		无	无	8	右	标度	输入
11	Q10	数字	5	1		无	无	8	右	标度	输入
12	Q11	数字	5	1		无	无	8	右	标度	输入
13	Q12	数字	5	1		无	无	8	右	标度	输入
14	Q13	数字	5	1		无	无	8	右	标度	输入
15	Q14	数字	5	1		无	无	8	右	标度	输入
16	Q15	数字	5	1		无	无	8	右	标度	输入
17	Total	数字	5	1	总分	无	无	8	右	标度	输入
18											

图4-1 定义变量窗口

步骤3：录入数据。单击［数据视图］标签，将100份试卷按照各题的得分情况，从第一行第二列起直接输入各题成绩及总成绩，依次每行输入一个学生成绩（依据学号顺序）。录入数据后如图4-2所示。

2. 统计分析

试题的难度是指全体被试者对该题的得分率，计算公式为：

$$P=Mean/W \tag{4.19}$$

式中，P 为难度系数，$Mean$ 为均分值，W 为该题满分值。基于此公式，运用 SPSS 计算难度值的程序如下：

步骤1：计算每道题的平均分。在 SPSS 工具栏中，点击［分析（A）］→［描述统计（E）］→［描述（D）］，在［描述（D）］中，将Q1，Q2，Q3，…，Q15全部选入［变量（V）］中（见图4-3），单击［确定］按钮，便可得到各题的平均分。

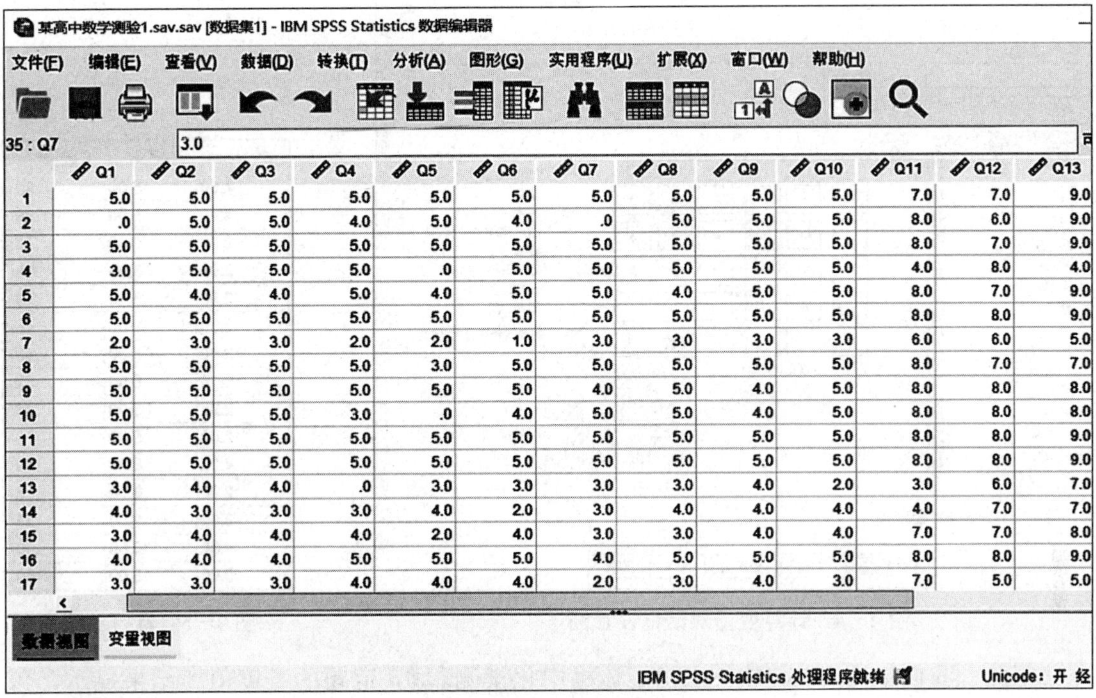

	Q1	Q2	Q3	Q4	Q5	Q6	Q7	Q8	Q9	Q10	Q11	Q12	Q13
1	5.0	5.0	5.0	5.0	5.0	5.0	5.0	5.0	5.0	5.0	7.0	7.0	9.0
2	.0	5.0	5.0	4.0	5.0	4.0	.0	5.0	5.0	5.0	8.0	6.0	9.0
3	5.0	5.0	5.0	5.0	5.0	5.0	5.0	5.0	5.0	5.0	8.0	7.0	9.0
4	3.0	5.0	5.0	5.0	.0	5.0	5.0	5.0	5.0	5.0	4.0	8.0	4.0
5	5.0	4.0	4.0	5.0	4.0	5.0	5.0	4.0	5.0	5.0	8.0	7.0	9.0
6	5.0	5.0	5.0	5.0	5.0	5.0	5.0	5.0	5.0	5.0	8.0	8.0	9.0
7	2.0	3.0	3.0	2.0	2.0	1.0	3.0	3.0	3.0	3.0	6.0	6.0	5.0
8	5.0	5.0	5.0	5.0	3.0	5.0	5.0	5.0	5.0	5.0	8.0	7.0	7.0
9	5.0	5.0	5.0	5.0	5.0	5.0	4.0	5.0	4.0	5.0	8.0	8.0	8.0
10	5.0	5.0	5.0	3.0	.0	4.0	5.0	5.0	4.0	5.0	8.0	8.0	8.0
11	5.0	5.0	5.0	5.0	5.0	5.0	5.0	5.0	5.0	5.0	8.0	8.0	9.0
12	5.0	5.0	5.0	5.0	5.0	5.0	5.0	5.0	5.0	5.0	8.0	8.0	9.0
13	3.0	4.0	4.0	.0	3.0	3.0	3.0	3.0	4.0	2.0	3.0	6.0	7.0
14	4.0	3.0	3.0	3.0	4.0	2.0	3.0	4.0	4.0	4.0	4.0	7.0	7.0
15	3.0	4.0	4.0	4.0	2.0	4.0	3.0	3.0	4.0	4.0	7.0	7.0	8.0
16	4.0	4.0	4.0	5.0	5.0	5.0	4.0	5.0	5.0	5.0	8.0	8.0	9.0
17	3.0	3.0	3.0	4.0	4.0	4.0	2.0	3.0	4.0	3.0	7.0	5.0	5.0

图 4-2　录入数据图（部分）

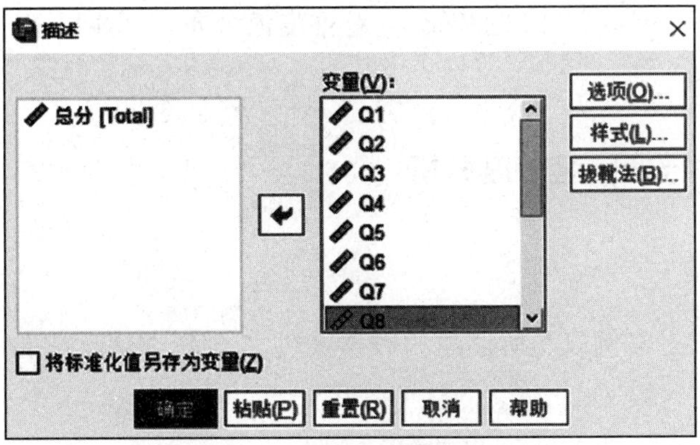

图 4-3　描述对话框设置图

步骤 2：建立一个包含均值（*Mean*）和各题满分（*W*）的数据文件。在 SPSS 中，单击［变量视图］标签，在［名称］标题下，定义均值（*Mean*）和各题满分（W）；单击［数据视图］标签，分别输入 Q1，Q2，Q3，…，Q15 的均值和满分值。

步骤 3：利用上述所得的数据文件，在工具栏执行［转换（T）］→［计算变量（C）］，在［数字表达式（E）］中，输入公式 *Mean*/*W*；在［目标变量（T）］中，输入难度系数 *P*（见图 4-4），最后单击［确定］按钮即可得到各题的难度系数（见图 4-5）。

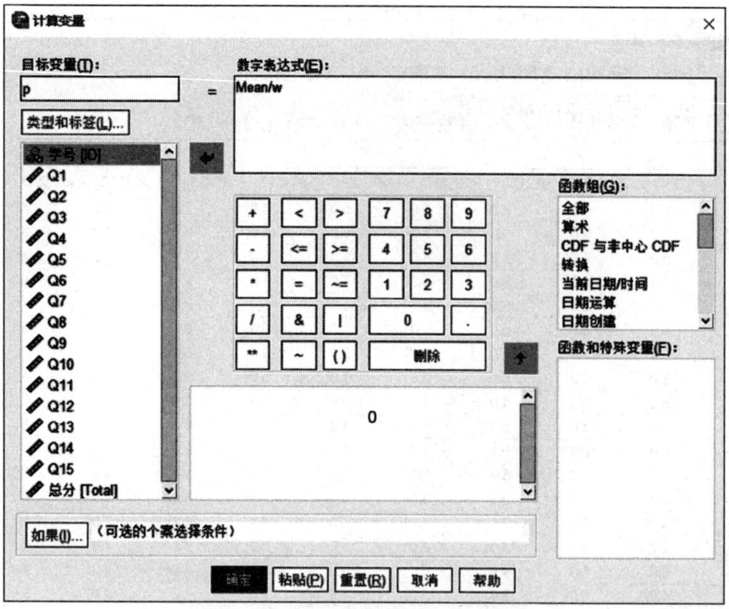

图 4-4 计算变量对话框设置图

Mean	w	P
4.60	5.00	.92
4.40	5.00	.88
3.70	5.00	.74
2.90	5.00	.58
3.90	5.00	.78
2.30	5.00	.46
2.40	5.00	.48
3.10	5.00	.62
2.20	5.00	.44
2.80	5.00	.56
4.20	8.00	.53
2.00	8.00	.25
3.00	9.00	.33
4.00	10.00	.40
9.00	15.00	.60

图 4-5 运行结果图

至此，我们运用 SPSS 软件求出了该高中化学测验 15 道题的难度值。结果显示，该次化学测验的第 4、6、7、8、9、10、11、14、15 这 9 道题难度值分布在 0.4～0.7，属于中等难度题；第 1、2、3、5 这 4 道题难度值分布在 0.7 及以上，属于较易题，尤其第 1 题和第 2 题通过率太高；第 12 题和第 13 题难度值分布在 0.4 以下，属于偏难题目，通过率较低。

二、运用 SPSS 进行项目区分度分析

（一）研究问题

运用 SPSS 对以上案例以及所创建的数据文件“某高中化学测验（.sav）”进行项目区分度分析。

（二）操作程序

为了完整呈现 SPSS 的项目区分度分析技术，使读者全面掌握运用 SPSS 进行项目区分度分析的测量技术，在此将分别展现相关分析法和求 *CR* 值法两种操作程序。

1. 操作程序一

如上所述，在进行项目区分度分析时，常以测验总分作为被试者的实际能力水平（效标分数），而把被试者在某题上的得分与总分之间的相关关系作为该题的区分度。因此，可以运用 SPSS 中的相关性分析技术进行项目区分度分析。其中，对客观题和主观题的区分度分析技术有所不同。

（1）客观题的区分度分析程序。

步骤 1：从工具栏执行［文件（F）］→［打开（O）］→［数据（D）］，打开“某高

中化学测验（.sav）”数据文件。

步骤2：从工具栏执行［分析（A）］→［相关（C）］→［双变量（B）］，开启［双变量相关性］窗口（见图4-6）。

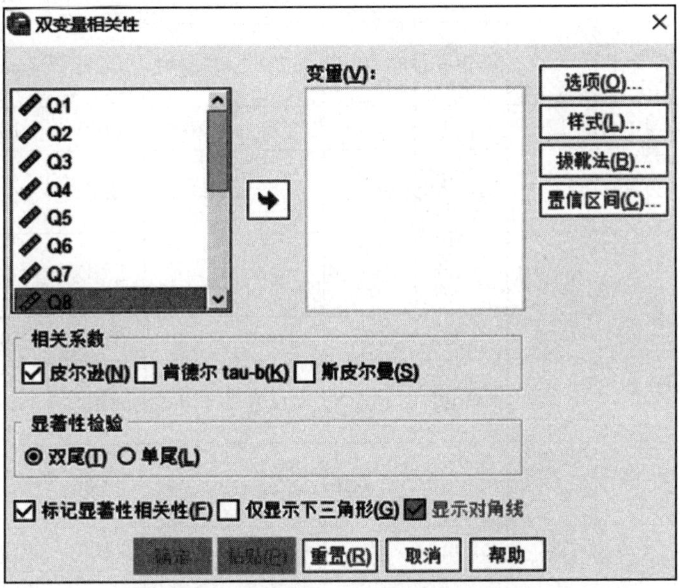

图4-6　双变量相关性对话框设置图

步骤3：在［双变量相关性］窗口的左边变量清单中，将Q1，Q2，Q3，…，Q10以及总分［Total］全部选入［变量（V）］中，并在下方［相关系数］方框中勾选［斯皮尔曼（S）］选项，在［显著性检验］方框中选取内定的［双尾（T）］（见图4-7），最后单击［确定］按钮，即可得到客观题的区分度分析结果（见表4-11）。

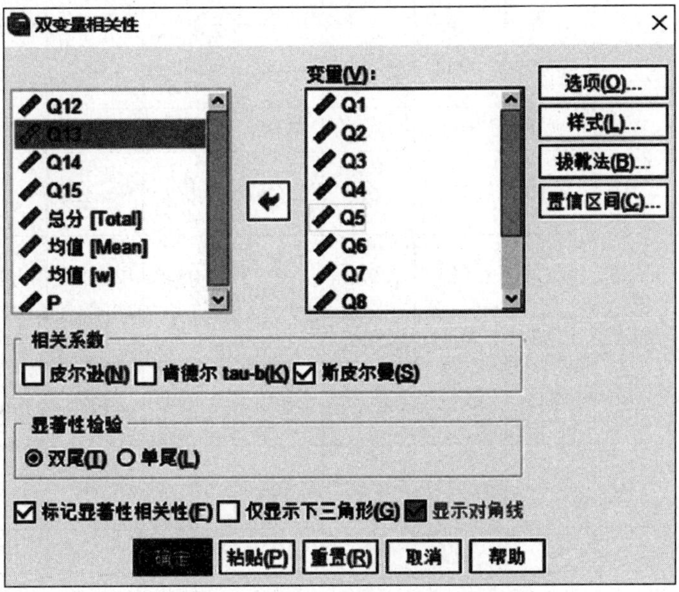

图4-7　双变量相关性对话框设置图

表 4-11　双变量相关性运行结果

		Q1	Q2	Q3	Q4	Q5	Q6	Q7	Q8	Q9	Q10	总分
Q1	相关系数	1.000	.062	.216*	.274**	.327**	−.065	.473**	.125	.377**	.151	.478**
	显著性（双尾）	.	.543	.031	.006	<.001	.521	<.001	.217	<.001	.132	<.001
	N	100	100	100	100	100	100	100	100	100	100	100
Q2	相关系数	.062	1.000	.447**	.456**	.091	.048	.269**	.237*	.303**	.309**	.424**
	显著性（双尾）	.543	.	<.001	<.001	.369	.636	.007	.018	.002	.002	<.001
	N	100	100	100	100	100	100	100	100	100	100	100
Q3	相关系数	.216*	.447**	1.000	.414**	.467**	.116	.578**	.274**	.659**	.566**	.600**
	显著性（双尾）	.031	<.001	.	<.001	<.001	.252	<.001	.006	<.001	<.001	<.001
	N	100	100	100	100	100	100	100	100	100	100	100
Q4	相关系数	.274**	.456**	.414**	1.000	.310**	.181	.387**	.345**	.487**	.446**	.640**
	显著性（双尾）	.006	<.001	<.001	.	.002	.071	<.001	<.001	<.001	<.001	<.001
	N	100	100	100	100	100	100	100	100	100	100	100
Q5	相关系数	.327**	.091	.467**	.310**	1.000	.098	.408**	.174	.497**	.532**	.636**
	显著性（双尾）	<.001	.369	<.001	.002	.	.332	<.001	.084	<.001	<.001	<.001
	N	100	100	100	100	100	100	100	100	100	100	100
Q6	相关系数	−.065	.048	.116	.181	.098	1.000	.173	−.122	.226*	.105	.185
	显著性（双尾）	.521	.636	.252	.071	.332	.	.084	.226	.024	.301	.065
	N	100	100	100	100	100	100	100	100	100	100	100
Q7	相关系数	.473**	.269**	.578**	.387**	.408**	.173	1.000	.200*	.555**	.591**	.697**
	显著性（双尾）	<.001	.007	<.001	<.001	<.001	.084	.	.046	<.001	<.001	<.001
	N	100	100	100	100	100	100	100	100	100	100	100

续表

		Q1	Q2	Q3	Q4	Q5	Q6	Q7	Q8	Q9	Q10	总分
Q8	相关系数	.125	.237*	.274**	.345**	.174	−.122	.200*	1.000	.269**	.304**	.308**
	显著性（双尾）	.217	.018	.006	<.001	.084	.226	.046	.	.007	.002	.002
	N	100	100	100	100	100	100	100	100	100	100	100
Q9	相关系数	.377**	.303**	.659**	.487**	.497**	.226*	.555**	.269**	1.000	.561**	.638**
	显著性（双尾）	<.001	.002	<.001	<.001	<.001	.024	<.001	.007	.	<.001	<.001
	N	100	100	100	100	100	100	100	100	100	100	100
Q10	相关系数	.151	.309**	.566**	.446**	.532**	.105	.591**	.304**	.561**	1.000	.711**
	显著性（双尾）	.132	.002	<.001	<.001	<.001	.301	<.001	.002	<.001	.	<.001
	N	100	100	100	100	100	100	100	100	100	100	100
总分	相关系数	.478**	.424**	.600**	.640**	.636**	.185	.697**	.308**	.638**	.711**	1.000
	显著性（双尾）	<.001	<.001	<.001	<.001	<.001	.065	<.001	.002	<.001	<.001	.
	N	100	100	100	100	100	100	100	100	100	100	100

* 在 0.05 级别（双尾），相关性显著。

** 在 0.01 级别（双尾），相关性显著。

步骤 4：对图 4－7 运行结果进一步梳理，Q1，Q2，Q3，…，Q10 的区分度（每道题与总分的点二列相关系数）如表 4－12 所示。

表 4－12　某高中化学测验客观题区分度表

题号	Q1	Q2	Q3	Q4	Q5	Q6	Q7	Q8	Q9	Q10
区分度	.475**	.423**	.598**	.637*	.639**	.188	.699**	.305**	.634	.713**

至此，我们运用 SPSS 求出了该化学测验 10 个客观题的区分度。如表 4－12 所示，除了 Q6 的相关系数没有达到显著性水平，说明该道题没有区分度之外，其余 9 道题均具有区分度。其中，Q1、Q2、Q3、Q4、Q5、Q7、Q9、Q10 区分度值在 0.4 以上，说明题目区分度较高；Q8 区分度值在 0.3～0.39，说明该题区分度一般。

（2）主观题的区分度分析程序。

步骤 1：从工具栏执行［分析（A）］→［相关（C）］→［双变量（B）］，开启［双变量相关性］窗口。

步骤 2：在［双变量相关性］窗口的左边变量清单中，将 Q11，Q12，Q13，Q14，Q15 以及总分［Total］全部选入［变量（V）］中，并在下方［相关系数］方框中勾选

[皮尔逊（N）] 选项，在 [显著性检验] 方框中选取内定的 [双尾（T）]（见图 4－8），最后单击 [确定] 按钮，即可得到主观题的区分度分析结果（见表 4－13）。

步骤 3：对表 4－13 运行结果进一步梳理，Q11，Q12，Q13，Q14，Q15 的区分度（每道题与总分的积差相关系数）如表 4－14 所示。

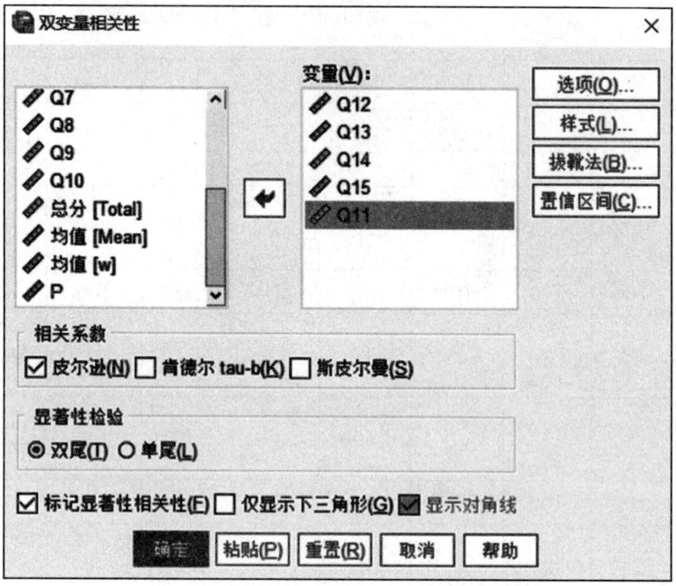

图 4－8　双变量相关性对话框设置图

表 4－13　双变量相关运行结果

		总分	Q11	Q12	Q13	Q14	Q15
总分	皮尔逊相关性	1	.827**	.627**	.719**	.662**	.393**
	显著性（双尾）		<.001	<.001	<.001	<.001	<.001
	个案数	100	100	100	100	100	100
Q11	皮尔逊相关性	.827**	1	.396**	.695**	.420**	.282**
	显著性（双尾）	<.001		<.001	<.001	<.001	.004
	个案数	100	100	100	100	100	100
Q12	皮尔逊相关性	.627**	.396**	1	.366**	.505**	.202*
	显著性（双尾）	<.001	<.001		<.001	<.001	.044
	个案数	100	100	100	100	100	100
Q13	皮尔逊相关性	.719**	.695**	.366**	1	.457**	.226*
	显著性（双尾）	<.001	<.001	<.001		<.001	.024
	个案数	100	100	100	100	100	100
Q14	皮尔逊相关性	.662**	.420**	.505**	.457**	1	.049
	显著性（双尾）	<.001	<.001	<.001	<.001		.629
	个案数	100	100	100	100	100	100

续表

		总分	Q11	Q12	Q13	Q14	Q15
Q15	皮尔逊相关性	.393**	.282**	.202*	.226*	.049	1
	显著性（双尾）	<.001	.004	.044	.024	.629	
	个案数	100	100	100	100	100	100

** 在 0.01 级别（双尾），相关性显著。

* 在 0.05 级别（双尾），相关性显著。

表 4-14　某高中化学测验主观题区分度表

题号	Q11	Q12	Q13	Q14	Q15
区分度	.671**	.625**	.723**	.627**	.401**

至此，我们运用 SPSS 求出了该高中化学测验 5 个主观题的区分度。如表 4-14 所示，这 5 道题的积差相关系数均达到了显著性水平，表明这 5 道题的区分度达到显著性水平，区分度值均在 0.4 以上，表明均能较好地区分考生水平。

2. 操作程序二

在项目分析的判别指标中，最常用的是临界比值法（critical ration），此法又称为极端值法，主要目的在于求出问卷个别题项的决断值，即 *CR* 值（又称临界比）。测验临界比的理念与测验编制中区分度的观念类似，它根据测验总分区分出高分组被试者和低分组被试者后，再求高、低两组在每个题项的平均数差异的显著性，其原理与独立样本 T 检验相同。项目分析后再将未达显著性水平的题项删除，其主要操作步骤如下：

（1）测验总分排序，找到高低分组的临界分数点。

步骤 1：从工具栏执行［数据（D）］→［个案排序（O）］，开启［个案排序］窗口，如图 4-9 所示。

步骤 2：找出高分组 27%处的分数。将左边列表框中的总分［Total］变量选入右边［排序依据］下的框中，在［排列顺序］选项框中选择排序的方式，［升序（A）］或［降序（D）］。这里先以［降序（D）］方式排列，最后点击［确定］按钮确定，如图 4-10 所示。

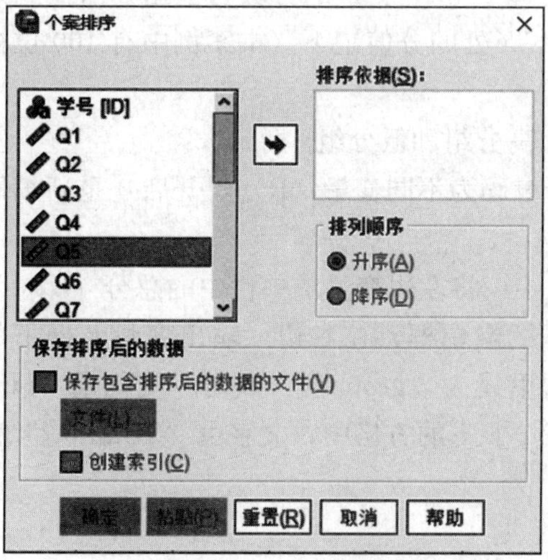

图 4-9　个案排序对话框设置图

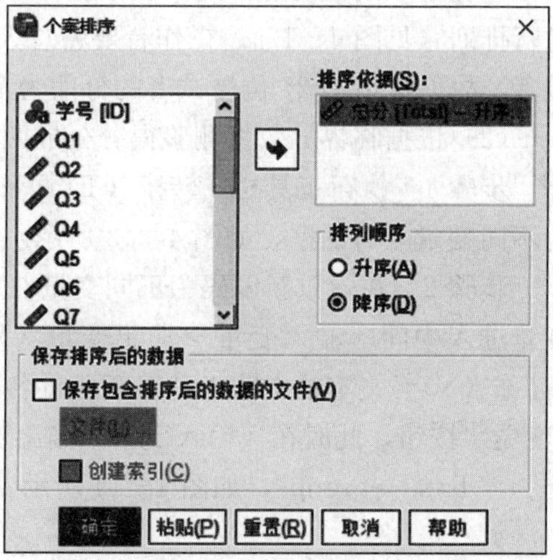

图 4-10　个案排序对话框设置图

此时，数据窗口以总分［Total］变量的分数为依据，由高到低进行排列（见图 4-11）。操作者要将总人数的 27%处的分值记下（本案例中有 100 位被试者，故高分组第 27 位被试者的分值为 89.0）。

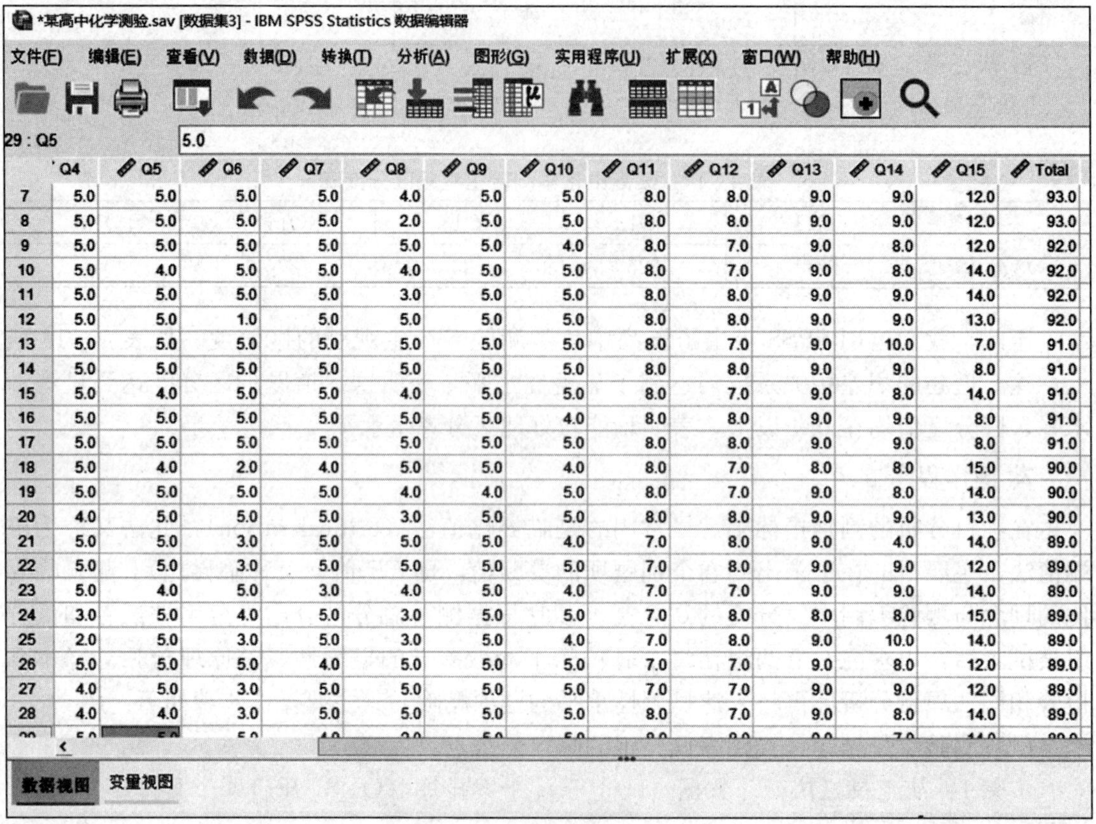

	Q4	Q5	Q6	Q7	Q8	Q9	Q10	Q11	Q12	Q13	Q14	Q15	Total
7	5.0	5.0	5.0	5.0	4.0	5.0	5.0	8.0	8.0	9.0	9.0	12.0	93.0
8	5.0	5.0	5.0	5.0	2.0	5.0	5.0	8.0	8.0	9.0	9.0	12.0	93.0
9	5.0	5.0	5.0	5.0	5.0	5.0	4.0	8.0	7.0	9.0	8.0	12.0	92.0
10	5.0	4.0	5.0	5.0	4.0	5.0	5.0	8.0	7.0	9.0	8.0	14.0	92.0
11	5.0	5.0	5.0	5.0	3.0	5.0	5.0	8.0	8.0	9.0	9.0	14.0	92.0
12	5.0	5.0	1.0	5.0	5.0	5.0	5.0	8.0	8.0	9.0	9.0	13.0	92.0
13	5.0	5.0	5.0	5.0	5.0	5.0	5.0	8.0	7.0	9.0	10.0	7.0	91.0
14	5.0	5.0	5.0	5.0	5.0	5.0	5.0	8.0	8.0	9.0	9.0	8.0	91.0
15	5.0	4.0	5.0	5.0	4.0	5.0	5.0	8.0	7.0	9.0	8.0	14.0	91.0
16	5.0	5.0	5.0	5.0	5.0	5.0	4.0	8.0	8.0	9.0	9.0	8.0	91.0
17	5.0	5.0	5.0	5.0	5.0	5.0	5.0	8.0	8.0	9.0	9.0	8.0	91.0
18	5.0	4.0	2.0	4.0	5.0	5.0	4.0	8.0	7.0	8.0	8.0	15.0	90.0
19	5.0	5.0	5.0	5.0	4.0	4.0	5.0	8.0	7.0	9.0	8.0	14.0	90.0
20	4.0	5.0	5.0	5.0	3.0	5.0	5.0	8.0	8.0	9.0	9.0	13.0	90.0
21	5.0	5.0	3.0	5.0	5.0	5.0	4.0	7.0	8.0	9.0	4.0	14.0	89.0
22	5.0	5.0	3.0	5.0	5.0	5.0	5.0	7.0	8.0	9.0	9.0	12.0	89.0
23	5.0	4.0	5.0	3.0	4.0	5.0	4.0	7.0	7.0	9.0	9.0	14.0	89.0
24	3.0	5.0	4.0	5.0	3.0	5.0	5.0	7.0	8.0	8.0	8.0	15.0	89.0
25	2.0	5.0	3.0	5.0	3.0	5.0	4.0	7.0	8.0	9.0	10.0	14.0	89.0
26	5.0	5.0	5.0	4.0	5.0	5.0	5.0	7.0	7.0	9.0	8.0	12.0	89.0
27	4.0	5.0	3.0	5.0	5.0	5.0	5.0	7.0	7.0	9.0	9.0	12.0	89.0
28	4.0	4.0	3.0	5.0	5.0	5.0	5.0	8.0	7.0	9.0	8.0	14.0	89.0

图 4-11　个案排序运行结果图

步骤 3：找出低分组 27%处的分值。再次开启［个案排序（O）］窗口，此时点击［排列顺序］选项框中的［升序（A）］，使总分［Total］变量由低到高按升序排列，最后点击［确定］按钮确定。此时，数据窗口以总分［Total］变量的分数为依据，由低到高进行排列（见图 4-12）。操作者要将总人数的 27%处的分值记下（本案例中有 100 位被试者，故低分组第 27 位被试者的分值为 75.0）。

（2）依据临界分数将测验得分分成两组，即高分组和低分组。

步骤 1：执行工具栏［转换（T）］→［重新编码为不同变量（R）］，开启［重新编码为不同变量］对话框，如图 4-13 所示。

步骤 2：在［重新编码为不同变量］对话框中，将左边变量清单栏中的总分［Total］变量选入中间［输入变量→输出变量（V）］下的空白框，在右边［输出变量］框下的［名称（N）］文本框中输入分组新变量名称（这里设为“group”），点击［变化量（H）］（变更）按钮，此时在［输入变量→输出变量（V）］下的方格中，文字由“Total→?”变更为“Total→group”，如图 4-14 所示。

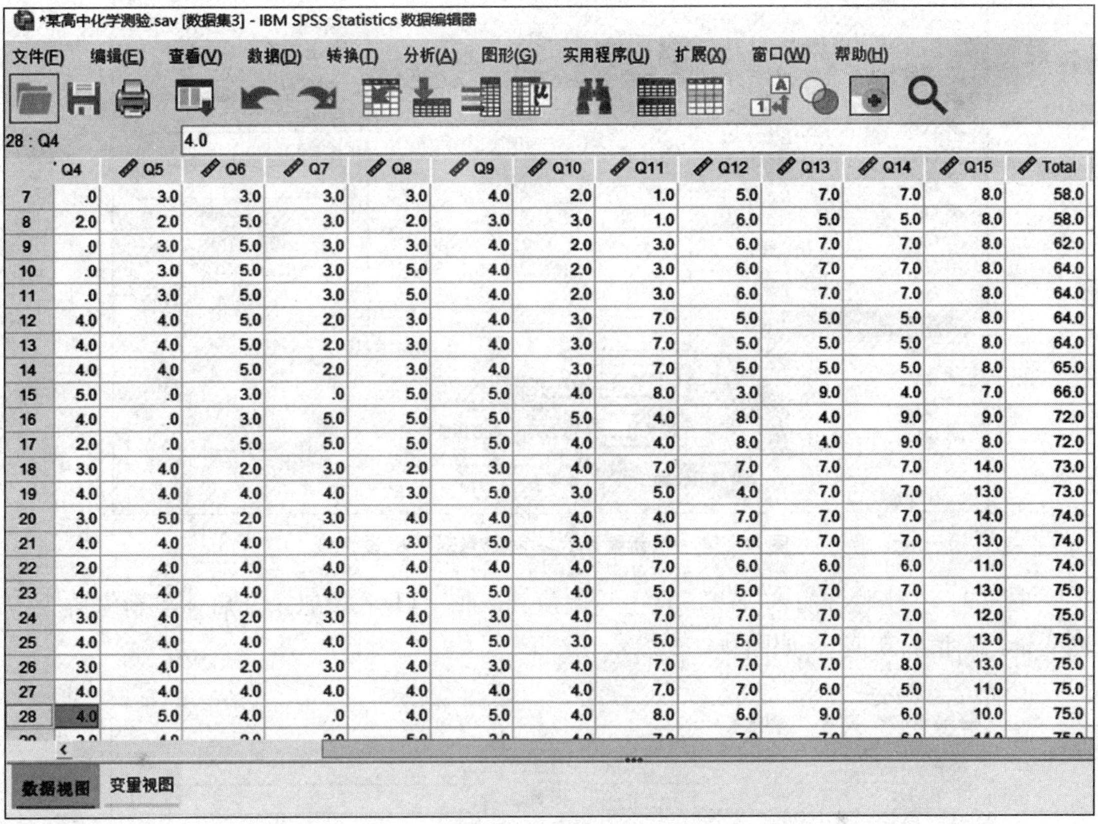

	Q4	Q5	Q6	Q7	Q8	Q9	Q10	Q11	Q12	Q13	Q14	Q15	Total
7	.0	3.0	3.0	3.0	3.0	4.0	2.0	1.0	5.0	7.0	7.0	8.0	58.0
8	2.0	2.0	5.0	3.0	2.0	3.0	3.0	1.0	6.0	5.0	5.0	8.0	58.0
9	.0	3.0	5.0	3.0	3.0	4.0	2.0	3.0	6.0	7.0	7.0	8.0	62.0
10	.0	3.0	5.0	3.0	5.0	4.0	2.0	3.0	6.0	7.0	7.0	8.0	64.0
11	.0	3.0	5.0	3.0	5.0	4.0	2.0	3.0	6.0	7.0	7.0	8.0	64.0
12	4.0	4.0	5.0	2.0	3.0	4.0	3.0	7.0	5.0	5.0	5.0	8.0	64.0
13	4.0	4.0	5.0	2.0	3.0	4.0	3.0	7.0	5.0	5.0	5.0	8.0	64.0
14	4.0	4.0	5.0	2.0	3.0	4.0	3.0	7.0	5.0	5.0	5.0	8.0	65.0
15	5.0	.0	3.0	.0	5.0	5.0	4.0	8.0	3.0	9.0	4.0	7.0	66.0
16	4.0	.0	3.0	5.0	5.0	5.0	5.0	4.0	8.0	4.0	9.0	9.0	72.0
17	2.0	.0	5.0	5.0	5.0	5.0	4.0	4.0	8.0	4.0	9.0	8.0	72.0
18	3.0	4.0	2.0	3.0	2.0	3.0	4.0	7.0	7.0	7.0	7.0	14.0	73.0
19	4.0	4.0	4.0	4.0	3.0	5.0	3.0	5.0	4.0	7.0	7.0	13.0	73.0
20	3.0	5.0	2.0	3.0	4.0	4.0	4.0	4.0	7.0	7.0	7.0	14.0	74.0
21	4.0	4.0	4.0	4.0	3.0	5.0	3.0	5.0	5.0	7.0	7.0	13.0	74.0
22	2.0	4.0	4.0	4.0	4.0	4.0	4.0	7.0	6.0	6.0	6.0	11.0	74.0
23	4.0	4.0	4.0	4.0	3.0	5.0	4.0	5.0	5.0	7.0	7.0	13.0	75.0
24	3.0	4.0	2.0	3.0	4.0	3.0	4.0	7.0	7.0	7.0	7.0	12.0	75.0
25	4.0	4.0	4.0	4.0	4.0	5.0	3.0	5.0	5.0	7.0	7.0	13.0	75.0
26	3.0	4.0	2.0	3.0	4.0	3.0	4.0	7.0	7.0	7.0	8.0	13.0	75.0
27	4.0	4.0	4.0	4.0	4.0	4.0	4.0	7.0	7.0	6.0	5.0	11.0	75.0
28	4.0	5.0	4.0	.0	4.0	5.0	4.0	8.0	6.0	9.0	6.0	10.0	75.0

图 4-12　个案排序运行结果图

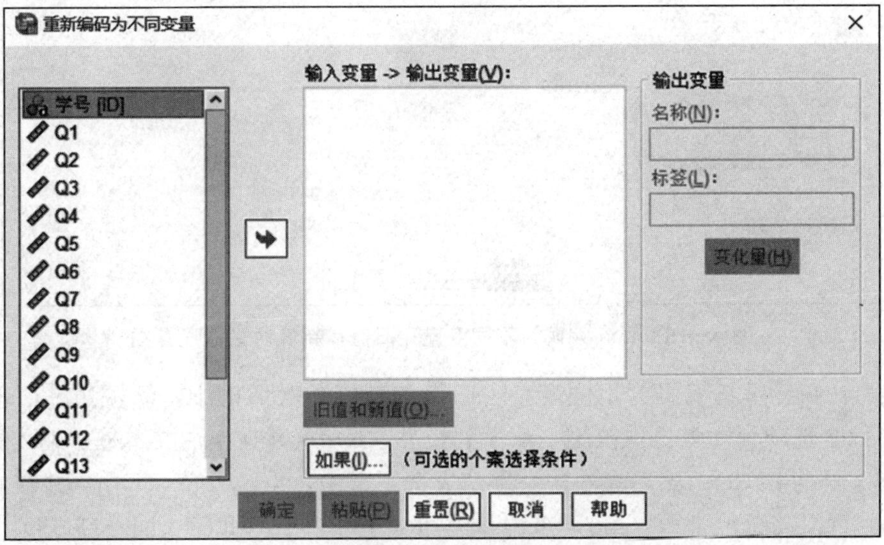

图 4-13　重新编码为不同变量对话框设置图

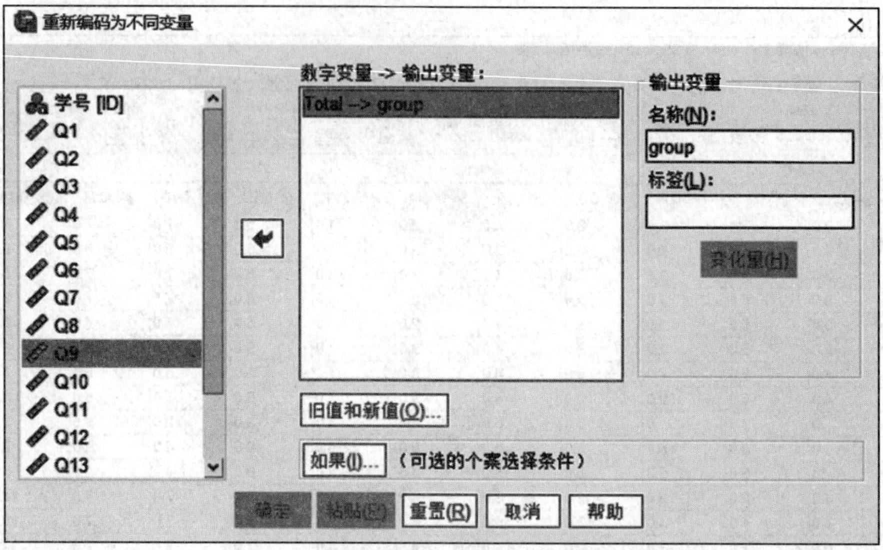

图 4－14　重新编码为不同变量对话框设置图

步骤 3：在步骤 2 的基础上，点击［旧值和新值（O）］按钮，开启［重新编码为不同变量：旧值和新值］，如图 4－15 所示。

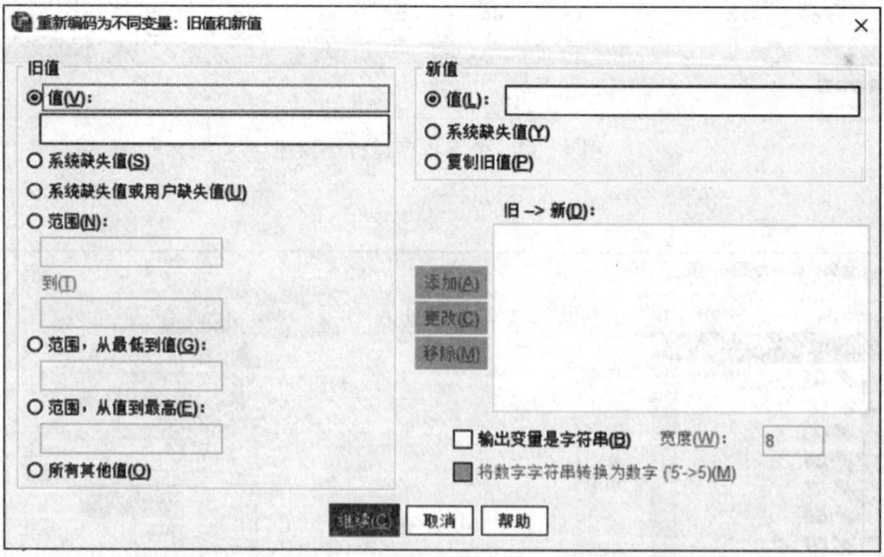

图 4－15　重新编码为不同变量：旧值和新值对话框设置图

步骤 4：在［重新编码为不同变量：旧值和新值］对话框中，从左边［旧值］选项框中选第六个选项，即点击［范围，从值到最高（E）］，并在空白文本框中输入高分组临界值（本案例为 89.0），然后在右边［新值］选项框中，点选［值（L）］，并在右边的方格中键入 1（设高分组为第 1 组），点击［添加（A）］按钮，此时［旧→新（D）］下的方框中会出现“89 thru Highest→1”的信息，如图 4－16 所示。

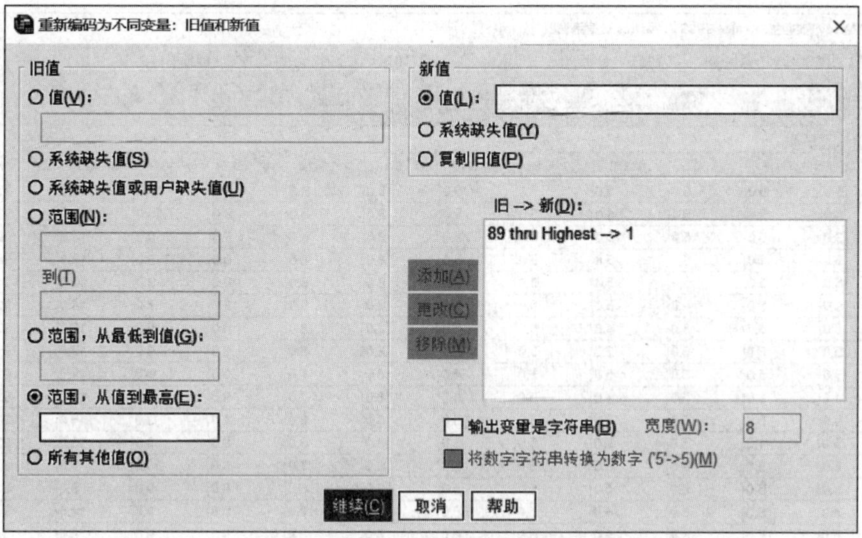

图 4－16　重新编码为不同变量：旧值和新值对话框设置图

步骤 5：在［重新编码为不同变量：旧值和新值］对话框中，从左边［旧值］选项框中选第五个选项，即点击［范围，从最低到值（G）］，并在空白文本框中输入低分组临界值（本案例为 75.0），然后在右边［新值］选项框中，点选［值（L）］，并在右边的方格中键入 2（设低分组为第 2 组），点击［添加（A）］按钮，此时［旧→新（D）］下的方框中会增加“Lowest thru 75→2”的信息，如图 4－17 所示。

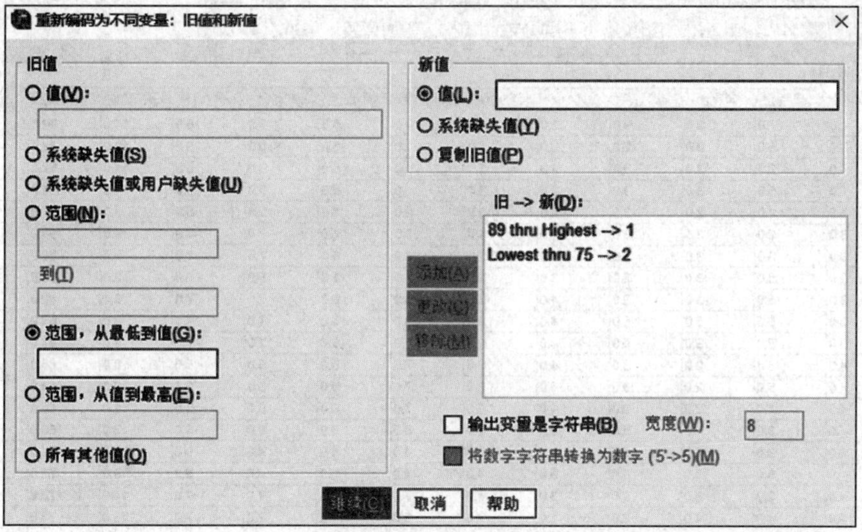

图 4－17　重新编码为不同变量：旧值和新值对话框设置图

步骤 6：在步骤 5 的基础上，按［继续（C）］按钮，重新回到［重新编码为不同变量］对话框中，最后点击［确定］按钮。此时 SPSS 数据文件窗口中会新增一个“group”变量，变量的取值为 1（高分组）或 2（低分组），分别如图 4－18 和图 4－19 所示。

*某高中化学测验.sav [数据集3] - IBM SPSS Statistics 数据编辑器

文件(F) 编辑(E) 查看(V) 数据(D) 转换(T) 分析(A) 图形(G) 实用程序(U) 扩展(X) 窗口(W) 帮助(H)

28 : Q4　4.0　可视：18/

	Q4	Q5	Q6	Q7	Q8	Q9	Q10	Q11	Q12	Q13	Q14	Q15	Total	group
1	5.0	5.0	5.0	5.0	5.0	5.0	5.0	8.0	8.0	9.0	9.0	13.0	97.0	1.00
2	5.0	5.0	5.0	5.0	4.0	5.0	5.0	8.0	8.0	9.0	10.0	14.0	96.0	1.00
3	5.0	3.0	5.0	5.0	5.0	5.0	5.0	8.0	8.0	9.0	9.0	14.0	95.0	1.00
4	5.0	5.0	2.0	5.0	5.0	5.0	5.0	8.0	8.0	9.0	9.0	13.0	94.0	1.00
5	5.0	5.0	3.0	5.0	5.0	5.0	5.0	8.0	8.0	9.0	9.0	12.0	94.0	1.00
6	5.0	5.0	5.0	4.0	5.0	5.0	5.0	8.0	8.0	9.0	7.0	14.0	93.0	1.00
7	5.0	5.0	5.0	5.0	4.0	5.0	5.0	8.0	8.0	9.0	9.0	12.0	93.0	1.00
8	5.0	5.0	5.0	5.0	2.0	5.0	5.0	8.0	8.0	9.0	9.0	12.0	93.0	1.00
9	5.0	5.0	5.0	5.0	5.0	5.0	4.0	8.0	7.0	9.0	8.0	12.0	92.0	1.00
10	5.0	4.0	5.0	5.0	4.0	5.0	5.0	8.0	7.0	9.0	8.0	14.0	92.0	1.00
11	5.0	5.0	5.0	5.0	3.0	5.0	5.0	8.0	8.0	9.0	9.0	14.0	92.0	1.00
12	5.0	5.0	1.0	5.0	5.0	5.0	5.0	8.0	8.0	9.0	9.0	13.0	92.0	1.00
13	5.0	5.0	5.0	5.0	5.0	5.0	5.0	8.0	7.0	9.0	10.0	7.0	91.0	1.00
14	5.0	5.0	5.0	5.0	5.0	5.0	5.0	8.0	8.0	9.0	9.0	8.0	91.0	1.00
15	5.0	4.0	5.0	5.0	4.0	5.0	5.0	8.0	7.0	9.0	8.0	14.0	91.0	1.00
16	5.0	5.0	5.0	5.0	5.0	5.0	4.0	8.0	8.0	9.0	9.0	8.0	91.0	1.00
17	5.0	5.0	5.0	5.0	5.0	5.0	5.0	8.0	8.0	9.0	9.0	8.0	91.0	1.00
18	5.0	4.0	2.0	4.0	5.0	5.0	4.0	8.0	7.0	8.0	8.0	15.0	90.0	1.00
19	5.0	5.0	5.0	5.0	4.0	4.0	5.0	8.0	7.0	9.0	8.0	14.0	90.0	1.00
20	4.0	5.0	5.0	5.0	3.0	5.0	5.0	8.0	8.0	9.0	9.0	13.0	90.0	1.00
21	5.0	5.0	3.0	5.0	5.0	5.0	4.0	7.0	8.0	9.0	4.0	14.0	89.0	1.00
22	5.0	5.0	3.0	5.0	5.0	5.0	5.0	7.0	8.0	9.0	9.0	12.0	89.0	1.00

图 4-18　重新编码为不同变量运行结果图

*某高中化学测验.sav [数据集3] - IBM SPSS Statistics 数据编辑器

文件(F) 编辑(E) 查看(V) 数据(D) 转换(T) 分析(A) 图形(G) 实用程序(U) 扩展(X) 窗口(W) 帮助(H)

4 : Q12　6.0　可视：18/18 个变量

	Q4	Q5	Q6	Q7	Q8	Q9	Q10	Q11	Q12	Q13	Q14	Q15	Total	group	变量
1	2.0	.0	.0	3.0	3.0	2.0	3.0	.0	6.0	5.0	5.0	11.0	50.0	2.00	
2	2.0	.0	5.0	3.0	2.0	2.0	3.0	.0	6.0	5.0	5.0	11.0	52.0	2.00	
3	2.0	.0	2.0	3.0	3.0	2.0	3.0	.0	6.0	5.0	5.0	11.0	52.0	2.00	
4	2.0	.0	5.0	3.0	3.0	2.0	3.0	.0	6.0	5.0	5.0	11.0	54.0	2.00	
5	4.0	4.0	2.0	2.0	3.0	4.0	3.0	2.0	5.0	5.0	5.0	8.0	57.0	2.00	
6	.0	3.0	2.0	3.0	3.0	4.0	4.0	3.0	4.0	7.0	7.0	8.0	57.0	2.00	
7	.0	3.0	3.0	3.0	3.0	4.0	2.0	1.0	5.0	7.0	7.0	8.0	58.0	2.00	
8	2.0	2.0	5.0	3.0	2.0	3.0	3.0	1.0	6.0	5.0	5.0	8.0	58.0	2.00	
9	.0	3.0	5.0	3.0	3.0	4.0	2.0	3.0	6.0	7.0	7.0	8.0	62.0	2.00	
10	.0	3.0	5.0	3.0	5.0	4.0	2.0	3.0	6.0	7.0	7.0	8.0	64.0	2.00	
11	.0	3.0	5.0	3.0	5.0	4.0	2.0	3.0	6.0	7.0	7.0	8.0	64.0	2.00	
12	4.0	4.0	5.0	2.0	3.0	4.0	3.0	7.0	5.0	5.0	5.0	8.0	64.0	2.00	
13	4.0	4.0	5.0	2.0	3.0	4.0	3.0	7.0	5.0	5.0	5.0	8.0	64.0	2.00	
14	4.0	4.0	5.0	2.0	3.0	4.0	3.0	7.0	5.0	5.0	5.0	8.0	65.0	2.00	
15	5.0	.0	3.0	.0	5.0	5.0	4.0	8.0	3.0	9.0	4.0	7.0	66.0	2.00	
16	4.0	.0	3.0	5.0	5.0	5.0	5.0	4.0	8.0	4.0	9.0	9.0	72.0	2.00	
17	2.0	.0	5.0	5.0	5.0	5.0	4.0	4.0	8.0	4.0	9.0	8.0	72.0	2.00	
18	3.0	4.0	2.0	3.0	2.0	3.0	4.0	7.0	7.0	7.0	7.0	14.0	73.0	2.00	
19	4.0	4.0	4.0	4.0	3.0	5.0	3.0	5.0	4.0	7.0	7.0	13.0	73.0	2.00	
20	3.0	5.0	2.0	3.0	4.0	4.0	4.0	4.0	7.0	7.0	7.0	14.0	74.0	2.00	
21	4.0	4.0	4.0	4.0	3.0	5.0	3.0	5.0	5.0	7.0	7.0	13.0	74.0	2.00	
22	2.0	4.0	4.0	4.0	4.0	4.0	4.0	7.0	6.0	6.0	6.0	11.0	74.0	2.00	

图 4-19　重新编码为不同变量运行结果图

（3）求决断值——临界比。

步骤 1：从工具栏执行［分析（A）］→［比较均值（B）］→［独立样本 T 检验］，开启［独立样本 T 检验］对话框，如图 4-20 所示。

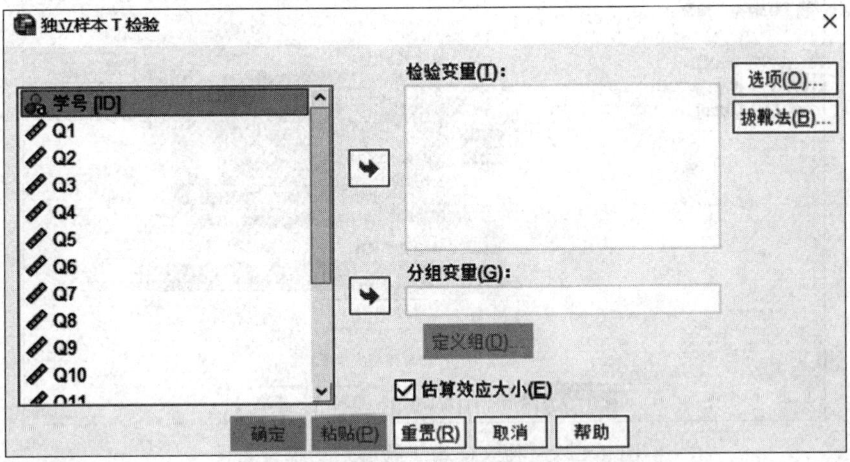

图 4－20　独立样本 T 检验对话框设置图

步骤 2：在［独立样本 T 检验］对话框中，将左边变量清单中 Q1，Q2，Q3，…，Q15 这 15 个变量选至右边［检验变量（T）］下的方框中，将左边变量清单中“group”变量点选至右边［分组变量（G）］方框中，此时［分组变量（G）］方框中将会出现“group（??）”，继续点选［定义组（D）］按钮，开启［定义组］次对话框，在［定义组］次对话框［使用指定的值（U）］选项中，在［组 1］的右方格中键入高分组的数值编码 1，在［组 2］的右方格中键入高分组的数值编码 2，如图 4－21 所示。

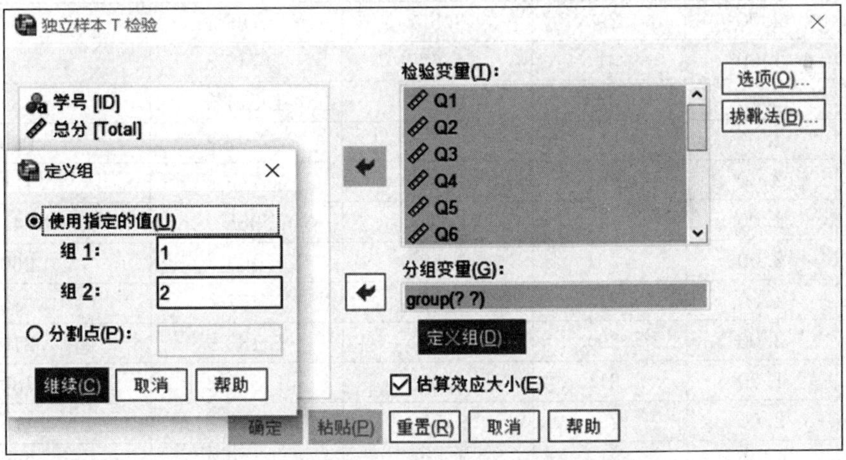

图 4－21　独立样本 T 检验对话框设置图

步骤 3：点击［定义组（D）］次对话框的［继续（C）］按钮，回到［独立样本 T 检验］对话框，此时［分组变量（G）］方框中的变量由“group（??）”转换为“group（1 2）”（见图 4－22），最后点击［确定］按钮，则出现运行结果窗口。

（4）以 T 检验检验高分组、低分组在每个题项的差异。

执行［独立样本 T 检验］最终呈现两个结果，一个是“组别统计量”，如表 4－15 所示；另一个是“独立样本检验”，如表 4－16 所示。

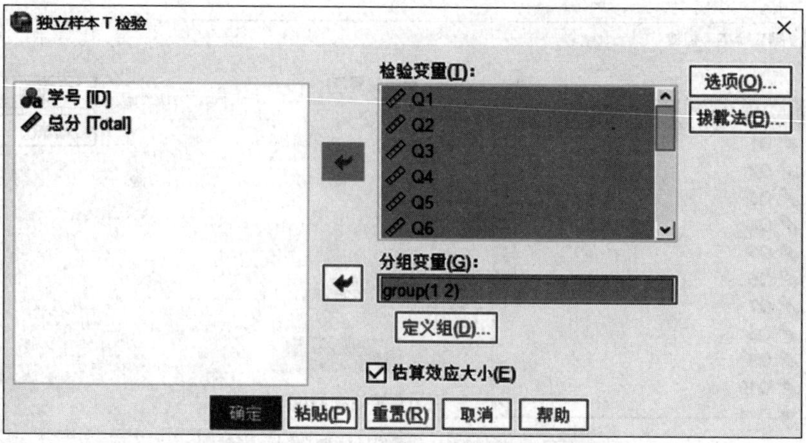

图 4-22　独立样本 T 检验对话框设置图

表 4-15　高分组、低分组组别统计量

	group	*N*	均值	标准差	标准误差平均值
Q1	1.00	31	4.226	1.203 0	.216 1
	2.00	29	3.172	1.136 1	.211 0
Q2	1.00	31	4.452	.767 6	.137 9
	2.00	29	3.517	.737 8	.137 0
Q3	1.00	31	4.774	.425 0	.076 3
	2.00	29	3.552	.736 1	.136 7
Q4	1.00	31	4.677	.747 8	.134 3
	2.00	29	2.690	1.514 3	.281 2
Q5	1.00	31	4.774	.497 3	.089 3
	2.00	29	2.862	1.746 9	.324 4
Q6	1.00	31	4.065	1.388 9	.249 5
	2.00	29	3.552	1.403 7	.260 7
Q7	1.00	31	4.806	.477 4	.085 8
	2.00	29	3.000	1.133 9	.210 6
Q8	1.00	31	4.258	1.031 8	.185 3
	2.00	29	3.552	.948 2	.176 1
Q9	1.00	31	4.968	.179 6	.032 3
	2.00	29	3.828	1.002 5	.186 2
Q10	1.00	31	4.774	.425 0	.076 3
	2.00	29	3.345	.768 9	.142 8
Q11	1.00	31	7.774	.425 0	.076 3
	2.00	29	4.379	2.691 4	.499 8
Q12	1.00	31	7.645	.486 4	.087 4
	2.00	29	5.828	1.167 1	.216 7
Q13	1.00	31	8.903	.300 5	.054 0
	2.00	29	6.241	1.299 9	.241 4

续表

	group	N	均值	标准差	标准误差平均值
Q14	1.00	31	8.452	1.150 0	.206 6
	2.00	29	6.276	1.278 9	.237 5
Q15	1.00	31	12.645	2.153 3	.386 7
	2.00	29	10.310	2.346 8	.435 8

表 4-16　高分组、低分组独立样本检验

		莱文方差等同性检验		平均值等同性 *t* 检验							
		F	显著性	*t*	自由度	显著性		平均值差值	标准误差差值	差值 95% 置信区间	
						单侧 *P*	双侧 *P*			下限	上限
Q1	假定等方差	.033	.856	3.482	58	<.001	<.001	1.053 4	.302 6	.447 7	1.659 0
	不假定等方差			3.488	57.994	<.001	<.001	1.053 4	.302 0	.448 9	1.657 9
Q2	假定等方差	.113	.738	4.801	58	<.001	<.001	.934 4	.194 6	.544 8	1.324 0
	不假定等方差			4.807	57.954	<.001	<.001	.934 4	.194 4	.545 3	1.323 4
Q3	假定等方差	16.445	<.001	7.942	58	<.001	<.001	1.222 5	.153 9	.914 3	1.530 6
	不假定等方差			7.808	44.177	<.001	<.001	1.222 5	.156 6	.907 0	1.538 0
Q4	假定等方差	17.950	<.001	6.512	58	<.001	<.001	1.987 8	.305 3	1.376 7	2.598 8
	不假定等方差			6.379	40.275	<.001	<.001	1.987 8	.311 6	1.358 1	2.617 4
Q5	假定等方差	35.333	<.001	5.849	58	<.001	<.001	1.912 1	.326 9	1.257 8	2.566 5
	不假定等方差			5.683	32.233	<.001	<.001	1.912 1	.336 5	1.227 0	2.597 3
Q6	假定等方差	.138	.711	1.422	58	.080	.160	.512 8	.360 7	−.209 2	1.234 7
	不假定等方差			1.421	57.645	.080	.161	.512 8	.360 8	−.209 5	1.235 1
Q7	假定等方差	4.491	.038	8.136	58	<.001	<.001	1.806 5	.222 0	1.362 0	2.250 9
	不假定等方差			7.946	37.106	<.001	<.001	1.806 5	.227 4	1.345 8	2.267 1
Q8	假定等方差	.124	.726	2.755	58	.004	.008	.706 3	.256 3	.193 2	1.219 5
	不假定等方差			2.763	57.984	.004	.008	.706 3	.255 6	.194 7	1.218 0
Q9	假定等方差	42.122	<.001	6.230	58	<.001	<.001	1.140 2	.183 0	.773 8	1.506 5
	不假定等方差			6.035	29.682	<.001	<.001	1.140 2	.188 9	.754 1	1.526 2

续表

		莱文方差等同性检验		平均值等同性 t 检验							
		F	显著性	t	自由度	显著性		平均值差值	标准误差差值	差值 95%置信区间	
						单侧 P	双侧 P			下限	上限
Q10	假定等方差	14.374	<.001	8.990	58	<.001	<.001	1.429 4	.159 0	1.111 1	1.747 6
	不假定等方差			8.829	43.016	<.001	<.001	1.429 4	.161 9	1.102 9	1.755 9
Q11	假定等方差	64.119	<.001	6.935	58	<.001	<.001	3.394 9	.489 5	2.415 0	4.374 8
	不假定等方差			6.715	29.307	<.001	<.001	3.394 9	.505 6	2.361 3	4.428 4
Q12	假定等方差	11.475	.001	7.967	58	<.001	<.001	1.817 6	.228 1	1.360 9	2.274 3
	不假定等方差			7.779	36.928	<.001	<.001	1.817 6	.233 7	1.344 1	2.291 1
Q13	假定等方差	58.159	<.001	11.095	58	<.001	<.001	2.661 8	.239 9	2.181 6	3.142 1
	不假定等方差			10.762	30.799	<.001	<.001	2.661 8	.247 3	2.157 3	3.166 4
Q14	假定等方差	2.054	.157	6.938	58	<.001	<.001	2.175 8	.313 6	1.548 0	2.803 5
	不假定等方差			6.913	56.311	<.001	<.001	2.175 8	.314 7	1.545 3	2.806 2
Q15	假定等方差	2.454	.123	4.019	58	<.001	<.001	2.334 8	.581 0	1.171 9	3.497 7
	不假定等方差			4.007	56.666	<.001	<.001	2.334 8	.582 6	1.167 9	3.501 7

表 4－15 为高分组、低分组的组别统计量，每题包括高分组和低分组的 N（个数）、均值、标准差、标准误差平均值。独立样本 T 检验即检验高分组、低分组在每个题项测量值的平均数的差异值是否达到显著，以了解样本在每个题项的平均数高低是否因组别（高分组、低分组）的不同而有差异。以 Q1 为例，高分组的平均数为 4.226，标准差为 1.203 0，低分组的平均数为 3.172，标准差为 1.136 1，两组的平均数差异越大，其差异值越有可能达到显著。另外，高分组的观察值为 31 位，低分组的观察值有 29 位，这是因为在组别人数的分组上，虽然高分组和低分组人数各占有效被试者样本的 27%，理论上两组的个数应该相等，但由于分割点分割的人数不相同，因而会形成两组人数不相同的情形。事实上，在进行项目分析的临界比统计量的程序中，高分组、低分组两组人数不会恰好相同的情形反而更为普遍。

表 4－16 为高分组、低分组独立样本 T 检验的部分结果。在 t 统计量的判别上，操作者首先要判别两组的方差是否相等，若是两组的方差相等，则看“假定等方差”一行的 t 值数据；相对地，如果两组的方差不相等，则看“不假定等方差”一行的 t 值数据。“假定等方差”和“不假定等方差”两行数据均包括 t 值统计量、自由度、显著性（双尾）、平均值差值、标准误差差值以及差值 95%置信区间。

那么，如何判定两组的差异是否相等呢？“莱文方差等同性检验”栏则用于检验两组方差是否同质。在该栏中，若是“显著性”的数值小于 0.05，说明两组方差的差异达到 0.05 的显著性水平，此时应拒绝虚无假设（即两组方差相等的假设），接受对立假设（即两组方差不相等的假设）。若是“显著性”的数值大于 0.05，说明两组方差的差异未达到 0.05 的显著性水平，即方差齐性，此时应接受虚无假设，拒绝对立假设。

以表 4-16 中的 Q1 为例，方差相等的莱文检验结果显示：$F=0.033$，显著性$=0.856>0.05$，未达到 0.05 的显著性水平，应接受虚无假设，拒接对立假设，表示两组的方差相等，此时 t 检验数据要看第一栏“假定等方差”中的数值，t 值统计量为 3.482，显著性概率值双侧 $P<0.001$，达到 0.01 的显著性水平，表示该题项的临界值达到显著，具有区分度。其余各题项的分析同 Q1，这里不作赘述。值得一提的是，在测验项目分析中，若采用极端值的临界比，一般将临界比值的 t 统计量的标准值设定为 3.000，若是某题项高分组、低分组差异的 t 统计量小于 3.000，则表示该题项的鉴别度较差（即使达到显著性水平），可以考虑将之删除。

本章小结

(1) 难度是指测验项目的难易程度，它是指项目对被试者知识和能力水平的适合程度，通常用 P 表示难度值。项目难度的定义通常有两种方法：一种是以全体被试者在某一项目上的通过率为难度系数，此时 P 值表征为容易度。P 值越高，项目越容易，通过率越大。另一种是以全体被试者在某一项目上的失分率为难度系数，此时 P 值表征为困难度。P 值越大项目越困难，P 值越小项目越容易。

(2) 难度的计算方法有三种，分别是项目分数为二分变量的难度计算方法、项目分数为连续变量的计算方法以及大规模被试团体受测项目难度的计算方法。每一种计算方法都有其适用范围。

(3) 将项目难度 P 值转换为 Z 值的具体操作方法是：设难度值为 P，在正态分布表中查（$1-P$）所对应的 Z 值，这个标准分数对应该难度在等距量表中的位置。

(4) 项目区分度是测验项目对不同考生实际学业水平的区分程度或鉴别能力。项目区分度通常用符号 D 表示，取值范围在 $-1.00\sim+1.00$。正区分表明测验项目区分被试者水平的能力强；负区分表明项目的性能跟测验目标相背离；零区分表明项目不能提供关于被试者水平差异的信息，区分能力弱。

(5) 项目区分度的计算有分组计算法和不分组计算法两种。其中不分组计算法分为积差相关法、二列相关法、点二列相关法和 Φ 相关法四种。

(6) 运用 SPSS 软件可以帮助我们更便捷地计算出项目的难度和区分度。

关键术语

● 项目分析

一种传统的方法，用来判断项目的难度与区分度，也可用于判断项目受教学效果影响的程度。

● 难度指数

对某道题目或任务给出正确回答的人数百分比，一般在能力方面的测验中，作为衡量测验项目质量的主要指标之一。

● 区分度指数

某道题目或任务对在整个测验上得高分和低分的学生的区分程度。

● 相关系数

用来表明两组测验分数或其他测量值之间相关程度的统计量。

● 积差相关法

又称积距相关，是当两个变量都是正态连续变量，两者之间呈线性关系时，表示这两个变量之间的相关。

● 二列相关法

当两个变量都是正态连续变量，其中一个变量被人为地划分成二分变量时，表示这两个变量之间的相关。

● 点二列相关法

当两个变量的其中一列变量是连续变量（等距或等比变量），另一列是真实二分称名变量（如男和女、对与错等）时，表示这两个变量之间的相关。

● Φ相关法

当项目得分和测验总分均为二分变量时，表示这两个变量之间的相关。

● 标准参照测验

又称准则参照测验，是一种精心编制的、在一定的行为领域上按照具体的行为标准水平对被试者的测验结果作出直接解释的测验。它为人们提供了有关被试者是否达到某种行为标准水平或要求的信息。

复习参考题

1. 试从测验目的出发，论述常模参照测验、目标参照测验和筛选测验的恰当项目难度和难度分布是怎样的。

2. 运用相关法计算项目区分度时，常用的相关系数有哪几种？分别适用于哪种数据类型？

3. 10 名考生在某题的得分情况如下表所示，请计算该题的难度（已知该题的满分值为 12 分）。

学生序号	1	2	3	4	5	6	7	8	9	10
某题得分	7	4	9	4	5	6	8	3	1	2

4. 有 120 名考生参加测验，高分组和低分组各占全体考生的 27%，其中第 5 题高分组答对的有 60 人，低分组答对的有 12 人，试计算该题的难度。

5. 某数学测验中，10 名被试者的某题题分与测验总分情况如下表，试完成以下计算：(1) 求该题的难度值 P；(2) 用相关法求该题的区分度。

被试者	01	02	03	04	05	06	07	08	09	10
题分	0	1	1	0	1	0	1	1	1	0
总分	65	72	90	53	85	84	92	96	84	60

附：$S_t=13.92$，$r_{pb}=\frac{\overline{X}_p-\overline{X}_q}{S_t}\sqrt{pq}$；相应的积差相关系数临界值：$r_{0.05}$（10）＝0.576，$r_{0.05}$（9）＝0.602，$r_{0.05}$（8）＝0.632。

第五章

教育测验的质量评估

本章提要

在教育测验中，为了更好地根据测验结果对人或事作出评估与决策，测验者必须保证教育测验的质量。对一个测验的质量评估，包括分析测验误差、测验信度和测验效度。误差是指在测验中由与测验目的无关的变因所产生的不准确或不一致的效应，我们在测验中应该尽可能缩小误差，但完全消除误差几乎是不可能的。测验信度是测验结果的稳定性，包括再测信度、复本信度、内在一致性信度和评分者信度等。测验结果的准确有效性即测验效度，包括内容效度、结构效度和效标关联效度。本章还将介绍测验误差的来源以及如何有效降低测验的误差；测验者如何根据测验内容和性质选择合适的方法计算测验的信度和效度，以及如何有效提高测验的信度和效度。最后本章还将介绍如何运用 SPSS 技术对测验进行信度和效度分析，并根据分析结果筛选题项，调整测验架构，保证测验工具的可靠有效。

学习目标

- 理解测验误差的内涵和来源。
- 描述信度概念的本质特征。
- 描述效度概念的本质特征。
- 区分信度和效度。
- 能根据教育测验的内容和性质选择合适的方法计算测验的信度和效度。
- 列出可能提高和降低测验信度的因素。
- 列出可能提高和降低测验效度的因素。
- 合理运用 SPSS 技术计算测验的信度和效度。

第一节　测验的误差

一、误差的内涵

教育测验所指的误差（error）是指在测验中由与测验目的无关的变因所产生的不准确或不一致的效应。此定义包含两层含义：第一，误差是由与测验目的无关的变因引起的；第二，误差是不准确或不一致的测验结果。误差主要有两种类型：系统误差和随机误差。系统误差是由与测验目的无关的因子所引起的恒定的、系统的、有规律的变化，它稳定地存在于每次测验中，所以又称为常定误差（见图 5-1）。从图 5-1 中可以看出，所有的射击几乎都落在靶心的同一外侧，即射击的偏差具有一致性、系统性。随机误差是由与测验目的无关的偶然因素引起的随机的、无系统的、无规律的变化，它使得几次测验结果不一致，又称为测量误差、观察误差或偶然误差（见图 5-2）。从图 5-2 中可以看出所有的射击几乎是随机散落在靶心的四周，不具有一致性和规律性。

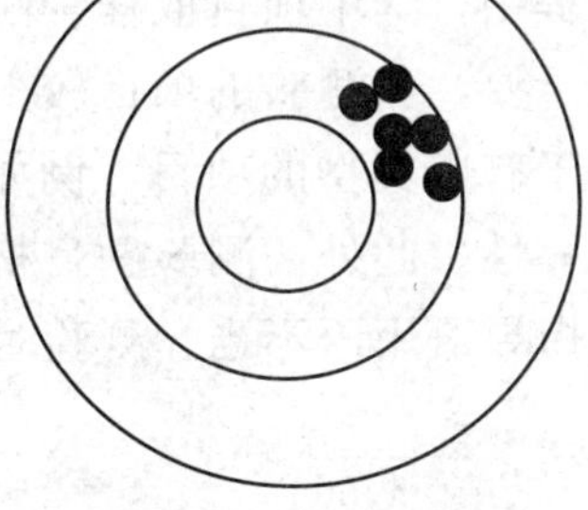

图 5-1　系统误差

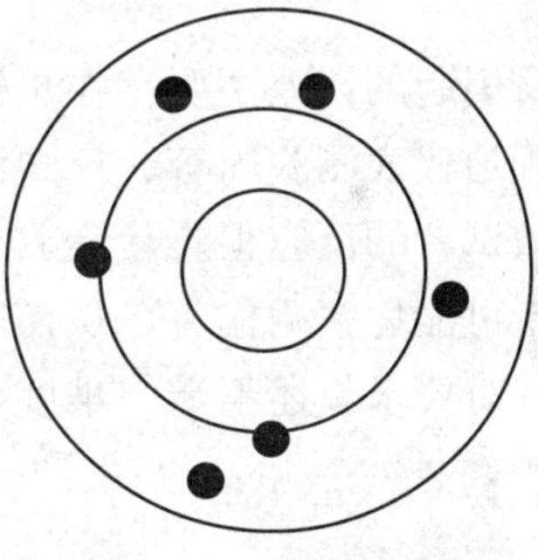

图 5-2　随机误差

系统误差与随机误差不仅在产生原因及特点上有差别，而且对于测验结果的影响也不相同（见表 5-1）。

表 5-1　随机误差与系统误差的比较

误差类型	产生原因	特点	效能	指标
随机误差	不易控制的偶然因素	方向与大小完全随机	影响准确性 影响一致性	效度 信度
系统误差	恒定、有规律的因素	稳定地存在于每次测验中	影响准确性	效度

从表 5-1 中可以看出，系统误差不能引起测验结果的不一致性，所以与信度无关，但它却直接影响着测验的准确性，因而与效度有关。随机误差与信度和效度都有关，其中信度完全受随机误差的影响。

二、误差的来源

要使测验准确可靠，必须尽可能减少误差，而减少误差的前提是了解误差的来源。常见的误差来源包括三个方面：测验自身、施测过程、被试者（见图 5-3）。

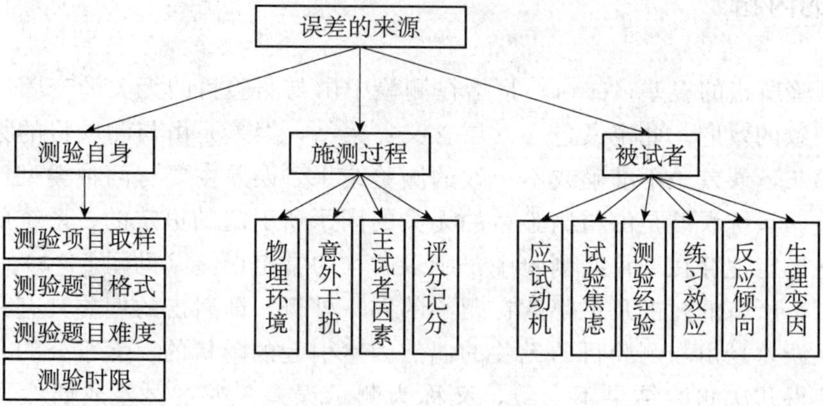

图 5-3 误差的来源

（一）测验自身引起的误差

测验自身引起的误差主要存在于测验的编制过程中，其中项目取样影响最大。测验项目能否准确地代表测验内容、反映测验目的至关重要，当测验的项目较少而取样缺乏代表性时，被试者的反应很难代表其真实水平。对于有些类型的项目，例如是非题、选择题，被试者可能凭猜测作答，从而降低分数的可靠性。此外，测验题目格式不妥、用词模棱两可、对要求叙述不清、难度水平不适中、指导语用语不当、测验时限过短等都会带来误差。

（二）施测过程引起的误差

测验的实施过程是一个多种影响因素综合存在的过程。这些影响因素包括温度、光线等物理环境，主试者的年龄、性别等外界环境干扰，以及评分记分等。

1. 物理环境

施测现场的温度、光线、通风情况、桌面高低好坏等都会影响被试者的情绪和作答状态，从而对测验成绩产生正向或者负向的影响。例如在测试过程中，光线充足，有利于被试者正常地作答；光线暗淡，则会影响作答的效果。测验的时间安排也是影响测验准确性的一个重要因素，如果时间安排不当或时限不统一，必然会引起测验结果的改变。

2. 意外干扰

在测验环境复杂，特别是当被试者人数较多时，可能发生意外情况，例如有人生病、作弊、卷子发错、卷面印刷不清、停电等。无论出现哪种情况，都会影响测验结果的准确性。

3. 主试者因素

主试者的年龄、性别、外表、言谈举止、表情动作、对测验过程的熟悉程度等都可能影响测验的结果，这就是主试者效应。如果不按照规定施测，如给予暗示、制造紧张气氛等都会带来很大的误差。如果被试者是小孩，则主试者的影响更甚。

4. 评分记分

评分不客观和记分出现错误也是较常见的误差。一般来说，客观题的评分较为准确客观，而主观题的评分标准难以把握，再加上阅卷者的风格、情绪以及其他心理因素的干扰，很难保证分数的一致性。为了有效地控制测验实施中的误差，主试者应该严格地按照标准化的程序去施测和评分记分，不得随意改动。

（三）被试者引起的误差

在测验过程中，最复杂的和最难控制的是由被试者本身引起的各种误差。

1. 应试动机

被试者的应试动机通过影响其作答态度、注意力、持久性和反应速度等给测验结果造成影响。例如，在测量性格、能力时如果被试者动机不强，他就不会尽力作答；在测量态度、情绪时如果被试者动机不强，他就会敷衍了事。这就是动机效应。如果动机效应在反复测量中以一种恒定的方式出现，会导致系统误差，从而降低测验的有效性；如果动机效应只是偶然的、不稳定的，则会带来随机误差，使测验的有效性、可信性都降低。

2. 测验焦虑

测验焦虑是被试者在测验前和测验中出现的一种紧张的情绪体验。一般来说，适度的焦虑水平将提高被试者的兴奋性，增强注意力，加快反应速度，从而对测验产生积极的影响。但过高的焦虑水平会使被试者注意力分散，思维受局限，反应速度减慢，从而大大影响测验结果的真实性。国外有不少学者针对焦虑与测验成绩的关系进行了大量研究，研究表明：

（1）能力与测验焦虑水平成负相关，能力较高的人，测验焦虑水平一般较低，而对自己没有把握的人，测验焦虑水平通常较高；

（2）抱负水平与焦虑水平成正相关，抱负水平过高的人测验焦虑水平一般也高；

（3）缺乏自信、情绪不稳的人容易产生测验焦虑；

（4）经常接受测验的人焦虑水平较低，而对测验程序不熟悉的人焦虑水平较高；

（5）当测验成绩对被试者关系重大时，被试者容易产生焦虑；

（6）被试者不了解测验的目的、指导语不清等会增加被试者的焦虑。

3. 测验经验

被试者的测验经验也会影响测验成绩。如果被试者面对的是一种全新的项目形式，可能会因为陌生感而影响测验成绩，但如果测验之前进行了足够的演示或者练习，测验成绩很有可能会提高。如果被试者经历过多次测验，具有一定的应试技巧，他们可能会善于觉察各个答案之间的微妙差别，会合理地安排作答时间，因此经常比那些能力相近但缺乏测验经验的人获得更高的分数。

4. 练习效应

任何一个测验在重复使用时，由于被试者对测验的内容和程序已经相当熟悉，测验成绩自然会得到提高。如用一份英语测试卷在不同时间对同一批被试者进行测验，由于被试者经过第一次测验对测验内容已经熟悉，再加上间隔时间中的学习，在第二次测验中被试者的成绩很可能会提高。

5. 反应倾向

反应倾向，简单地说就是每个被试者回答问题的习惯，它独立于测验内容而存在。反应倾向会使得本来能力相同或相近的被试者获得不同的成绩。例如，在速度测验中，由于测验时间有限，而题量又较大，“求快”与“求准”两种不同倾向会对测验成绩产生影响；对于是非题，某些被试者可能有偏好选“是”或选“非”的倾向；对于选择题，有些被试者可能有偏好选择某个位置或偏好选长项的倾向；对于人格测验题目，有的被试者可能会掩饰自己。所有这些都会给测验结果带来误差，因此，在编制测验项目时一定要注意控制这些倾向的影响。

6. 生理变因

除了上述心理因素会影响测验结果外，被试者的健康状态、疲劳、失眠等生理因素，以及在智力、情绪、体力等方面的生物节律也会影响测验成绩而带来误差。

总之，能带来误差的因素还有许多，实际上任何与测验目的无关的变因都可能引起误差。测验的标准化就是为了控制这些误差因素，使测验分数更可信、更有效。

上述种种误差诱因主要导致了测验结果的不稳定性或不一致性，在测验中应该尽可能缩小误差，但完全消除误差几乎是不可能的。将误差导致的不一致控制在怎样的范围之内，测验结果才能被公众接受，这便是测验信度关注的问题。

第二节　测验的信度

对教育测验整体质量的评估，首先必须考察测验结果的稳定性程度，即测验的信度（reliability）。信度对于教育测验有着非常重要的意义，一个好的测验必须是可靠稳定的，多次使用所获得的结果应该是前后一致的。然而，由于任何测验结果都会因测验误差的客观存在而或多或少受到影响，要让测验达到百分之百可信几乎不可能，但可以通过分析、筛选和改进来提高测验的信度，为教育决策提供更加客观的依据。

一、信度的内涵及意义

测验的信度即可靠性，它是指同一个测验对同一组被试者重复测验所得结果的一致性程度，或者等值性的两个测验对同一组被试者施测所得结果的一致性程度。如果被试者在连续两次或多次测验中所得结果相一致，即其测验结果的相关程度较高，这种测验的信度就较高；反之，两次测验结果的一致性低，说明测验的信度低。例如，用同一测验两次对同一组学生进行测试，如果被试者在两次测验中的相对地位非常接近，那么表明测验是可靠的或者信度是高的；反之，两次测验中被试者的相对地位发生较大的变化，则表明测验结果缺乏稳定性，意味着测验不可靠或者信度低。

信度作为任何一种测验的必要条件，对教育测验尤为重要。只有测验值接近或等于真值，即用相同的工具测量同一特性获得相近甚至是相同的结果，才能认为这个测验结果是可靠的。教育测验的对象主要集中在精神、意志层面，如注意力、倦怠感、成就感等一些难以把握的要素。为了能真实地反映被试者的某种特点需要更加注意测验的信度。只有信度高的教育测验才能供教育工作者和研究者参考和运用，才能有利于教师更好地对学生作出客观科学的评价并有针对性地改进教学方法，才能为教育工作者的决策提供客观有效的依据。

二、信度的计算方法

测验的信度一般用两次或多次测验结果的相关系数来表示。

如果一个测验不受被试者的生理或心理因素的影响，不受测验环境等因素的影响，那么它对同一组被试者的两次测验结果应当是相同的，该测验的信度系数等于1，表明该测验完全可靠。但这种测验几乎是不存在的，因为任何一个测验总会受到一些无关因素的影响，因此测验的信度只是程度上的差异。信度系数越大，表示测量的可信度越大。美国学者德维利斯（DeVellis）认为，信度系数分为以下几种可能：0.60～0.65（最好不要），0.65～0.70（最小可接受值），0.70～0.80（相当好），0.80～0.90（非常好）。由此可知，一份可靠的量表或问卷，信度系数最好在0.80以上，0.70～0.80仍算是可以接受的范围，否则应考虑重新修订量表或增删题项。具体而言，信度的计算方法主要有以下四种：

1. 再测信度及计算方法

再测信度（test-retest reliability）是用同一测验在先后两个不同时间内对同一组被试者进行测验，两次测验所得结果的一致性程度，其大小等于同一组被试者在两次测验上所得分数的皮尔逊积差相关系数。再测信度系数属于稳定性系数，它的优点在于编制一套问卷不仅能保证几次测验的属性完全相同，并且省时省力。但由于再测信度需要对同一样本施测两次，被试者容易受到各种事件、环境和他人的影响，而且对间隔时间长短也有一定限制，因此在实施中有一定困难。再测信度特别适用于事实式问卷，如性别、出生年月等，在两次施测中不应有任何差异，大多数被试者的兴趣、爱好、习惯等在短时间内也不会有十分明显的变化。如果没有突发事件导致被试者的态度、意见突变，这种方法也适用于态度、意见式问卷。

再测信度的计算一般采用以下公式：

$$r=\frac{N\sum XY-\sum X\sum Y}{\sqrt{N\sum X^2-\left(\sum X\right)^2}\sqrt{N\sum Y^2-\left(\sum Y\right)^2}} \tag{5.1}$$

式中，r 表示测验的信度系数，N 表示样本容量，$\sum XY$ 表示每个被试者两次测验分数乘积之和，$\sum X$ 和 $\sum Y$ 分别表示两次测验分数的总和，$\sum X^2$ 和 $\sum Y^2$ 分别表示两次测验分数平方之和。

例题 5-1

某地区举行英语测试，表 5-2 是用同一份英语测试卷对 10 名被试者两次施测的结果，试求该测试的信度。

表 5-2 某地区英语测试成绩表

被试者编号	X	Y	X^2	Y^2	XY
1	90	97	8 100	9 409	8 730
2	87	89	7 569	7 921	7 743
3	69	70	4 761	4 900	4 830
4	70	70	4 900	4 900	4 900
5	88	85	7 744	7 225	7 480
6	70	79	4 900	6 241	5 530
7	95	99	9 025	9 801	9 405
8	98	96	9 604	9 216	9 408
9	81	90	6 561	8 100	7 290
10	79	85	6 241	7 225	6 715
总和	827	860	69 405	74 938	72 031

解答 根据题意，在没有复本的情况下，可以用再测信度法就两次测验的原始数据进行计算。将表中的相关数据代入公式 5.1：

$$r=\frac{N\sum XY-\sum X\sum Y}{\sqrt{N\sum X^2-(\sum X)^2}\sqrt{N\sum Y^2-(\sum Y)^2}}$$

$$=\frac{10\times 72\ 031-827\times 860}{\sqrt{10\times 69\ 405-82\ 7^2}\times\sqrt{10\times 74\ 938-860^2}}$$

$$\approx 0.91$$

再测信度系数约为 0.91，说明两次测验结果比较一致，该测验的信度较高。

需要注意的是，如果能用计算器直接计算出两次测验分数的平均值和总体标准差，那么再测信度的计算公式还可以为：

$$r_{tt}=(\sum X_1X_2/N-\overline{X}_1\ \overline{X}_2)/S_1S_2 \qquad (5.2)$$

式中，$\overline{X}_1$ 和 $\overline{X}_2$ 分别为两次测验的平均数，S_1 和 S_2 分别表示两次测验的标准差，N 表示样本容量。

在利用再测信度法计算测验的一致性系数时，要注意三点：第一，两次测验的时间间隔要适当，要根据测验的类型和条件而定，不能过短或过长；第二，由于条件限制，再测信度一般只用于没有复本且测验的特质具有相对稳定性的测验，如可用于跑、跳等技能测验或速度测验，而不适用于难度测验；第三，施测者在第二次测验中要注意调动被试者积极参与，避免被试者因为索然无味而不积极合作带来测验误差。

2. 复本信度及计算方法

复本信度（alternate-form reliability）是用两个平行测验（同一测验的两个复本）在间隔最短时间内测量同一组被试者所得结果的一致性程度，其大小等于同一组被试者在两个复本测验上所得分数的皮尔逊积差相关系数。复本信度系数属于等值性系数，它的优点在于测验采用两个复本，因此可以连续施测，能避免再测信度的一些缺点，如避免两次施测间隔期间被试者获得新知识、新经历、新环境等变化对测验的影响，即练习效应小于再测信度。但是复本信度法要求两个复本除表述模式不同外，在内容、格式、难度和对应题项的提问方式等方面要完全一致，而在实际测验中，很难使调查问卷达到这种要求，因此采用这种方法者较少。复本信度的公式与再测信度的计算公式相同，故此处不再赘述。

在使用复本信度法计算等值性系数时需要注意两个方面：第一，两个复本必须等值，只有达到这一要求，两次测验成绩的等值性系数才有价值；第二，两次测验的时间间隔要尽可能短，一个测验的两个复本在两三天到一周内对同一组被试者施测时，获得的复本信度系数是相对准确的。

3. 内在一致性信度及计算方法

内在一致性信度（internal consistency reliability）是指测验内部所有题项之间的一致性程度，即所有题项测量的是同一种心理特质，并且所有题项得分有较高的正相关。计算内在一致性信度系数可以通过计算分半信度系数和 α 信度系数来进行。

（1）分半信度及计算方法。

分半信度（split-half reliability）是将一次测验人为地分为两个部分，这两个部分的一致性程度。分半信度系数属于内在一致性系数，测量的是同一题项的两个部分得分间的一致性。分半信度的优点是，对同一组被试者只施测一次就可以求出信度系数，既方便又能避免再测信度和复本信度的误差源。但是要将测验分成相等的两个部分较困难，所以，分半信度一般不适用于事实式问卷（如年龄与性别无法相比），常用于态度、意见式问卷的信度分析；适用于同质性测验，即测验的几个部分都以同等的程度测量被试者的一种特性，而不适用于异质性测验。

进行分半信度分析时，如果量表中含有反意题项，应先将反意题项的得分作逆向处理，以确保各题项得分方向的一致性。然后将测验分半，这是该方法的核心。一般常用的分半方法有三种：一是安全随机分半；二是奇偶分半；三是先将测验分成若干板块，然后将各板块的题目奇偶分半。最后用公式 5.1 求两部分分数之间的积差相关系数，并用斯皮尔曼-布朗（Spearman-Brown）公式校正。之所以要校正是因为测量的长度（即题目数）对信度有一定的影响，运用分半法求信度实际上把整个长度减小一半，按此方法求出的信度必然低于整个测验的信度，因此要用斯皮尔曼-布朗公式（公式 5.3）予以校正。

$$r_{tt}=\frac{k\,r_{xy}}{1+(k-1)\,r_{xy}} \tag{5.3}$$

式中，r_{tt}为整个测验的信度，r_{xy}为两部分测验的相关系数，k为变化后的测验长度与原测验长度之比例。在这里$k=2$，因此该公式可以简单地写成：

$$r_{tt}=\frac{2r_{xy}}{1+r_{xy}}$$

例题 5-2

在一项“小学教师职业幸福感现状”的调查研究中，研究者自编了“小学教师职业幸福感调查问卷”，表5-3为对30名教师进行调查的结果。试分析该测验的信度。

表 5-3　30 名教师职业幸福感调查结果统计表

被试者	1	2	3	4	5	6	7	8	9	10	11	12	13	14	15
奇数题 X	47	25	39	40	25	37	40	31	35	37	23	39	39	40	31
偶数题 Y	49	31	48	48	42	39	50	30	35	50	27	45	50	53	40
被试者	16	17	18	19	20	21	22	23	24	25	26	27	28	29	30
奇数题 X	29	34	33	38	36	40	23	39	38	34	37	40	24	37	38
偶数题 Y	38	45	39	47	43	58	42	32	53	45	43	55	45	47	52

解答　该测验是在既无复本又不可能重复测验的情况下进行的，通常用分半信度来估计此类测验的信度：

$$r_{xy}=\frac{\sum XY-\sum X\sum Y/N}{\sqrt{\sum X^2-(\sum X)^2/N}\sqrt{\sum Y^2-(\sum Y)^2/N}}\approx 0.61$$

用斯皮尔曼-布朗公式校正：

$$r_{tt}=\frac{2r_{xy}}{1+r_{xy}}=\frac{2\times 0.61}{1+0.61}\approx 0.76$$

经校正后内部一致性系数较大，说明整个测验的信度较高。

在教育测验中常常遇到题目的答案只有正确和错误两种，得分也只有两种（一般按0和1来计分），这种测验可用库德尔-理查森（Kuder-Richardson）公式来计算内部一致性系数。用这种方法只需要测验一次，然后以各个问题的正确反应数为基础，或者根据个人总分的平均数和标准差计算信度系数。库德尔-理查森公式有好几个，最常用的有r_{kr20}和r_{kr21}。

$$r_{kr20}=\frac{K}{K-1}\left(1-\frac{\sum pq}{S^2}\right) \tag{5.4}$$

式中，r_{kr20}表示库德尔-理查森信度系数，K表示测验的题目数，p表示每一个题目做对的人数百分比，q表示每个题目做错的人数百分比，S^2表示测验总分的方差。

$$r_{kr21}=1-\frac{0.8\times\overline{X}(K-\overline{X})}{KS^2} \tag{5.5}$$

式中，$\overline{X}$表示被试者总分的平均数，S^2表示测验总分的方差，K表示测验的题目数。同一测验用这两个公式计算的结果基本相同，只是前者以每题做对人数的百分比为基础计算，而后者以被试者总分的平均数和方差为基础计算，不需要各题难度的信息。

在计算内部一致性系数时，需要注意的问题有：第一，分半信度一般以奇偶分半为宜，这样可以尽量做到两部分测验等值；第二，如果答案只有正确和错误两种，得分也只有两种，可以用库德尔-理查森公式来计算内部一致性系数。

（2）α 信度系数及计算方法。

α 信度系数主要适用于论文式测验的评分。此类测验没有严格的评分标准，对同一题目，不同的应试者回答和得分都不一样，所以无法用上述公式进行计算，而要用克隆巴赫所创的 α 信度系数公式：

$$\alpha=\frac{K}{K-1}\left(1-\frac{\sum S_i^2}{S_{t^2}}\right) \tag{5.6}$$

式中，K 为题目数，S_i^2 为每题各应试者得分的方差之和，S_{t^2} 为每个被试者所得总分的方差。从公式中可以看出，α 系数评价的是量表中各题项得分间的一致性，属于内在一致性系数。这种方法适用于态度、意见式问卷（量表）的信度分析。

例题 5-3

有一个包含 5 个论文式题目的测验，对 3 个被试者施测，得分如表 5-4 所示，试求该测验的信度。

表 5-4　3 名考生论述题评分统计表

题号	考生 1	考生 2	考生 3	$\sum$	S_i^2
1	9	10	10	29	0.33
2	8	15	9	32	14.33
3	6	12	8	26	9.33
4	10	11	9	30	1
5	9	10	7	26	2.33
总和	42	58	43		

解答　先求每题各应试者得分的方差 S_i^2（表格中各行分数的方差），再求每题各应试者得分方差之和 $\sum S_i^2=27.32$，并求出所有应试者各自总分的方差 $S_t^2\approx 80.33$，将各相关数据代入公式 5.6。

$$\alpha=\frac{K}{K-1}\left(1-\frac{\sum S_i^2}{S_{t^2}}\right)=\frac{5}{5-1}\left(1-\frac{27.32}{80.33}\right)\approx 0.83$$

α 信度系数约为 0.83，表明该测验的信度较高。

4. 评分者信度及计算方法

评分者信度（scorer reliability）一般用评分者信度系数来表示，即不同评分者对同一份问卷给出不同分数，求不同评分者分数之间的相关系数。评分者信度一般针对主观性的测验题目，如论文、作文、艺术作品等。由于这些测验没有固定的答案，受评分者的主观意志影响较大，实现客观计分比较困难，因此必须考虑评分者之间的一致性。评分者信度根据评分者人数以及评分的形式不同，选择不同的公式进行计算。

（1）斯皮尔曼等级相关系数。

如果一个测验是由两位评分者按照各自的评分标准与等级进行计分，评分者信度可以用测验结果的两个等级之间的相关系数来表示。

其计算公式为：

$$r_s = 1 - \frac{6\sum D^2}{N(N^2-1)} \tag{5.7}$$

式中，r_s表示斯皮尔曼等级相关系数，N 表示样本容量，D 表示成对数据的等级之差。

例题 5-4

两个评分者对 10 名学生的美术作品进行评分（见表 5-5），试分析两位评分者的一致性程度。

表 5-5　两个评分者对 10 名学生美术作品的评分情况

学生编号	甲评分者		乙评分者		等级差数	差数平方
	X	等级	Y	等级	D	D^2
1	2	1	3	1	0	0
2	3	2	5	3.5	−1.5	2.25
3	4	3.5	7	7.5	−4	16
4	4	3.5	5	3.5	0	0
5	5	5	4	2	3	9
6	6	6.5	8	9.5	−3	9
7	6	6.5	8	9.5	−3	9
8	8	8	6	5.5	2.5	6.25
9	9	9	7	7.5	1.5	2.25
10	9	10	6	5.5	4.5	20.25
总和						74

解答　该测验是由两位评分者对被试者的作品进行的等级评定，所以适合用斯皮尔曼等级相关系数表示评分者信度。先根据公式计算出各个被试者的等级差 D，以及差数平方 D^2，再将相关数据代入公式 5.7 计算。

$$r_s = 1 - \frac{6\sum D^2}{N(N^2-1)} = 1 - \frac{6\times 74}{10\times(100-1)} \approx 0.56$$

等级相关系数约为 0.56，说明评分者信度不高。

（2）肯德尔和谐系数。

肯德尔和谐系数适用于分析有两列以上且变量值是顺序水平的数据，即对测验进行评定的评分者为两个以上时，其计算公式是：

$$r_w = \frac{S}{\frac{1}{12}K^2(N^3-N)} \tag{5.8}$$

式中，K 表示变量个数，即评定者数或评定次数；N 表示样本容量；S 表示每题等级之和的离均差的平方和。

例题 5-5

5 位评委对 8 篇论文进行评定（见表 5-6），试分析该测验的评分者信度。

表 5-6　5 位评委对 8 篇论文进行评定的排序结果

文章编号	5 位评委所排名次				
	评委 1	评委 2	评委 3	评委 4	评委 5
1	6	6	6	8	7
2	7	7	7	7	8
3	3	2	3	1	3
4	5	3	4	4	6
5	4	5	5	5	4
6	1	1	2	2	2
7	6	8	8	6	5
8	2	4	1	3	1

解答　根据题意，可以运用肯德尔和谐系数进行计算。先计算各题的等级和，再计算 $\sum R_i=90$，$\sum R_i^2=3\,078$，$S=882$，将相关数据代入公式 5.8：

$$r_w=\frac{S}{\frac{1}{12}K^2(N^3-N)}=\frac{882}{\frac{1}{12}\times5^2\times(8^3-8)}=0.84$$

肯德尔和谐系数为 0.84，表明 5 位评委的评定结果一致性程度较高。

该例题还可以运用斯皮尔曼等级相关系数进行两两分析，然后通过最终的相关矩阵反映分析的结果。其统计分析的过程与肯德尔相关分析过程基本一致，分析结果可能不完全相同，但在相关程度上并没有实质性的变化，反而是从另一个角度验证了肯德尔相关分析的结果。斯皮尔曼等级相关系数和肯德尔和谐系数都属于等级相关系数，它们的优点是：不受变量分布特点的限制（不管是否是正态分布，也不管是否是连续变量）；不受样本 N 的大小的限制，当 $N<30$ 时使用更为简便。但缺点是把精确测得的度量资料变为等级资料后，由于丢掉一些信息而使计算出的相关系数的准确度低于积差相关系数。

在实际的教育测验中，往往会产生各种测验误差，从而导致测验信度不高。因此，有必要通过分析影响测验信度的误差，来寻找提高测验信度的途径。

三、提高测验信度的途径

测验信度是测验过程中随机误差大小的反映，随机误差大，信度就低；随机误差小，信度就高。因此在测量过程中凡是能引起测验随机误差的因素都会影响测验信度，具体包括以下四个方面：

（一）测验工具方面

1. 测验工具对测验信度的影响

首先是测验长度即测验题目的多少对测验信度的影响。一个测验的题目越少，被试者的得分越容易受偶然因素的影响，因此测验的信度就越低。反之如果测验题目较多，即测验长度延长，被试者得分范围相应扩大，可在一定程度上排除偶然因素的影响，从而提高测验信度。但是测验长度的增加并不是等比例地提高信度系数。当信度系数本身较小时，延长测验长度，信度系数增加较大；当信度系数已经较大时，延长测验长度对信度系数的影响就较小了。从用分半信度法求出的信度系数低于整个测验信度系数也可以看出这点。在斯皮尔曼-布朗校正公式中：

$$r_{tt}=\frac{k\,r_{xy}}{1+(k-1)\,r_{xy}}$$

k 为变化后的测验长度与原长度之比例。假设原有 20 个题目，现在加至 40 题，且原测验值为 0.7，则

$$k=\frac{40}{20}=2$$

$$r_{tt}=\frac{2\times0.7}{1+(2-1)\times0.8}\approx0.78$$

可见，当测验长度加大时，测验的信度也随之增大，因此可以通过增加测验长度来改进测验的信度。

其次是测验的难度对信度的影响。若测验题目对于被试者总体而言过难，以致每个被试者大量猜测，则所有被试者的总分接近于随机分布，其变差大部分为误差变差，其信度就低。但是，如果测验题目过易，被试者所得分数离差越小，信度就越低。

2. 改进测验工具的措施

（1）适当增加测验的长度。在增加长度时须注意：增加的新题目必须与原始卷中的所有题目同质，即新增题目与原题目在形式上保持一致，新的题目必须与原题目所测量的对象保持一致。另外，在延长测验长度时，还需考虑其他因素的影响，如被试者在回答问题时是否疲倦或产生厌烦情绪，是否节省时间、物力和财力，题项是否符合测验目的等。

（2）使测验中题目的难度接近正态分布，并控制在中等难度。因为难度适中能使测验的信度达到最大，也能使测验的区分度达到最大。

（二）测验过程方面

1. 测验过程对测验信度的影响

测验过程中的环境、时间、施测的程序等都直接影响着测验信度。实施测验时，环境是否安静、光线和通风情况是否良好、所需设备是否齐全、桌面是否合乎被试者要求等都可能影响测验信度。在测验程序方面，开始时的指导语、回答问题的方式、问卷的分发与回收方法、测验时间的掌握、两次测验的时间间隔等也会影响测验的信度。计算

重测信度、稳定性系数与等值性系数时，两次测验间隔时间越短，其信度值可能越大；两次测验间隔时间越长，其信度值可能会越小。

2. 完善测验过程的措施

首先，为被试者营造一个舒适、明亮、开放的测验环境。其次，保证测验的时间充足。对某一测验而言，应保证绝大多数被试者在规定时间内能完成测验，否则，如果被试者不能从容回答所有问题，就不能反映被试者的真实水平。同时，每次测验的程序应该尽量保持一致，包括分发和回收试卷的方法等都要统一。另外，计算重测信度、稳定性系数与等值性系数时，两次测验的时间间隔依照测验目的、性质及被试者特点而定。年幼儿童，间隔要小；年长群体，间隔可大。智力测验的间隔不能太短，成就测验的间隔不能太长。一般间隔时间不超过六个月，既不能让被试者记住上一次测验的内容，又不能让其特质发生变化，或对所学知识产生遗忘。

（三）被试者方面

1. 被试者对测验信度的影响

就被试个体而言，其身心状况、应试动机、注意水平、作答态度等会影响测验信度。就被试团体而言，团体的异质程度与测验分数的分布密切相关。在常模参照测验中，测验的目的在于测量个体差异，因此被试者团体越是异质（内部相差水平较大），其分数分布的范围越广，计算出来的信度系数值越高。当团体同质（内部水平相差不大）时，其得分分布必然会狭窄，以相关为基础计算出来的信度值必然小。例如，一个适合于初中水平的能力测验，若从七、八、九年级中抽取样本进行测验，那么用所得分数算出来的信度系数，要比从同一个年级中抽取样本计算出的信度系数高。此外，若团体的平均分数太高或者太低，同样会使得测验的总分分布变窄，从而低估测验的真正信度。

2. 选择被试者的方法

就被试者个体而言，主试者应采取措施使被试者具有参加测验的强烈动机，提高其积极性，使其保持旺盛的精力，这对提高测验信度有一定作用。就被试者团体而言，在取样过程中，应尽可能使得所取样本具有代表性，以免被试者过于同质，从而改进信度指标。要加大被试者间某种特性的差异，可扩大样本和坚持随机抽样，其中分层抽样的方式将更有助于扩大被试者的差异，从而有望产生较大的信度。

（四）主试者方面

1. 主试者对测验信度的影响

主试者若不按指导手册中的规定施测，或故意制造紧张气氛，或给被试者一定的暗示、协助等，测验信度会大大降低。就阅卷评分者而言，评分是否客观对测验信度有直接的影响。若评分标准掌握不一，或前后标准不一，甚至随心所欲，则也会降低测量的信度。

2. 主试者的改进措施

主试者应该严格按照要求去做，不能故意制造紧张气氛或给被试者任何暗示。评分者要做到客观评分、标准统一。对于客观性题目，评分标准明确，评分容易做到客观；但对于主观性题目，评分者影响较大，为了尽可能客观评分，应制定明确而易掌握的评分标准，尽量做到一卷多评，或一人只评一题等。

第三节　测验的效度

对于任何一种测验而言，信度都是必不可少的条件，但并非唯一条件。而对教育测验来说，效度显得更为重要。

一、效度的内涵及意义

效度（validity）是指测验结果的有效性或者准确性程度，它反映的是测验预期目的的达成度。如一个小学数学测验的成绩若同时受到数学能力和语文能力（读懂题意的能力）的影响而导致被试者的分数较低，则不能认为实际所要测量的数学能力这一心理特质水平就低，因此该数学测验并未达到预期的测验目的，可以说该测验效度较低。如果用方差术语来描述效度，效度是在测量中的目标真分数方差与观察分数方差之比率。

$$r_{xy} = \frac{\delta_v^2}{\delta_x^2} \tag{5.9}$$

式中，r_{xy} 表示测验的效度系数，δ_v^2 表示目标真分数方差，δ_x^2 表示观察分数方差。

可以从以下几个方面来理解效度：

第一，对于一个测验而言，效度回答了两个基本问题：首先，该测验是否测量到了它要测量的东西，即测量的效度。其次，该测验对它所测量的东西测量到了什么程度，它是否可以用于制定精确的决策，即用于决策的效度。

第二，效度是个相对概念，它的相对性主要表现在以下两个方面：首先，效度是相对于测量目的而言的。一个测验或量表是否有效主要看它是否达到了测量的目的。如一个综合能力测验，如果最终实际测量的不是综合能力而是解题能力，那么测验的效度就低。其次，效度只有程度上的差异，而不是“全”或“无”的差异。如测验学生的英语口语能力，不管测验形式有多大的差异，测验结果总有一定的效度，只是效度高低不同罢了。

第三，效度与信度关系密切。根据公式 $\delta_x^2 = \delta_v^2 + \delta_I^2 + \delta_E^2$，即观察分数的方差 δ_x^2 应等于目标真分数方差 δ_v^2、非目标真分数方差 δ_I^2 和随机误差方差 δ_E^2 之和。根据信度和效度的理论定义，可以得到信度和效度的关系主要表现在以下两个方面：首先，信度高是效度高的必要条件。信度提高只给目标真分数方差 δ_v^2 的增加提供了可能，至于是否提高效度 $\frac{\delta_v^2}{\delta_x^2}$，还要看观察分数方差 δ_x^2 的大小，因此，信度高不一定效度高。但是效度高，目标真分数方差 δ_v^2 必须占比较大的比重，则信度必然高。其次，测验的效度受测验信度的制约。根据效度和信度的定义，可以得到效度的最大值不会超过信度值的平方根，效度值不可能超越信度值。

各种测验都存在效度问题，但效度在教育与心理测验领域远比在其他领域更为重要。因为，教育测验的对象大多是精神和意志现象，属于间接测验，测验工具能否真正测到被试者的某种特性，绝非一目了然的事情。而且，教育测验的对象是具有主观能动性的人，被试者可以有意识地调节自己的外部行为从而掩饰某种内心活动，这也为测验增加了难度。因此，效度已经成为选择和评鉴教育测验质量的重要指标之一。

二、效度的计算方法

根据效度的理论公式不能直接计算出测验的效度，为此必须采取其他方法来估计测验的效度。美国心理学会 1974 年发行的《教育与心理测量的标准》一书，正式将效度分为内容效度（content validity）、结构效度（construct validity）和效标关联效度（criterion related validity）。内容效度一般用逻辑分析法进行估计。结构效度主要适用于心理测验效度的确定，是指测验成绩能够解释心理学理论上的某种结构或者特质的程度。效标关联效度是指测验分数与作为效标的另一独立测验结果之间的一致性程度。相关分析是确定效标关联效度最为普遍的方法，其基本思想是求测验分数与效标分数之间的相关系数。

（一）内容效度及其估计方法

内容效度是指一个测验实际测到的内容与所要测的内容之间的吻合程度，也可以说是测验的题目对测验内容范围的代表程度。以测量学生的数学成绩为例，“所要测的内容”是指数学教学大纲规定的教学内容，“实际测到的内容”是指学生学习之后对教材知识的记忆、理解和应用。如果一份数学测试卷的题目能恰当地代表数学教学大纲的全部内容，那么学生的测量分数就能正确反映学生的学习成绩，因此可以说该测验具有较高的内容效度。但是，在实际的测验中，内容效度是一个相当复杂和不易解决的问题。如果仅用几个或几十个测验题来代表全部教材内容，而且不仅要形式上涵盖所有教学内容，在实质上也应包含学生对知识的记忆、巩固、理解和应用等多个方面，这是比较困难的。内容效度主要应用于成就测验、职业选拔和分类测验。

目前对内容效度还没有恰当的计算方法，尚不能用一个简单的数字描述测验题目与全部学习内容之间的关系，而是通常用题目分布的合理性来判断，其主要的估算方法包括以下两种：

第一，专家分析的方法。其工作思路是请专家对测验题目与原定内容范围的吻合程度作出判断。步骤如下：

首先，明确测验目的及测验内容的范围，指出应形成的技能名称。

其次，确定每个题目所测的内容，并与测验编制者所列的命题双向细目表对照。

最后，制定评定量表，考察题目对所定义的内容范围的覆盖率，判断题目难度与能力要求之间的差异等。

第二，克隆巴赫认为，内容效度也可以进行数量的估计。例如采用再测法，即对学生学习知识前后施测，如果后测成绩显著优于前测成绩，则说明该测验对于这部分知识学习而言具有高的内容效度。还可以运用复本法，从同一个教学内容总体中抽取两套独立的平行测验，用这两个测验来测同一组被试者，计算出它们的相关系数，把这个相关系数作为内容效度的数量估计。

第三，经验法。如果总分和题目的通过率随着年级的升高而增高，则说明测验对于教学有内容效度。

（二）结构效度及其估计方法

结构效度是指一个测验实际测到所要测量的理论结构和特质的程度，或者说测验分数能够说明所要测量的理论结构和特质的程度。结构效度首先取决于事先假定的心理特质的结构理论，如关于智力、焦虑、成就、动机等的理论，这些结构理论是在大量实验研究和逻辑分析的基础上建立的。例如，美国耶鲁大学的斯滕伯格和波维尔通过调查研究和因素分析，确定了智力结构的三种主要因素：语言能力、解决问题的能力和实践能力。如果根据这种理论编制的智力测验，确实能测出应试者的语言能力、解决问题的能力和实践能力，那么就可以认为所编制的测验具有结构效度。结构效度主要应用于智力测验、人格测验等一些心理方面的测验。

确定结构效度的基本程序如下：首先，对所研究的心理特质的结构进行界定；其次，依据理论框架，提出可能的假设；最后，收集数据，验证假设。

以智力测验为例，首先要界定关于智力的一套结构理论，如智力的定义、结构、发展曲线、与环境的关系、与遗传的关系等等。然后根据这些理论提出相关的假设，譬如：（1）不同年龄的人的智力构成因素是不同的；（2）智力各因素有着独立的功能；（3）测验分数在 16 岁以前随年龄的增长而增加；（4）智力与学业成正相关；等等。根据上述假设编制智力测验后，收集测验材料来验证假设。如果测验结果支持假设，则可以认为所编制的智力测验的结果与智力的理论结构符合，即有结构效度。如果假设没有得到测验结果的支持，就表明该测验结构效度不高或者智力结构的理论有缺陷。由此也可以看出结构效度是通过测量什么、不测量什么的证据累积起来确定的，因而不可能由单一的数量指标来描述结构效度。

（三）效标关联效度及其估计方法

效标关联效度是指测验对个体的效标行为表现进行估计的有效程度，又称为经验效度或统计效度。效标效度的高低用测验分数和效标之间的相关系数来表示。所谓效标，就是衡量一个测验是否有效的外在标准，是所要预测的行为，它通常以另一个独立测验的结果来表示。例如，若用一个测验来预测学生的高考成绩，那么学生高考成绩就作为本测验的效标。

根据收集效标的时间，效标效度可以分为同时效度和预测效度。同时效度的效标资料与测验资料是同时获得的，主要用于诊断现状，如用全国英语高考作为效标，来检验英语会考的考试成绩；预测效度的效标资料后于测验资料获得，主要用于检验某项测验对预测某种行为表现的有效性程度，如用高中一年级的成绩作为效标来检验初中毕业考试的成绩，计算两者的相关系数就是初中毕业考试的预测效度。效标关联效度的计算方法分为以下三种：

1. 相关法

相关法是确定效标关联效度最为普遍的方法。其思路是计算测验分数与效标分数之间的相关系数，可以是积差相关系数、等级相关系数或者二列相关系数等。

例题 5-6

一位教师自编一套英语模拟试题，并对 14 名学生进行了测试。该教师想用这次测试来预测学生一年后的英语四级考试成绩。教师自编的英语测验按百分制评分；一年后的四级考试，按分数把学生分为通过（计 1 分）与未通过（计 0 分）两类评定。两次测验分数如表 5-7 所示，估计该教师自编测验的预测效度。

表 5-7　14 名学生两次英语测试成绩统计表

学生	自编测验分数 X	一年后测验分数 Y	X^2
$N=14$	$\sum X=520$	$\sum X_p=439$；$\sum X_q=81$	22 880

解答　根据题意，教师自编测验的分数为预测分数，一年后四级考试测验分数为效标分数，通过分析测验分数和效标分数之间的相关关系，可以确定自编试卷的效标关联效度。由于两列变量中一列为连续变量，另一列为人为二分变量，故选用点二列相关。代入点二列相关系数公式：

$$r_{pb}=\frac{\overline{X}_P-\overline{X}_q}{S_t}\cdot\sqrt{pq}=\frac{39.91-27}{15.96}\times\sqrt{0.79\times0.21}\approx0.33$$

查相关系数检验表可知，$r_{(12)0.05}=0.532$，$r_{pq}\approx0.33<r_{(12)0.05}=0.532$，两次测验的相关系数较小，说明自编测验的预测效度较低。

2. 分组法

分组法先将效标分数按规定的分数线进行分组，然后考察组与组之间原测验分数的差异是否显著。如果经检验差异显著，则可以认为原测验效度达到了要求。这种差异显著性检验受总体分布情况、样本容量等的影响，所以根据不同情况，需要选择不同的检验方法。

如果样本 $n\geqslant30$，其估算公式为：

$$z=\frac{\overline{X}_1-\overline{X}_2}{\sqrt{\frac{S_1^2}{n_1}+\frac{S_2^2}{n_2}}} \tag{5.10}$$

如果样本 $n<30$，就用小样本 t 检验方法，其估算公式为：

$$t=\frac{\overline{X}_1-\overline{X}_2}{\sqrt{\frac{(n_1-1)S_1^2+(n_2-1)S_2^2}{n_1+n_2-2}}\sqrt{\frac{1}{n_1}+\frac{1}{n_2}}},\ df=n_1+n_2-2 \tag{5.11}$$

式中，$\overline{X}_1$ 和 $\overline{X}_2$ 分别为两组样本的平均数，n 为样本容量，S 为总体标准差的估计值，S_1^2 和 S_2^2 分别为两组样本的方差的近似值，df 为自由度。

例题 5-7

某中学初三有 97 名学生，欲研究他们入学前数学试卷的效度，将这 97 名学生期末数学成绩以 70 分作为分割线分成高分组和低分组，期末测验具体数据如表 5-8 所示，试分析入学前数学测试卷的效度是否达到要求。

表 5-8 低分组与高分组结果统计表

组别	人数	$\overline{X}$	S
高分组	51	85.14	15.76
低分组	46	73.88	13.30

解答 根据题意，样本容量 n_1 和 n_2 都大于 30，所以可以采用 Z 检验。

$$z=\frac{\overline{X}_1-\overline{X}_2}{\sqrt{\frac{S_1^2}{n_1}+\frac{S_2^2}{n_2}}}=\frac{85.14-73.88}{\sqrt{\frac{15.76^2}{51}+\frac{13.30^2}{46}}}\approx 3.82$$

确定 $\alpha=0.05$，查正态分布表，在双侧检验情况下，界限值 $Z_{\alpha/2}=1.96$。由于计算的统计量 $z\approx 3.82>Z_{\alpha/2}$，$P<0.05$，因此，样本平均数与已知总体平均数间有显著差异，则可以认为原测验效度达到了要求。

3. 预期表法

预期表法是将原测验分数和效标测量绘制成双维图表，并将每个变量按水平分成若干档次，然后列出每个档次上的人数百分比。将实得分数与效标资料分数进行对照，其吻合程度便可作为效度指标。

三、提高测验效度的途径

不同的测验对效度系数有不同的要求。例如，测验分数与教师对学生的等级评定之间的效度系数一般为 0.30～0.50；相同科目的标准测验成绩与教师对学生名次排列之间的相关系数一般应达到 0.60～0.70；两种不同智力测验或标准测验之间的相关系数应达到 0.60～0.80，才能符合要求[①]。要让测验达到这样的效度标准，就必须通过分析影响效度的因素，来探讨提高效度的途径。

（一）测验工具方面

首先是测验项目的数量会影响测验的效度，其次是测验项目的质量直接影响测验效度。如果测验项目不能够比较好地代表所要测验的内容和结构，测量的内容效度和结构效度必然不高。如果一项智力测验内容以记忆性的知识为主，那么其结果在很大程度上测验的是被试者已有知识水平，而不是智力水平。同时，题目语意不清，指导语不明确，题目太难或太易，题目安排不当等都会降低测验效度。

① 胡中锋．教育测量与评价．广州：广东高等教育出版社，2006.

因此，研究者要精心编制测验量表，避免出现比较大的系统误差。首先，测验内容要与测验目的匹配，项目不仅在形式上要体现测验目的，在内容实质上也要确实可以测出所要测量的某种能力（如语言能力、解决问题能力等）。其次，测验题目必须表述清楚，不能引起歧义，内容还要尽量能引起被试者的兴趣。最后，测验题目难度要尽量做到适中，有足够的区分度。

（二）效标的性质

选择适当的效标是统计效度的先决条件，如果因为选择的效标不当，以致测验的效度不能显现出来，那么测验的价值就可能体现不出来。一个测验因其所采用的效标不同，其效度可能大相径庭。

效标是用来衡量测验效度的尺度，因此效标必须确实能够反映某个方面的特性和功能。一个好的效标测量不仅随着测验的种类不同而不同，还可能随着时间的改变而改变。总体而言应符合以下条件：

（1）必须真实地反映关联效标的重要侧面；

（2）必须可靠稳定；

（3）必须客观，不存在偏见；

（4）在保证有效性的前提下，尽量简单省时、代价低。

（三）样本的性质

首先是样本的容量。如果样本容量过小，计算出的相关系数意义不大，用这样的相关系数表示的效度是不可靠的。其次是样本本身的性质。即使是同一测验，如果对不同的样本施测，测验结果可能是完全不同的，如一项技能测验，对于接触过该项技能的被试者而言测出的是模仿记忆能力，而对于没有接触过的被试者而言测出的则是动手操作能力和解决问题的能力。再次，样本团体的年龄、职业、受教育水平、家庭环境及其他任何个体的特征都有可能对效度资料的获得产生影响。最后，样本在施测过程中的动机、情绪、态度和兴趣以及身体状况都会影响测验结果的可靠性和正确性。

为了尽量减少样本性质对测验效度的影响，可以加大样本容量，从而增加样本对总体的代表性，让随机误差相互抵消，使测量更可靠。同时样本大了，被试者差异就加大了，潜在真分数的方差也随之增大，效度也就提高了。另外，应该尽量通过随机选取的方法获得样本。

（四）测量的信度

如前所述，测验的效度并不独立于信度而存在，而是受信度的影响。虽然，提高信度只是提高效度的必要条件，但提高信度对于测验效度的改进有益无害，因此，改进信度指标的所有途径都可用于效度指标的改进。

最后，创设标准的测验环境，妥善组织测验，控制随机误差，对于改进效度指标也是必不可少的。

第四节　SPSS 在教育测验质量评估中的应用

一、运用 SPSS 计算教育测验的信度

量表的使用是为了了解被测对象的某一特征，因而在编制一份量表时，所设立的一系列项目旨在体现量表需要测验的这一特征，如果设立的测验项目无法获得这一特征，则表示该量表的可靠性差，即信度低。这里以分析一份试卷的内部一致性系数为例，对 SPSS 在信度分析中的应用进行介绍。

（一）研究问题

2021 年 3 月 6 日，习近平总书记在看望参加全国政协十三届四次会议的医药卫生界教育界委员时发表重要讲话指出："教师是教育工作的中坚力量。有高质量的教师，才会有高质量的教育。"教师素养直接关系到教育质量。在互联网思维成为一种不可逆趋势的现实际遇下，教师必须增强自身信息素养，以应对"互联网 ＋ 教育"带来的新一轮教育挑战。其中，教师的信息化学习力起到关键性作用，因为它既是教师进行信息化学习的起点，也是信息化学习内容转化为信息化教学能力的重要节点，影响信息化时代教师专业发展的高度和深度。然而，目前我国教师信息化素养的研究主要集中在信息技术应用和信息化教学能力等方面，关于信息化学习力的研究尚处于起步阶段①。基于此，为研究探索教师信息化学习力现状，并考察所编制测量问卷的性能，有研究者用包含了 20 个题项的量表对 200 名被试者进行试测，分析该测验的内部一致性系数。

（二）操作程序

1. 输入原始数据

步骤 1：启动 SPSS，进入 SPSS 数据编辑器界面。

步骤 2：定义变量。在 SPSS 数据编辑器界面，点击［变量视图］标签，在［名称］标题下定义编号（ID）、题号（Q1，Q2，Q3，…，Q20）、总分（Total）。在［类型］标题下定义各个项目的类型，其中编号为数字类型，宽度为 2；题号和总分均定义为数字类型，宽度为 5，小数位数为 0；在［测量］标题下定义各个项目的测量尺度，编号为名义，题号和总分为标度；其余各项均使用默认值（见图 5 - 4）。

步骤 3：录入数据。单击［数据视图］标签，将 200 份试卷按照各题的得分情况，从第一行第一列起直接输入各题得分及总分，依次每行输入一个被试者的得分（依据编号顺序）。录入数据后如图 5 - 5 所示。

---

① 杨磊，朱德全．教师信息化学习力测评模型的构建与应用．现代远距离教育，2019（6）：20 - 28.

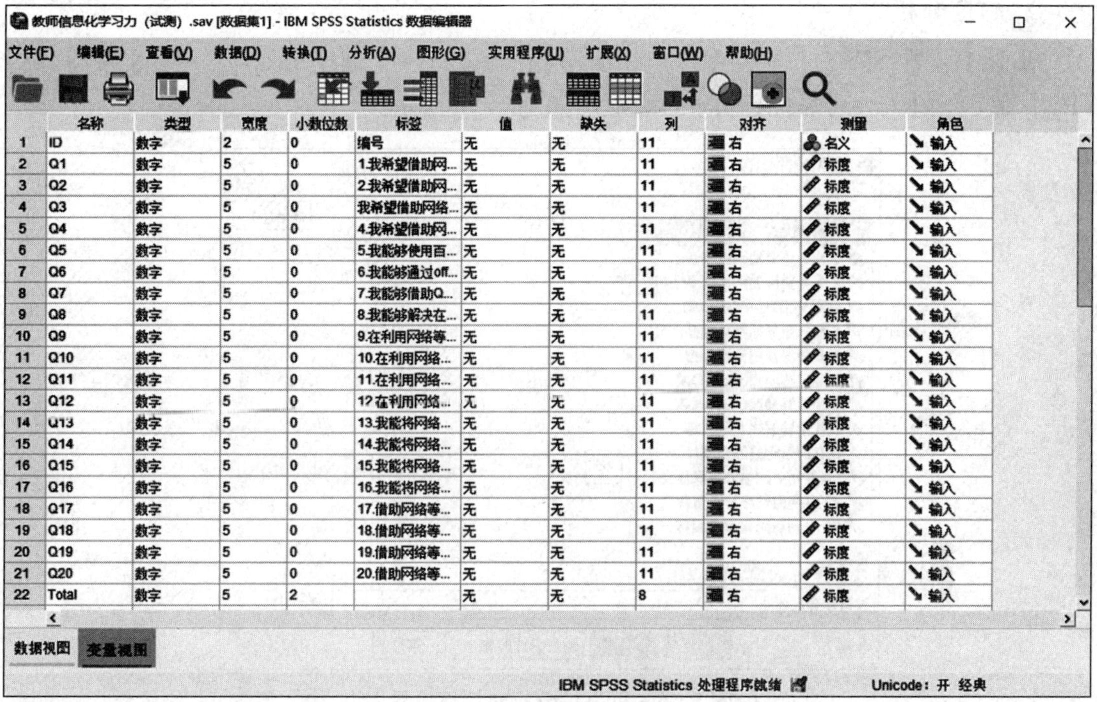

	名称	类型	宽度	小数位数	标签	值	缺失	列	对齐	测量	角色
1	ID	数字	2	0	编号	无	无	11	右	名义	输入
2	Q1	数字	5	0	1.我希望借助网...	无	无	11	右	标度	输入
3	Q2	数字	5	0	2.我希望借助网...	无	无	11	右	标度	输入
4	Q3	数字	5	0	我希望借助网络...	无	无	11	右	标度	输入
5	Q4	数字	5	0	4.我希望借助网...	无	无	11	右	标度	输入
6	Q5	数字	5	0	5.我能够使用百...	无	无	11	右	标度	输入
7	Q6	数字	5	0	6.我能够通过off...	无	无	11	右	标度	输入
8	Q7	数字	5	0	7.我能够借助Q...	无	无	11	右	标度	输入
9	Q8	数字	5	0	8.我能够解决在...	无	无	11	右	标度	输入
10	Q9	数字	5	0	9.在利用网络等...	无	无	11	右	标度	输入
11	Q10	数字	5	0	10.在利用网络...	无	无	11	右	标度	输入
12	Q11	数字	5	0	11.在利用网络...	无	无	11	右	标度	输入
13	Q12	数字	5	0	12.在利用网络...	无	无	11	右	标度	输入
14	Q13	数字	5	0	13.我能将网络...	无	无	11	右	标度	输入
15	Q14	数字	5	0	14.我能将网络...	无	无	11	右	标度	输入
16	Q15	数字	5	0	15.我能将网络...	无	无	11	右	标度	输入
17	Q16	数字	5	0	16.我能将网络...	无	无	11	右	标度	输入
18	Q17	数字	5	0	17.借助网络等...	无	无	11	右	标度	输入
19	Q18	数字	5	0	18.借助网络等...	无	无	11	右	标度	输入
20	Q19	数字	5	0	19.借助网络等...	无	无	11	右	标度	输入
21	Q20	数字	5	0	20.借助网络等...	无	无	11	右	标度	输入
22	Total	数字	5	2		无	无	8	右	标度	输入

图 5－4　定义变量窗口

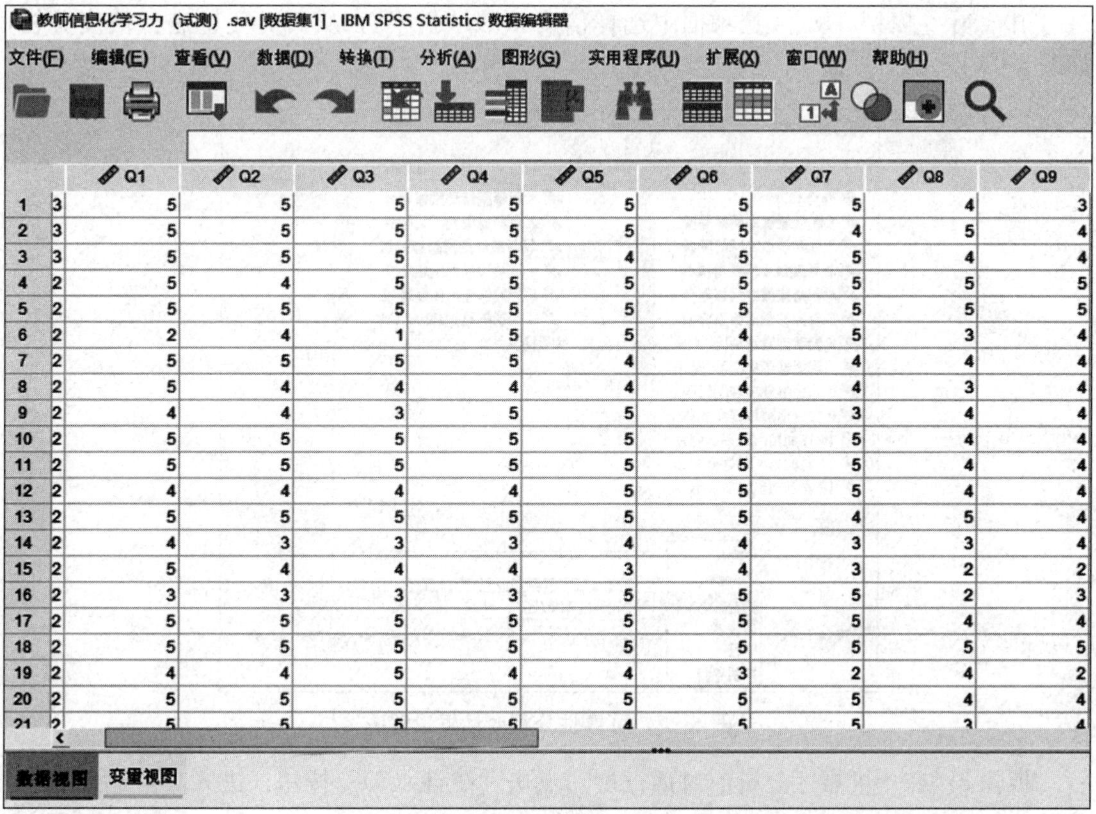

		Q1	Q2	Q3	Q4	Q5	Q6	Q7	Q8	Q9
1	3	5	5	5	5	5	5	5	4	3
2	3	5	5	5	5	5	5	4	5	4
3	3	5	5	5	5	4	5	5	4	4
4	2	5	4	5	5	5	5	5	5	5
5	2	5	5	5	5	5	5	5	5	5
6	2	2	4	1	5	5	4	5	3	4
7	2	5	5	5	5	4	4	4	4	4
8	2	5	4	4	4	4	4	4	3	4
9	2	4	4	3	5	5	4	3	4	4
10	2	5	5	5	5	5	5	5	4	4
11	2	5	5	5	5	5	5	5	4	4
12	2	4	4	4	4	5	5	5	4	4
13	2	5	5	5	5	5	5	4	5	4
14	2	4	3	3	3	4	4	3	3	4
15	2	5	4	4	4	3	4	3	2	2
16	2	3	3	3	3	5	5	5	2	3
17	2	5	5	5	5	5	5	5	4	4
18	2	5	5	5	5	5	5	5	5	5
19	2	4	4	5	4	4	3	2	4	2
20	2	5	5	5	5	5	5	5	4	4
21	2	5	5	5	5	4	5	5	3	4

图 5－5　录入数据图（部分）

2. 信度分析

步骤 1：在 SPSS 工具栏中，点击［分析（A）］→［刻度（A）］→［可靠性分析（R）］命令，进入［可靠性分析］对话框，如图 5-6 所示。

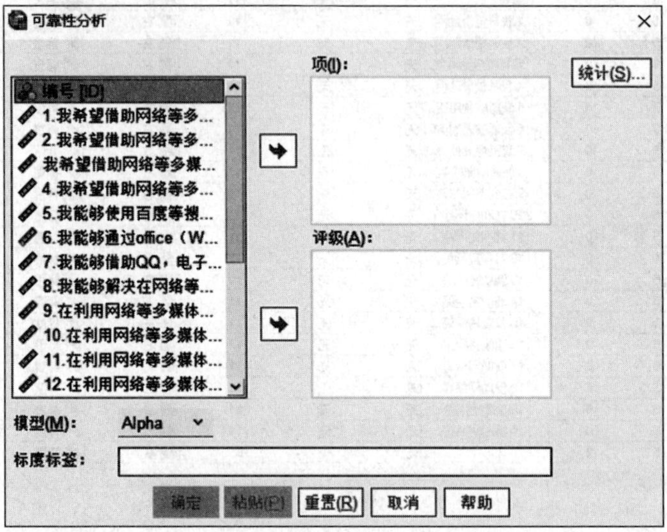

图 5-6　可靠性分析对话框设置图

步骤 2：在［可靠性分析］对话框中，将 Q1，Q2，Q3，…，Q20 全部选入［项（I）］中；在［模型（M）］选项框中选择信度系数“折半”，从而对变量进行信度分析，如图 5-7 所示。

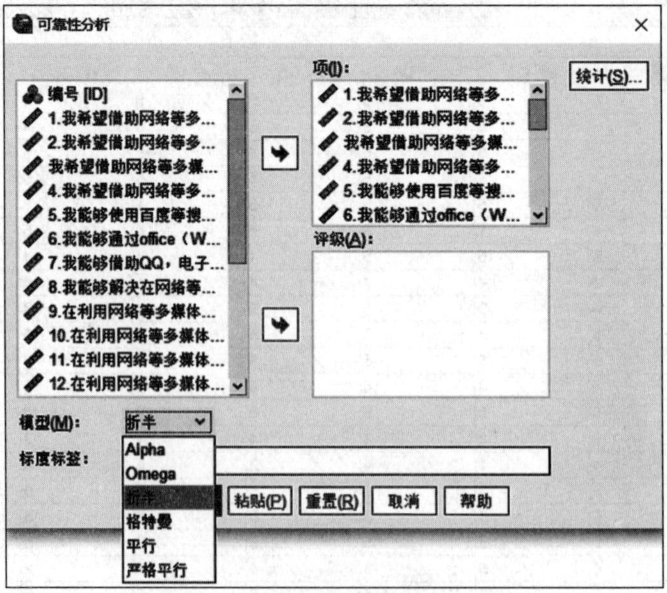

图 5-7　可靠性分析对话框设置图

步骤 3：在［可靠性分析］对话框中，点击［统计（S）］按钮，进入［可靠性分析：统计］复选框；在［描述］选项框中，勾选［删除项后的标度（A）］，如图 5-8 所示；

然后单击［继续（C）］按钮，回到［可靠性分析］对话框，单击［确定］按钮，即可执行信度分析程序。

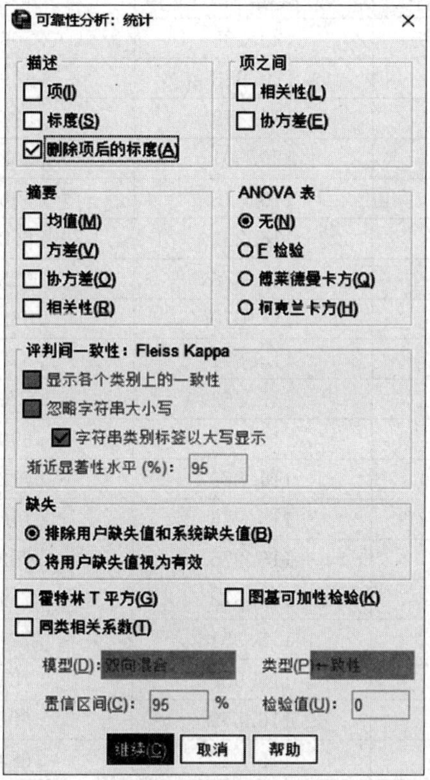

图 5－8　可靠性分析：统计复选框设置图

步骤 4：解读输出结果。从表 5－9 可以看出，在分析该测验的内部一致性信度时我们将 20 个题项分成了 Q1～Q10 和 Q11～Q20 两个部分，两部分的相关系数为 0.806，可以说该测验有较高的信度。具体各个题项的情况如表 5－10 所示。

表 5－9　可靠性分析运行结果

克隆巴赫的 α 系数	第一部分	值	.884
		项数	10[a]
	第二部分	值	.939
		项数	10[b]
	总项数		20
形态之间的相关性			.683
斯皮尔曼-布朗系数	等长		.811
	不等长		.811
格特曼折半系数			.806

a：题项为 Q1，Q2，Q3，Q4，Q5，Q6，Q7，Q8，Q9，Q10。
b：题项为 Q11，Q12，Q13，Q14，Q15，Q16，Q17，Q18，Q19，Q20。

表 5-10 可靠性分析各题项情况

	删除项后的标度平均值	删除项后的标度方差	修正后的项与总计相关性	删除项后的克隆巴赫 α 系数
Q1	75.57	120.236	.506	.941
Q2	75.54	120.983	.499	.941
Q3	75.60	119.779	.517	.941
Q4	75.54	120.501	.508	.941
Q5	75.59	118.546	.596	.940
Q6	75.61	116.269	.660	.939
Q7	75.66	116.678	.628	.939
Q8	76.30	114.070	.662	.939
Q9	76.06	115.841	.698	.938
Q10	76.29	117.363	.576	.940
Q11	76.21	115.541	.699	.938
Q12	76.23	114.829	.712	.938
Q13	76.10	115.956	.718	.938
Q14	76.04	116.275	.752	.937
Q15	76.04	115.878	.774	.937
Q16	76.31	115.331	.727	.938
Q17	76.35	115.936	.701	.938
Q18	76.32	116.579	.692	.938
Q19	76.27	115.937	.684	.938
Q20	76.41	116.052	.665	.939

在表 5-10 中，第一列数据“删除项后的标度平均值”为删除该题后总量表的平均值；第二列数据“删除项后的标度方差”为删除该题后的方差；第三列数据“修正后的项与总计相关性”为某题项与其余 19 题题项加总后的积差相关，如果相关系数低于 0.4，表明该题项与其余题项的相关为低度关系，与其余题项所要测量的潜在特质同质性不高①，可以考虑将该题项删除，本量表中所有题项的相关系数均大于 0.4，可以考虑均保留；第四列数据“删除项后的克隆巴赫 α 系数”为删除该题项后的分半信度系数，如果此值突然变大，表示将该题项删除后可提高分半信度系数。需要注意的是，如果要提高量表的信度，除了增删题项，还可对题项进行完善，重新测试。

二、运用 SPSS 计算教育测验的效度

（一）研究问题

仍然以“教师信息化学习力现状”的调查研究为例，试分析该测验效度。

① 吴明隆．问卷统计分析实务：SPSS 操作与应用．重庆：重庆大学出版社，2010：187.

（二）操作程序

步骤 1：运行 SPSS，打开数据文件“教师信息化学习力 . sav”，根据信度分析结果优化题项。依次单击［分析（A）］→［降维（D）］→［因子（F）］命令，进入［因子分析］对话框，将优化后的题项 Q1，Q2，Q3，…，Q20 全部选入［变量（V）］中，如图 5 - 9 所示。接下来几个步骤就是依次对该对话框下方的几个参数进行设置。

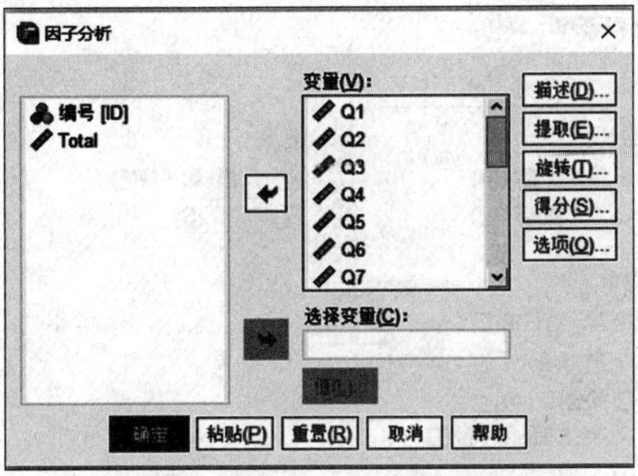

图 5 - 9　因子分析对话框设置图

步骤 2：设置描述性统计量。在［因子分析］对话框中，单击［描述（D）］按钮，进入［因子分析：描述］复选框。在该复选框中，有［统计］和［相关性矩阵］两个选项框。在第一个选项框中，选择［初始解（I）］项，可以显示初始分析结果，包括因素分析未转轴前之共同性特征值、方差百分比以及累计百分比。在第二个选项框中，选择［KMO 和巴特利特球形度检验］项，可以显示 KMO 抽样适当性参数与巴特利特球形度检验，此选项数据可以判断量表是否能进行因素分析，如图 5 - 10 所示。最后单击［继续（C）］按钮，回到［因子分析］对话框。

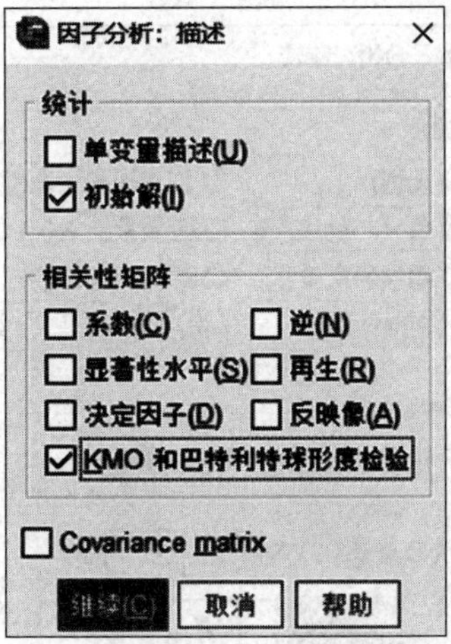

图 5 - 10　因子分析：描述复选框设置图

步骤 3：设置因素提取法。在［因子分析］对话框中，单击［提取（E）］，进入［因子分析：提取］复选框。在［方法（M）］（因素提取方法）选项框中选择［主成分］；在［分析］选项框中选择［相关性矩阵（R）］，即使用相关性矩阵进行分析；在［显示］选项框中，选择［未旋转因子解（F）］和［碎石图（S）］，即可以用陡坡图来显示未旋转前的解；在［提取］选项框中，选择［基于特征值（E）］，后面默认数字 1，表示因素提取时，以特征值大于 1 作为因素提取的标准，如图 5－11 所示。最后单击［继续（C）］按钮，回到［因子分析］对话框。

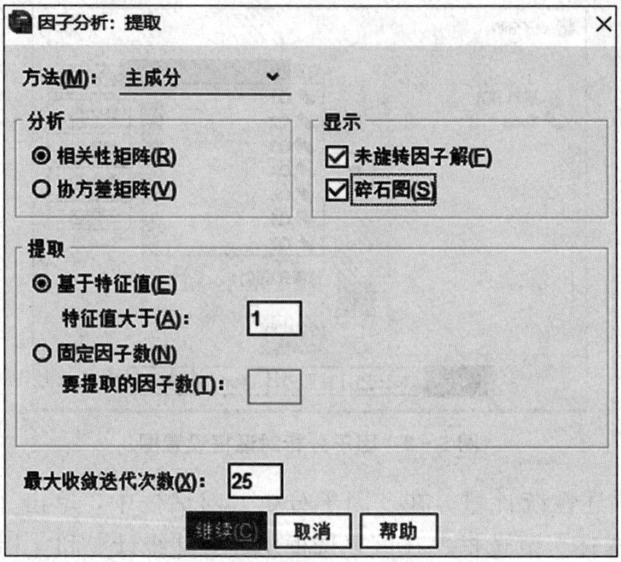

图 5－11　提取复选框设置图

步骤 4：设置因素旋转法。在［因子分析］对话框中，单击［旋转（T）］，进入［因子分析：旋转］复选框。在［方法］选项框中选择［最大方差法（V）］；在［显示］选项框中选择［旋转后的解（R）］和［载荷图（L）］；其余为系统默认值，如图 5－12 所示。最后单击［继续（C）］按钮，回到［因子分析］对话框。

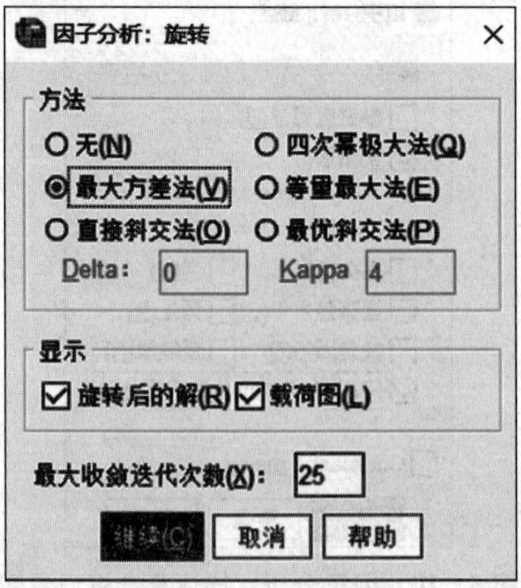

图 5－12　因子分析：旋转复选框设置图

步骤 5：设置得分。在［因子分析］对话框中，单击［得分（S）］，进入［因子分析：因子得分］复选框。在该复选框中取系统默认值，如图 5－13 所示。最后单击［继续（C）］按钮，回到［因子分析］对话框。

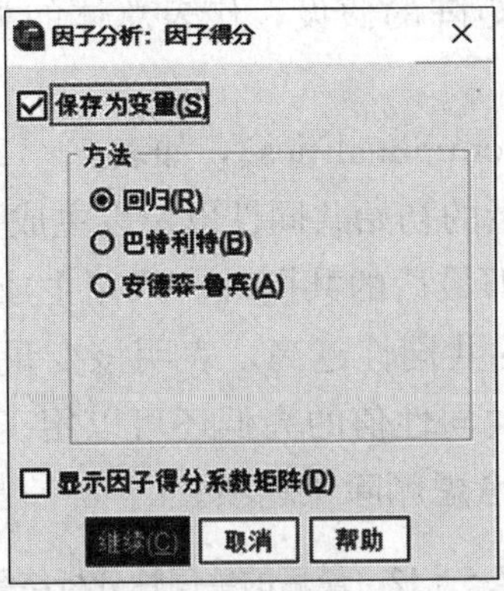

图 5－13　因子分析：因子得分复选框设置图

步骤 6：设置选项。在［因子分析］对话框中，单击［选项（O）］，进入［因子分析：选项］复选框。在［缺失值］选项框中，选择［成列排除个案（L）］，即在所有变量中没有遗漏值才加以分析；在［系数显示格式］选项框中勾选［按大小排序（S）］，如图 5－14 所示。最后单击［继续（C）］按钮，回到［因子分析］对话框。

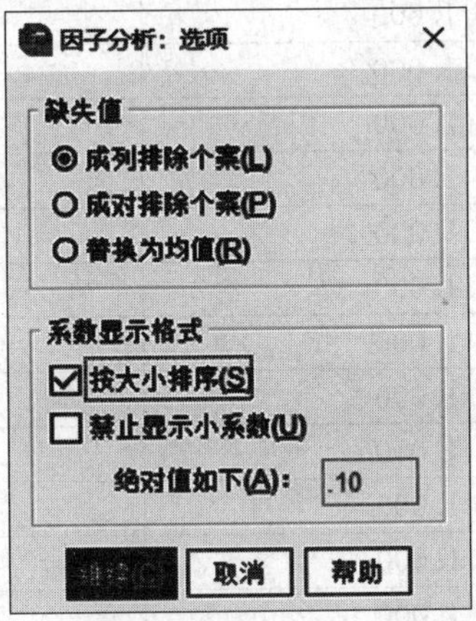

图 5－14　因子分析：选项复选框设置图

步骤 7：解读结果。单击［确定］按钮，即可执行效度分析程序。按照我们设定的参数，会依次输出以下分析结果：

结果一：KMO 及巴特利特球形度检验，如表 5－11 所示。

表 5－11　KMO 及巴特利特球形度检验结果

KMO 取样适切性量数		.959
巴特利特球形度检验	近似卡方	49 351.937
	自由度	190
	显著性	.000

解释：KMO是Kaiser-Meyer-Olkin的缩写，当KMO值越大时，表示变量间共同因素越多，越适合进行因素分析。如果KMO值小于0.5，则不宜进行因素分析。另外，巴特利特球形度检验的χ^2值为49 351.937（自由度为190），达到0.05的显著性水平，可以拒绝净相关性矩阵不是单元矩阵的假设，代表总体的相关性矩阵间有共同因素存在，变量适合作因素分析。

结果二：最后的共同性（communalities），如表5-12所示。

解释：表5-12为每个变量的初始共同性以及以主成分（principal component）分析法抽取主成分之后的共同性，即最后的共同性。采用主成分分析法抽取共同因素时，初始共同性估计值均为1，最后的共同性越高，表明该变量与其他变量可测量的共同特质越多，即该变量越有影响力。共同性值的高低还可以用于项目分析时筛选题项，如果题项的共同性低于0.20，则可以考虑删除该题项。

表5-12　最后的共同性分析结果

	初始	提取
Q1	1.000	.803
Q2	1.000	.866
Q3	1.000	.850
Q4	1.000	.796
Q5	1.000	.647
Q6	1.000	.783
Q7	1.000	.786
Q8	1.000	.662
Q9	1.000	.760
Q10	1.000	.830
Q11	1.000	.839
Q12	1.000	.821
Q13	1.000	.710
Q14	1.000	.734
Q15	1.000	.742
Q16	1.000	.785
Q17	1.000	.838
Q18	1.000	.851
Q19	1.000	.833
Q20	1.000	.805

提取方法：主成分分析法。

结果三：解释总变异量（total variance explained），如表5-13所示。

表5-13　主成分分析法抽取主成分结果

成分	初始特征值			提取载荷平方和			旋转载荷平方和		
	总计	方差百分比	累计 %	总计	方差百分比	累计 %	总计	方差百分比	累计 %
1	11.375 68	56.878	56.878	11.375 68	56.878	56.878	5.458 02	27.290	27.290
2	2.246 26	11.231	68.110	2.246 26	11.231	68.110	3.821 28	19.106	46.397

续表

成分	初始特征值			提取载荷平方和			旋转载荷平方和		
	总计	方差百分比	累计 %	总计	方差百分比	累计 %	总计	方差百分比	累计 %
3	1.157 64	5.788	73.898	1.157 64	5.788	73.898	3.670 60	18.353	64.750
4	1.000 86	5.004	78.902	1.000 86	5.004	78.902	2.830 54	14.153	78.902
5	.589 57	2.948	81.850						
6	.494 48	2.472	84.322						
7	.366 98	1.835	86.157						
8	.294 71	1.474	87.631						
9	.281 52	1.408	89.038						
10	.263 02	1.315	90.354						
11	.253 51	1.268	91.621						
12	.240 58	1.203	92.824						
13	.225 98	1.130	93.954						
14	.210 77	1.054	95.008						
15	.201 42	1.007	96.015						
16	.189 78	.949	96.964						
17	.174 78	.874	97.838						
18	.162 69	.813	98.651						
19	.144 95	.725	99.376						
20	.124 82	.624	100.000						

提取方法：主成分分析法。

解释：表 5－13 为采用主成分分析法抽取主成分的结果，旋转方法为直交旋转的最大变异法。表中数据分为三个部分。

第一部分初始抽取共同因素结果（初始特征值）中，第一列数据的特征值（总计纵列）总和等于 20，即 20 个题项；第二列数据解释变异量（方差百分比）等于特征值除以题项，如第一个题项的解释变异量为 11.376÷20＝56.878％；第三列数据累计百分比（累计％）是将每个成分所能解释的变异百分比累计相加而得，所以当抽取的因素项目等于题项数（本例中等于 20）时，该特征值为 100％。

第二部分提取载荷平方和是将左边 20 个成分的特征值大于 1 者按特征值从高到低的顺序排列而成。本例中有 4 个，也就是因素分析时可以提取 4 个共同因素。

第三部分旋转载荷平方是采用最大变异法的直交旋转后的数据。从表 5－13 可以看出，旋转前 4 个共同因素的特征值分别为 11.375 68、2.246 26、1.157 64、1.000 86，旋转后 4 个共同因素的特征值分别为 5.458 02、3.821 28、3.670 60、2.830 54。旋转后特征值的总和不变，都为 15.781，但是特征值之间的差异变小。同时，旋转后共同因素解释的总变异量也不变。

结果四：碎石图（scree plot），如图 5－15 所示。

解释：从碎石图可以看出，每一个主成分的特征值都按从高到低的顺序排列并形成一条坡线，越靠右的特征值越小。用陡坡图判断该量表因素的方法是选择陡坡线突然上升的部分，删除陡坡线平坦的因素。本例中从第五个因素以后，陡坡较为平坦，因此可以保留 5 个因素。

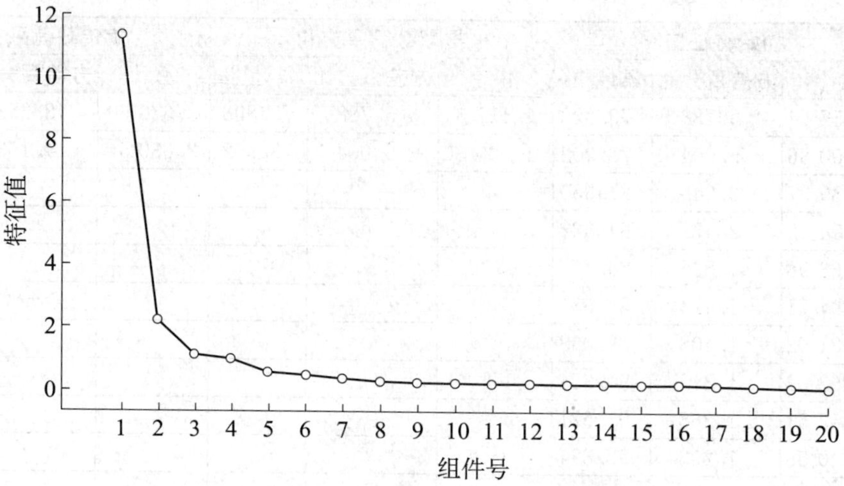

图 5-15　碎石图

结果五：未旋转成分矩阵和旋转后的成分矩阵，如表 5-14 和表 5-15 所示。

解释：表 5-14 为 20 个变量在 4 个因素上未旋转的成分矩阵，成分矩阵中的各个数值为各题项变量在共同因素中的载荷量。各个题项在该矩阵中并非按原顺序排列，而是根据其在第一个共同因素中的载荷数值高低来呈现。表 5-15 是旋转后的成分矩阵，旋转的主要目的是重新安排题项在每个共同因素中的载荷量，但每个共同因素中的载荷量的平方总和不变。根据旋转后的矩阵图发现因素 1 包含 Q13，Q14，Q15，Q16，Q17，Q18，Q19，Q20，在预设维度中，这八道题属于预设教师信息化学习转化力与评价力，两个维度落到了同一因素，表明信息化学习转化力与评价力有较强的共同性，因此将两个维度合并为反思力维度①；因素 2 包含 Q9，Q10，Q11，Q12，Q13，Q14，在预设维度中，均落入预设的教师信息化学习调控力维度中；因素 3 包含 Q1，Q2，Q3，Q4，均落入预设的教师信息化学习驱动力维度中；因素 4 包含 Q5，Q6，Q7，Q8，均落入预设的教师信息化技术力维度中。上述分析结果表明该项调查研究设计比较合理。需要注意的是，由于这是该测验的试测，也是第一次因素分析（一种探索性的因素分析），若某个因素所包含的题项太少，可以考虑增加题项或者删除对应的题项，再进行第二次甚至是第三次因素分析，直至结果满意为止。分析方法和步骤与前述相同。

表 5-14　未旋转成分矩阵

	成分			
	1	2	3	4
Q1	.616	.592	—.278	.003
Q2	.657	.609	—.273	.045
Q3	.680	.570	—.265	.018
Q4	.672	.573	—.151	.094
Q5	.646	.347	.405	.107

① 杨磊．教师信息化学习力发展研究．重庆：西南大学，2019.

续表

	成分			
	1	2	3	4
Q6	.648	.258	.569	.086
Q7	.692	.247	.511	.073
Q8	.659	—.137	.295	.012
Q9	.807	—.038	.066	—.313
Q10	.766	—.157	—.045	—.449
Q11	.796	—.133	—.057	—.423
Q12	.804	—.165	—.044	—.375
Q13	.824	—.169	—.015	—.110
Q14	.850	—.138	—.021	—.042
Q15	.848	—.163	—.010	.052
Q16	.808	—.279	—.069	.209
Q17	.819	—.325	—.106	.226
Q18	.820	—.306	—.132	.272
Q19	.806	—.285	—.110	.307
Q20	.785	—.321	—.136	.258

提取方法：主成分分析法。

表 5－15　旋转后的成分矩阵

	成分			
	1	2	3	4
Q1	.144	.195	.850	.160
Q2	.183	.178	.882	.190
Q3	.202	.220	.855	.193
Q4	.211	.148	.809	.300
Q5	.198	.155	.374	.714
Q6	.198	.187	.231	.831
Q7	.237	.226	.265	.793
Q8	.428	.350	.041	.482
Q9	.346	.681	.260	.322
Q10	.332	.803	.189	.159
Q11	.355	.791	.227	.171
Q12	.399	.763	.203	.183
Q13	.550	.554	.216	.253
Q14	.589	.504	.259	.275
Q15	.649	.430	.241	.291
Q16	.781	.307	.171	.215
Q17	.828	.310	.158	.177
Q18	.849	.269	.188	.167
Q19	.844	.228	.191	.191
Q20	.829	.267	.162	.144

提取方法：主成分分析法。

旋转方法：凯撒正态化最大方差法。

结果六：旋转后的成分（component plot in rotated space），如图 5－16 所示。

解释：图 5－16 为根据旋转后的成分矩阵所绘制的成分图，成分图只能绘制前三个共同因素及其题项的 3D 立体图。

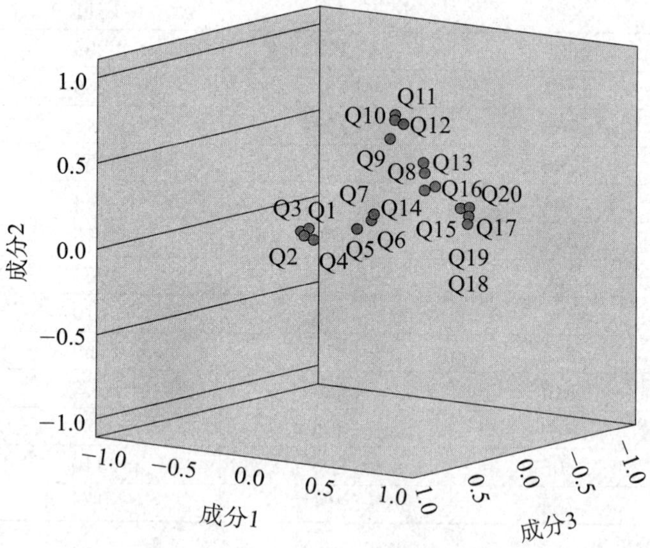

图 5－16　旋转后成分矩阵图

本章小结

（1）教育测验的误差是指在测验中由与测验目的无关的变因所产生的不准确或不一致的效应。误差主要有两种类型：系统误差和随机误差。系统误差是由与测验目的无关的因子所引起的恒定的、系统的、有规律的变化。随机误差是由与测量目的无关的偶然因素引起的无系统的、随机的变化。常见的误差来源包括：测验自身、施测过程、被试者。在测验中应该尽可能缩小误差，但完全消除误差几乎是不可能的。

（2）测验的信度是指同一个测验对同一组被试者重复施测所得结果的一致性程度，或者等值性的两个测验对同一组被试者实施所得结果的一致性程度。它一般用两次或多次测验结果的相关系数来表示，常见的有再测信度系数、复本信度系数、内在一致性信度系数、评分者信度系数等。每一种信度系数的计算方法都有其适用范围。

（3）测验的效度是指测验结果的有效性或者准确性程度，包括内容效度、结构效度和效标关联效度。内容效度一般用逻辑分析法进行估计。结构效度主要适用于心理测验效度的确定。效标关联效度是指测验分数与作为效标的另一独立测验结果之间的一致性程度。相关法是确定效标关联效度最为普遍的方法。

（4）提高测验的信度和效度，都需要从测验过程、测验工具、被试者选择等方面作出分析和调整，当然测验的信度也在某种程度上影响测验的效度。

（5）运用 SPSS 软件可以帮助我们更方便地分析测验的信度和效度。

关键术语

- 误差

在测验中由与测验目的无关的变因所产生的不准确或不一致的效应。

- 信度

各次测量之间的结果在多大程度上一致。通常，关于信度的估计表明的是，采用不同复本的评估、不同时期的评估、评估工具的不同部分、不同评分组所给出的分数或评价的一致性。高信度意味着更少的错误。

- 效度

所测量到的结果反映所想要考查内容的程度，测量结果与要考查的内容越吻合，则效度越高；反之，则效度越低。通常，对于测验效度的判断可以从内容相关证据、效标相关证据、结构相关证据以及后果等获得。

- 复本信度

以两个等值但题目不同的测验（复本）来测量同一群体，然后求得被试者在两个测验上得分的相关系数。

- 再测信度

用同一个量表对同一组被试者施测两次所得结果的一致性程度。

- 分半信度

将测验项目分成相等的两组（两半），然后计算两项项目分之间的相关。相关越高表示信度越高，或内部一致性程度越高。

- 评分组信度

不同评分组对同一组被试者作答反应（即答卷）评分的一致性程度。

- 结构效度

测验成绩能够解释心理学理论上的某种结构或特质的程度。

- 内容效度

测验内容对所要测验的全部内容的取样代表性程度。

- 效标关联效度

测验分数与作为效标（检验测验效度的参照标准）的另一独立测验结果之间的一致性程度。可以分为同时效度和预测效度。

复习思考题

1. 测验的误差来源主要有哪些？如何有效控制测验的误差？

2. 简要说明何种类型的测验适于使用何种信度系数。

3. 某实验对 10 名学生用两个等值的 A_1 与 B_1 测验施测，测验实得分数分别用 X 和 Y 表示，测验结果如下表所示，求该测验的信度。

10 名学生等值测验结果

学生	X（A1）	X（B1）	X	Y	XY
1	74	76	5 476	5 776	5 624
2	71	75	5 041	5 625	5 325
3	72	71	5 184	5 041	5 112
4	68	70	4 624	4 900	4 760
5	76	76	5 776	5 776	5 776
6	73	79	5 329	6 241	5 767
7	67	65	4 489	4 225	4 355
8	70	77	4 900	5 929	5 390
9	65	62	4 225	3 844	4 030
10	74	72	5 476	5 184	5 328
总和	710	723	50 520	52 541	51 467

注：给出相应的积差相关系数临界值 $r_{(8)0.05}=0.632$；$r_{(8)0.01}=0.765$；$r_{(9)0.05}=0.602$；$r_{(9)0.01}=0.735$。

4. 用一个由100题构成的量表测验10名学生，测验以后分别统计奇数题总分和偶数题总分，结果如下表所示，求该量表的内部一致性信度。

10 名学生奇数题总分和偶数题总分

学生	得分				
	奇数题总分（X_1）	偶数题总分（X_2）	X_1^2	X_2^2	X_1X_2
1	35	36	1 225	1 296	1 260
2	40	39	1 600	1 521	1 560
3	37	37	1 369	1 369	1 369
4	38	37	1 444	1 369	1 406
5	39	39	1 521	1 521	1 521
6	38	36	1 444	1 296	1 368
7	38	38	1 444	1 444	1 444
8	41	39	1 681	1 521	1 599
9	40	39	1 600	1 521	1 560
10	36	34	1 296	1 156	1 224
总和	382	374	14 624	14 014	14 311

注：给出相应的积差相关系数临界值 $r_{(8)0.05}=0.632$；$r_{(8)0.01}=0.765$；$r_{(9)0.05}=0.602$；$r_{(9)0.01}=0.735$。

5. 两位专家对5篇论文分别进行等级评定，结果如下表所示，求他们评定结果的一致性程度。

论文编号	专家甲	专家乙
1	2	3
2	3	4
3	5	2
4	4	5
5	1	1

第六章

教育测量分数的统计处理

本章提要

通过教育测量可以获得大量的原始分数。需要对教育测量原始分数进行统计处理，探索分数内在的发展规律，得出研究结论，为教育决策提供依据。本章围绕教育测量分数的统计处理详细介绍五项内容。一是综合梳理教育测量分数的特征与种类；二是归纳罗列常用的教育测量分数的整理方法，即运用顺序排列、等级排列编制统计表、频数分布表；三是集中介绍教育测量分数的六种转换方式，即百分等级分数、标准分数、T 分数、离差智商、标准九分、CEEB 分数；四是详细介绍教育测量分数的四种组合方法，即直觉判断、加权组合、线性回归、多重选择；五是举例示范 SPSS 在教育测量分数统计处理中的应用。

学习目标

- 理解教育测量分数的特征。
- 了解教育测量分数的分类。
- 运用顺序排列或等级排列方法编制教育测量分数频数分布表。
- 理解并掌握百分等级分数、标准分数的计算方法。
- 理解并掌握加权组合、多重选择的原理及计算方法。
- 了解直觉判断、线性回归方法的原理。
- 模仿案例运用 SPSS 进行教育测量分数的统计处理。

教育测量的结果通常是以分数的形式呈现。教育测量分数是描述测量对象性质特征的基本表现形式。在教育测量活动中，通过各种测验，可以获得大量分数。这些自然形态的原始分数往往是零乱、分散的，无法从中获得更多的信息，这就需要归纳分析教育测量分数的特征与种类，并对测得的原始分数进行整理、转换和组合，探索测量分数背后的规律性，为进一步作出分析和评价奠定基础。

第一节　教育测量分数的特征与种类

对教育测量分数进行统计处理的第一个环节，就是确定教育测量分数的特征和种类。教育测量分数的特征与种类不同，分数的统计处理方法亦不相同。教育测量分数的特征与种类是分数整理、转换、组合的重要依据和基础。

一、教育测量分数的特征

教育测量分数是一种特殊的测量数据，它既满足测量数据具有的波动性（变化性）、规律性等共性特征，又具有教育测量独有的特点。因此，有必要首先对测量数据具有的共性特征进行梳理分析，从而进一步归纳总结出教育测量分数所具有的区别于其他测量数据的特征。

（一）测量数据的特征

一般而言，测量数据主要具有两大共性特征：一是数据的波动性。一方面表现为不同的事物在同一量性特征方面往往具有不同的测量数值。例如，不同学科测验试卷的难度值往往是不一样的，不同学生的考试成绩往往也是不相等的，不同教师的授课时间往往也是不相同的。另一方面表现为同一事物的同一量性特征在不同的时间、空间、条件下也会具有不同的测量数值。例如，某位学生在体育选拔赛、预赛、正式比赛中的成绩往往是不相同的，某学校在高三第一次模拟考试、第二次模拟考试、第三次模拟考试、高考中的整体成绩往往也是不相同的。正如“人不能两次踏入同一条河流”这个哲学命题一样。二是数据的规律性。主要是指数据的分布、变化情况必然遵循一定规律，也就是说大量原始数据背后必然存在一定规律。例如，通常情况下，对全市中考学生的总成绩、分科成绩进行统计分析，会发现成绩数据是呈正态分布变化的。

分析可知，数据的波动性是数据研究的必要前提，数据的规律性则为数据研究提供了可能条件。也就是说，如果不同事物在同一数量特征方面的数值都是相同的，或者同一事物的某一特定量性特征在不同的测量时间、测量地点、测量方式、测量工具作用下都保持不变，那么就没有必要去研究这些保持不变的量性特征。如果测量数据完全是零散杂乱无规律可循的话，也就没有办法发现数据背后的问题，那么测量研究的价值、效率将会受到质疑。

（二）教育测量分数的特征

教育测量是根据测量学的原理，采用测量学的有关方法，对教育领域内的事物或现象及其属性进行量化、描述的研究过程。因此，教育测量分数具有区别于物理测量分数、工程测量分数、电子测量分数等的特征。

1. 主观性

从教育测量分数的来源分析，它具有主观性特征。这是因为，教育测量活动的对象主要是学生内在的精神特质，而学生的内在精神特质往往不能直接进行测量，因此，大多数测量活动都是运用间接的测量方法开展的。在测量过程中，往往通过人为创造教育影响或编制测验工具，对学生的外显行为进行观察、推理和判断，整个过程受到很多人为的主观因素影响，得出的教育测量分数不可避免具有主观性特点。例如，在某次新课程实施现状的问卷调查过程中，问卷设计、样本选择、实施测量、数据录入、统计分析、撰写报告等，每个环节都是人在实施，无法排除人为的主观因素。再如，经常谈到的“卷面分数”“感情分数”，其中“感情分数”指的就是阅卷过程中掺杂的人为主观因素。综上所述，教育测量分数的主观性特征是非常明显的。

2. 随机性

从实施过程来讲，教育测量分数具有随机性特征。教育测量是按照一定的规则对教育活动的效果加以数量化测定的过程，而教育活动具有多样性、复杂性等特点，测量对象的发生与发展具有较强的偶然性，测量分数包含较多的随机现象，测量结论具有不确定性，因此，教育测量分数具有随机性特点。国内学者指出，随机现象必须具有三个特征：第一，每一次试验都有可能出现多种结果；第二，试验之前不能够明确预料哪一种结果会出现；第三，在相同条件下，试验可以重复进行。大多数教育测量的对象满足随机现象的三个特征，具有随机性特征①。例如，某次考试及格的人数比例有可能超过50%，也有可能低于30%，测试之前没有办法确定学生的及格率，在同等条件下能够对同一群体进行重复测试，满足随机现象的三个特征，是一种随机现象。

3. 模糊性

从表现形式来讲，教育测量分数具有模糊性特征。所谓模糊性，就是人类在探究事物性质、特征、状态的过程中，对事物类属划分的不明确性。简单地说，模糊性就是概念的外延与内涵的不明确性。模糊性是在人类的实践和认识活动中产生的，它既不是客体固有的内在属性，也不是主观意识的产物，而是主客体在认识过程中形成的客观关系和客观特性②。教育测量所使用的度量单位和标准是相对的，同一现象在不同尺度下得出的数值必然存在误差，同一数值在不同度量标准下具有不同的解释，测量主体与测量对象、测量关系之间的主客观因素交融在一起，这些因素决定了教育测量分数具有模糊性特点。例如，课堂教学中教师与学生的角色定位、信息传递的方向程度、师生情感的沟通交流等，都不可能清晰、准确、明确地表达出来，具有模糊性特征。

二、教育测量分数的种类

根据不同的划分依据，教育测量分数可以分成不同的类别。不同类别的测量分数，

---

① 胡中锋．教育测量与评价．广州：广东高等教育出版社，2006：150.

② 李晓明．模糊性：人类认识之谜．北京：人民出版社，1985：14.

具有不同的性质特征，统计处理的方法具有较大差异性，这给后续分数组合、转换带来困难。因此，需要对教育测量分数的种类进行梳理归纳，为分数与分数之间的比较、分析、转换奠定基础。

（一）根据数据的获取方法可分为点计数据和度量数据

1. 点计数据

点计数据是指计算测量事物的个数所获得的数据。例如，学生数、教师数、学校数、班级数、课程数、教室数、图书数、文具数、实验器材数、教学仪器数、每学年考试次数等。点计数据因其操作简便，而被广泛应用于简单的教育测量活动中。不难得出，点计数据只能取整数（0，1，2，…）值。点计数据的对象往往是可数的。同一测量对象的点计数据可以进行加法、减法运算，通常情况下不能进行乘法、除法运算。不同测量对象的点计数据通常不能进行加、减、乘、除运算。运算能否进行，关键要根据点计数据之间进行了加、减、乘、除运算后的结果是否有意义来决定。

2. 度量数据

度量数据是指借用一定的工具或手段测量所得的数据。例如，运用秒表测量百米赛跑时间、运用温度计测量体温、运用心理量表测量学生心理健康情况、运用调查问卷开展主题调研、运用体重计测量体重、运用米尺测量身高等，所获得的数据都是度量数据。度量数据的适用范围非常广泛，几乎所有的教育测量结果，都可以归为度量数据范畴。度量数据既可以取整数，又可以取小数，甚至可以取负数，具体数值由测量工具、测量标准决定。例如，某同学百米赛跑的成绩是 12.21 秒，某生在数学趣味竞答中得分－10 分。度量数据之间能否进行加、减、乘、除运算，关键还要根据测量项目、测量工具、测量标准来具体分析确定。

（二）根据数据的连续性可分为间断型数据和连续型数据

1. 间断型数据

间断型数据是指取值个数是有限可数的数据。间断型数据具有两大特征：一是可数，二是通常用整数或等级表示。间断型数据彼此相互独立，两个数据之间不能再划分为更小的计算单位，通常不能进行乘、除运算，数据之间的加、减运算要以运算结果的合理性和是否有意义来定。点计数据都是间断型数据，但间断型数据不一定是点计数据，因为，间断型数据存在取值是负数等情况。例如，教室数、优秀学生数、学生在学业水平考试中获得的“优秀、良好、及格、不及格”的等级、问卷调查的－6 分等。

2. 连续型数据

连续型数据是指取值个数是无限不可数的数据。相对于间断型数据，连续型数据是不可数的，通常用小数来表示。连续型数据之间可以密铺，也就是说任意两个数据之间能够被划分成无限个更小的区间、更小的计算单位，仍然能够被无限个数据分布。连续型数据可以在某个取值范围内连续取值。例如，全校学生的身高、体重、学科成绩等。

61 分与 62 分之间可以取 61.1～61.9 共 9 个分数值，61.1 与 61.2 之间又可以取 61.11～61.19 共 9 个分数值，依次类推，数据间隔单位由整数到十分位小数、百分位小数……无限细化下去。这种思想与数学学科的微分思想是一致的。

（三）根据数据的精确程度可分为四种类型

1. 类别数据

类别数据，也称为定名数据、定类数据，是指以测量对象的本质属性为划分依据，按照测量标准分别给测量对象指派某一特定数字、等级或其他标志。类别数据是精确度最低的一种测量分数。类别数据只是一个标志符号、称呼，没有任何大小数量含义，也不具有序列性、等距性、可加性。例如，通常将问卷调查中的男性选项用“1”表示，女性选项用“2”表示，而分别用“1，2，3，4，5”来表示五级量表中的五个选项，这些数据之间没有大小之别，不能进行加、减、乘、除等运算。

2. 等级数据

等级数据是指按照某种逻辑顺序（由大到小、由低到高、由重到轻、由远到近等），将测量分数进行排列，并按照测量标准划分确定测量分数的等级及次序。通俗地讲，等级数据就是按照某种准则进行排序，然后按照测量标准进行等级划分的数据。等级数据能够反映测量对象的顺序关系，具有序列性和等级性特点，可以比较大小。但是数据的单位不等值，没有绝对零点，不能进行加、减、乘、除运算。教育科学研究中的数据多属于等级数据。例如，我国基础教育阶段学生的学业水平考试成绩以“A 级、B 级、C 级、D 级”来评定。

3. 等距数据

等距数据不仅可以表示数据的相对大小，还具有相等的单位，可以进行加、减运算。日常生活和生产中使用的温度计测量出来的温度值就是等距数据。例如，周一是 8℃，周二是 12℃，周三是 16℃，不仅可以得出周三温度值最高，周一温度值最低，还可以得出相邻两天的气温之差是相等的。等距数据表示的是一种相对数量的大小，没有绝对零值。例如，将冰水混合物的温度定义是 0 度，这里的 0 值并不表示冰水混合物没有冷热，这里的 0 度是摄氏温度，转换成华氏温度就不是 0 度了。等距数据不能运用乘、除法运算来表示两个数据的倍数关系。例如，周三是 16℃，周一是 8℃，不能说周三的气温是周一气温的“2 倍热”。

4. 比率数据

比率数据不仅具有数量的大小、等值的单位，还具有绝对零点。比率数据可以进行大小比较，可以进行加、减、乘、除运算。学生的身高、体重等测量数据都是比率数据。例如，在一次体检中，甲同学的体重是 50 千克，乙同学的体重是 25 千克，不仅可以得出甲同学的体重高于乙同学，还可以得出甲同学的体重是乙同学的 2 倍，或者乙同学的体重是甲同学的一半。

按照教育测量与统计资料的来源，有人还将教育测量数据分为“经常性资料数据”和“专题性资料数据”。“经常性资料数据”主要是指档案记载的数据，包括日常工作记录和统计报表等。例如，教师的年龄、职称、工资、教育和教学工作情况，学生的学科成绩、考勤情况、健康状况、综合素质评价、成长记录袋记录等。“专题性资料数据”是指为了研究、分析、解决某一问题，而进行专题性教育调查、教育实验等获得的数据，主要包括教育调查、教育实验等测量所得的数据。例如，某一地区初中适龄儿童的入学率，需要进行教育调查才能得出；某一省市实施普通高中新课程实验的实效性情况，需要进行教育实验才能得出。

第二节　教育测量分数的整理

教育测量分数的整理主要包括两个环节：一是检查分数，保障教育测量分数的完整性和准确性；二是整理分数，即运用特定方法对分数进行排列、统计，并编制出数据统计表等。教育测量分数的整理环节为后续分数的统计处理和分析提供了方便。

一、检查分数

检查分数是分数整理工作的第一步，也是分数统计处理和分析的基础，主要是对分数的完整性和准确性进行检查。检查分数的完整性是将统计所得数据与原始记录进行比对，检查是否存在遗漏、错误或重复情况。检查分数的准确性是对数据统计方法、度量标准、误差处理和统计结果进行检查，控制无关变量。如果统计到的数据不完整、不准确、不系统，那么这批数据就不能反映测量对象的真实客观情况，数据本身就没有应用价值，而且以这批数据为依据的统计处理结论往往也是错误的。这里，列举几个常见的案例来说明检查分数过程中的注意事项。

例如，某艺术兴趣班有 22 名学生，为了解这批学生的个性特长，该兴趣班教师自编调查问卷，共设置 9 个问题，每题包括 5 个选项，以课外作业的形式发放给学生填写。随后委托学生将问卷数据录入 EXCEL 表格，录入表格的结果如图 6－1 所示。

按照检查分数的要点逐项分析可知，编号 2、4、8、10、12、14、15、16、22 的问卷数据录入均可能存在问题。编号 2 的第 3 题录入值是 6（大于 5），这与每道题 5 个选项矛盾，存在错误；编号 4 的数据超出第 9 题，存在重复、多录情况；编号 8 的第 8 题录入数值是 12（大于 5），而第 9 题却是空缺项，存在移位错误；编号 10 与编号 12，试题选项都是相同的，可能存在应付作答的问题；编号 14、15、16，各题选项完全一致，可能存在重复录入、抄袭等问题；编号 22，数据缺失，存在数据遗漏不完整的情况。

概括而言，该生录入的数据存在错误、遗漏、重复、移位等问题，检查分数过程中，必须对编号 2、4、8、22 问卷数据的完整性进行检查，并要对编号 10、12、14、15、16 问卷数据的准确性进行检查。同时还要对教师设计调查对象的完备性、自编问卷的科学性、以作业形式实施测量的科学性、实测的外因控制等进行数据准确性的检查，为后续进行的分数统计分析奠定基础。

	A	B	C	D	E	F	G	H	I	J	K
1	编号	第1题	第2题	第3题	第4题	第5题	第6题	第7题	第8题	第9题	
2	1	1	3	5	2	3	2	3	2	2	
3	2	1	2	6	3	3	2	4	3	2	
4	3	2	3	5	2	4	2	3	3	3	
5	4	2	2	4	4	5	3	5	3	1	2
6	5	1	3	3	5	2	5	2	4	2	
7	6	1	2	3	4	2	5	3	5	2	
8	7	3	2	4	3	2	5	4	3	3	
9	8	3	3	5	2	1	5	3	12		
10	9	1	3	3	2	2	4	3	3	2	
11	10	3	3	3	3	3	3	3	3	3	
12	11	1	2	3	2	3	3	4	3	2	
13	12	2	2	2	2	2	2	2	2	2	
14	13	3	4	1	2	3	2	2	3	2	
15	14	2	4	2	2	4	3	4	3	3	
16	15	2	4	2	2	4	3	4	3	3	
17	16	2	4	2	2	4	3	4	3	3	
18	17	2	3	1	4	3	5	4	2	2	
19	18	1	3	2	3	3	4	4	3	3	
20	19	3	2	2	2	2	4	4	3	3	
21	20	3	1	2	2	2	3	3	4	4	
22	21	3	1	3	1	2	2	3	3	3	
23	22										
24											

图 6－1　22 名学生问卷调查数据录入表格图

二、整理分数

检查分数保障了测量分数的全面性和准确性，在这个前提下，需要对检查后的教育测量原始分数进行统计、分类、排序、整理，将大量原始数据结果清晰、概括地表示出来。整理分数通常包括两个步骤：一是按照顺序排列、等级排列等方法，对分数进行排列；二是编制分数统计表，其中最常用的统计表是频数分布表。整理分数是教育测量分数统计处理的重要环节。

（一）分数的排列

通常将事物按照量性特征和质性特征进行分类。通俗地讲，事物的量性特征是指能够运用数量进行测量评定的事物特征，如考试成绩、年龄、身高、体重等；事物的质性特征是相对于量性特征而言的，即不能用数量进行测量评定的特征，如性别、学业水平考试等级等。在教育测量领域，我们通常对事物的量性特征对应的测量分数进行顺序排列，而对质性特征对应的测量分数进行等级排列。

1. 顺序排列

顺序排列就是将测量分数按照数值大小进行排序。例如，按照由小到大的顺序对全班学生身高数据进行排列，以安排座位。顺序排列是一种简单有效、操作性强的分数整理方法。对原始分数进行顺序排列之后，可以了解全体分数的最大值、最小值以及某一分数在全体分数序列中的位置等。

例题 6-1

将表 6-1 所列 6 名学生的身高数据进行顺序排列。

表 6-1　6 名学生的身高顺序排列表

顺序排列前		顺序排列后（由小到大）		
学生编号	身高（cm）	学生编号	身高（cm）	排列后的顺序编号
1	180	5	165	(1)
2	176	2	176	(2)
3	178	3	178	(3)
4	190	1	180	(4)
5	165	6	188	(5)
6	188	4	190	(6)

2. 等级排列

等级排列就是将等级数据按照一定准则进行排列。例如，将男生定义为 1，将女生定义为 2，按照惯例，将 1（男生）排列在 2（女生）前边；某次作文考试中，四名同学的成绩依次是“乙、丁、甲、丙”，按照惯例，将四名同学的成绩等级分数排列成“甲、乙、丙、丁”等，这就是典型的等级排列。等级排列在学业水平考试、能力鉴定等方面应用广泛。通过分数的等级排列，可以了解某一数据在全体数据中的位置。

（二）统计表的编制

统计表是用来表达统计指标与被说明的事物之间数量关系的表格①。统计表可以将大量原始分数清晰、概括地表示出来，能够明显地反映出全体分数的大体情况和基本特征，省去烦琐冗长的文字叙述，为后续分数转换、组合、分析提供便利。

统计表一般由标题、标目、线条、数字、表注等构成。统计表的基本格式见表 6-2，现对统计表的构成部分逐一进行说明。

表 6-2　统计表的基本格式

横标目的总标目（通常是空白）	纵标目（一般设谓语）
横标目（一般设主语）	数字

1. 标题

标题是统计表的名称，应该准确地、简明扼要地说明表的内容，做到“表如其名”。标题应该写在表格上方居中的位置，通常以“表格序号＋表格内容主题”形式呈现。

2. 标目

标目是表格对原始分数进行分类的项目。按照标目在表中的位置，通常可以分为横标目、纵标目。横标目位于表格左侧，它所包含的测量分数放置在同一横行；纵标目位

① 王孝玲．教育统计学．北京：北京师范大学出版社，2008：8.

于表格上侧，它所包含的测量分数对应放置在同一列中。横标目的总标目是对横标目的简要概括，亦可空白不填。如果按照标目的内容来分，又可以分为主语和谓语。通常主语设置在横标目的位置处，谓语设置在纵标目的位置处。横纵标目设置与数学课程中的平面直角坐标系相似，横标目好比横坐标，纵标目好比纵坐标，既满足横标目条件，又满足纵标目条件的分数，就放置在横标目与纵标目交叉的位置，好比横坐标与纵坐标共同确定的位置。

3. 线条

最上端的顶线、最下端的底线、隔开横标目与数字的纵线、隔开纵标目与数字的横线，是表格的四种基本线条。表格线条不宜过多，应尽量减少。线条的设置具体要以表格的复杂情况来决定。例如，简单表、分组表、复合表的线条设置情况具有非常大的差异。

4. 数字

数字是指同时满足横标目、纵标目条件的测量分数，数字本身及其位置必须准确。数字一律用阿拉伯数字表示，位次对齐，小数的位数一致。一般情况下，暂缺或尚未记录的数字用“…”表示，缺失数字用“—”表示。

5. 表注

表注是对表格内容的补充说明，如对资料来源、类别、准则等进行说明，通常放置在表格的下方。表注不是表格的必要构成部分，根据统计分数的需要而选择是否设置。

编制统计表的基本原则是：表格的结构简单明了，表格的层次清晰明朗，表格的主题突出明确，表格的内容合理排列。下面以表 6-3 为例，详细分析统计表的构成。

表 6-3　中国八大经济区① 2020 年各级各类学校的生师比现状统计表

地区	学校类型					
	普通小学	初中	普通高中	中等职业学校	普通专科院校	普通本科院校
北部沿海地区	15.71	11.42	10.66	13.68	17.69	18.26
黄河中游地区	15.22	11.64	11.90	17.28	17.64	20.11
东北地区	12.52	9.79	12.46	11.91	17.58	21.10
东部沿海地区	15.86	11.57	10.23	14.35	15.54	17.55
南部沿海地区	17.78	13.52	12.92	24.66	17.26	21.46
长江中游地区	17.68	13.67	14.49	24.31	17.89	20.85
西南地区	16.88	13.66	14.53	26.16	18.85	22.66
西北地区	15.84	12.28	12.32	22.33	17.58	18.67
合计	16.67	12.73	12.90	19.54	20.28	17.51

① 国务院发展研究中心《地区协调发展的战略和政策》将我国划分为八大综合经济区（不含港澳台）：东北综合经济区、北部沿海综合经济区、东部沿海综合经济区、南部沿海经济区、黄河中游综合经济区、长江中游综合经济区、大西南综合经济区、大西北综合经济区（本文中分别简称东北地区、北部沿海地区、东部沿海地区、南部沿海地区、黄河中游地区、长江中游地区、西南地区、西北地区）。

表6－3是“中国八大经济区2020年各级各类学校的生师比现状统计表”。样表的标题是“表6－3　中国八大经济区2020年各级各类学校的生师比现状统计表”，其中“表6－3”是表格序号，“中国八大经济区2020年各级各类学校的生师比现状统计表”是表格内容主题；横标目由“中国八大经济区名称”构成；纵标目由“普通小学”“初中”“普通高中”“中等职业学校”“普通专科院校”“普通本科院校构成”。样本的线条尽量做到了简化，只保留了四种基本线条；数字完整。但是针对样本中的数据来源、纵标目的解释等问题，应该增加表注，放置在表格下方。表注内容应该包括三项，即“注：1. 表格数据来源是教育部2020年教育统计数据；2. 表格数据仅涵盖全国31个省区市，分为八大综合经济区。

接下来，以具体案例来示范顺序排列、等级排列、统计表编制的操作。

例题6－2

将表6－4中20名学生的考试成绩进行顺序排列、等级排列，编制出统计表。

表6－4　20名学生的考试成绩

学生编号	考试成绩	学生编号	考试成绩	学生编号	考试成绩	学生编号	考试成绩
1	76	6	72	11	68	16	63
2	88	7	90	12	67	17	76
3	92	8	45	13	67	18	79
4	56	9	60	14	50	19	69
5	82	10	86	15	50	20	66

按照由高到低的顺序和国内通用的学业水平考试等级划分标准（100～85为A级，84～70为B级，69～50为C级，49～25为D级），20名学生的考试成绩排列如表6－5所示。

表6－5　20名学生考试成绩的顺序排列与等级排列分布表

学生编号	顺序排列	等级排列	排列后的序号	学生编号	顺序排列	等级排列	排列后的序号
3	92	A	1	11	68	C	11
7	90	A	2	12	67	C	12
2	88	A	3	13	67	C	13
10	86	A	4	20	66	C	14
5	82	B	5	16	63	C	15
18	79	B	6	9	60	C	16
1	76	B	7	4	56	C	17
17	76	B	8	14	50	C	18
6	72	B	9	15	50	C	19
19	69	C	10	8	45	D	20

表 6 - 5 也是一种统计表。表格标题是“表 6 - 5 20 名学生考试成绩的顺序排列与等级排列分布表”，其中“表 6 - 5”是表格序号，“20 名学生考试成绩的顺序排列与等级排列分布表”是表格内容主题。横标目是“学生编号”，纵标目包括“顺序排列”“等级排列”“排列后的序号”三项。为了便于大家理解，该表保留了原始线条。受页面长度、宽度限制，该表将标目重复设置了 1 次。

（三）频数分布表的编制

频数分布表是一种常见的、应用广泛的统计表。编制频数分布表是整理分数的重要步骤和方法。频数分布表中设置有组中值、频数、累计频数和累计百分比等标目，能够综合反映出分数的平均水平、差异情况和分布特征。编制频数分布表的方法与步骤如下：

1. 求出全距

全距，又叫作极差，是全体分数中的最大数值与最小数值之间的距离差。

全距计算公式：全距＝最大值－最小值

2. 确定组数

组数就是分组的数量，即分成多少组。组数是由测量分数的性质和数量多少所决定的。组数过多，则计算量偏大；组数过少，则误差较大。两种情况都会影响到分数的分布情况。一般情况下，若分数个数大于 100，组数定为 10～20 组；若分数个数在 50～100，组数定为 10～15 组；若分数个数小于 50，组数定为 7～9 组。

3. 求出组距

组距是指每一组占据的距离。组距是由全距和组数共同决定的。一般情况下，频数分布表中各组组距应该保持相等。为了方便计算，将小数形式的组距转换成整数形式，即运用“四舍五入”“进 1 法”“取整法”将计算出来的组距数化成整数。

组距计算公式：组距＝（全距＋1）/组数

4. 确定组限

组限就是每一组的起止位置，类似于区间的端点值。定义每组分数中可以取到的最小值是组下限，最大值是组上限；组上限与组下限之间的差值就是组距；组上限与组下限的算术平均数就是组中值。组限是分组的界限，通常情况下可以表示成多种形式。例如，50～55 的组上限是 55，组下限是 50，组中值是 52.5。50～55 是该组限的一种表示形式，同时还可以表示成“50～”“49.5～54.5”等形式。其实，组限的表示形式是由数据的特征来决定的。例如，对于点计型数据而言，51～55、56～59 作为相邻的两个组限，能够覆盖 51～59 中的所有分数；然而对于连续型数据而言，51～55、56～59 不能够覆盖 55～56 之间的分数。因此，通常采用“50～”这种不设置组上限的形式来表示组限。

组中值计算公式：组中值＝（组上限＋组下限）/2

5. 计算制表

按照组限将分数进行分组，登记每一组分数的频数，求出累计频数、累计百分比，编制成频数分布表。

例题 6-3

某班 50 名学生的期末考试数学成绩见表 6-6，请制作该班学生的期末考试数学成绩频数分布表。

表 6-6　某班 50 名学生的期末考试数学成绩

学生编号	考试成绩	学生编号	考试成绩	学生编号	考试成绩	学生编号	考试成绩
1	51	14	56	27	57	40	67
2	63	15	65	728	66	41	75
3	69	16	70	29	72	42	86
4	76	17	79	30	85	43	61
5	95	18	79	31	58	44	68
6	53	19	57	32	66	45	75
7	65	20	66	33	72	46	87
8	69	21	72	34	85	47	63
9	79	22	80	35	59	48	68
10	100	23	57	36	67	49	76
11	56	24	66	37	75	50	88
12	65	25	72	38	85		
13	69	26	83	39	59		

解答　首先，需要对该班 50 名学生的期末考试数学成绩进行顺序排列，大体掌握测量分数的变化情况。

第一步，求出全距。

全距＝最高分－最低分＝100－51＝49

第二步，确定组数。

测量分数有 50 个，为便于计算，确定组数为 10。

第三步，求出组距。

组距＝(全距＋1)/组数＝50/10＝5

第四步，确定组限。

根据测量分数分布情况，确定组限是 5。

第五步，计算制表。

其次，按照上述五步，编制出“某班 50 名学生期末考试数学成绩频数分布表”（见表 6-7）。

表 6-7　某班 50 名学生期末考试数学成绩频数分布表

成绩	组中值	频数	累计频数	累计百分比
50～55	52.5	2	2	0.04
55～60	57.5	8	10	0.20
60～65	62.5	3	13	0.26
65～70	67.5	14	27	0.54
70～75	72.5	5	32	0.64
75～80	77.5	8	40	0.80
80～85	82.5	2	42	0.84
85～90	87.5	6	48	0.96
90～95	92.5	0	48	0.96
95～100	97.5	2	50	1.00

第三节　教育测量分数的转换

教育测量获得的原始分数往往不具有可比性，这是因为测量分数的单位不是等值的。正如不同测验试题或测量项目的难度往往是不相同的，因此，获得的测量分数所反映出的考生学业水平也是不相同的。例如，某生在一次考试中，语文得分 145，数学得分 120，不能简单地认定该生的语文学习情况比数学好，因为语文的 1 分与数学的 1 分不能够直接比较。单位不等值的测量分数，不仅不能进行直接比较，而且往往也不能进行加、减、乘、除运算，这会给分数的组合、分析带来很大不便。教育测量分数的转换就是将原始分数转换成具有等值单位的导出分数，使分数与分数之间能够进行直接比较，部分还可以进行加、减运算，为测量分数的组合、分析提供前提条件。最常用的分数转换方法是求百分等级分数（percentile rank scores）、标准分数（standard scores）和 T 分数等。

一、百分等级分数

百分等级分数是一种应用非常广泛的导出分数。求解百分等级分数的方法也是教育测量分数转换中的常用方法。通过百分等级分数的转换，能够直接得出测量分数在分数总体中所处的位置。

（一）百分等级分数的概念

百分等级分数简称百分等级，是一种描述测量分数相对位置的量数，能够反映出某个测量分数在全体测量分数中的相对位置，常用 P_R 表示。“百分等级分数”一词中的“百分”是指将全体测量分数的个数换算成“100 份”来计算，“等级分数”是“百分等级分数”的类别。百分等级分数的转换原理，就是计算得出某一特定分数（又称目标分数或常模样本分数）在全体分数中的位置量数，通常是用百分比来表示的。百分比的分子是“全体分数中低于目标分数的分数个数”，分母是“全体分数的个数”。具体操作是将原始分数进行顺序排列，确定目标分数在全体分数排列中的位置，计算得出“低于目标分数的分数个数”作为分子，“全体分数的个数”作为分母，计算得出百分比，就是目标分数的百分等级分数。简单而言，百分等级分数就是指在全体样本中低于常模样本分数的样本个数的百分比。百分等级分数越小，表明目标分数个体在全体分数排列中所处的位置越低；反之，百分等级分数越大，表明位置越高。例如，某次测验中，90 分以下的学生人数占全班学生总数的 85%，则原始成绩是 90 分的百分等级分数就是 85，即全班有 85%的同学成绩低于 90 分。

（二）百分等级分数的计算

1. 根据原始分数求百分等级分数

由原始分数计算百分等级分数的公式：

$$P_R = 100\left[\frac{N-(R-0.5)}{N}\right]=100-\frac{100R-50}{N} \tag{6.1}$$

式中，N 是原始分数的个数，R 是全体分数按大小顺序排列后某一特定原始分数所处的名次。因为每个名次所占位置的中点才是该名次的代表值，所以某一给定原始分数的名次应该记为 $R-0.5$。百分比乘以 100，是将百分等级分数由小数转化成整数形式，方便应用。

例题 6-4

某班共有 56 名学生，其中 1 名学生的数学成绩是 86 分，排名第 9，求该生数学成绩（86 分）的百分等级分数。

解答 根据公式 6.1 计算可得：

$$P_9=100-\frac{100\times 9-50}{56}\approx 84.82$$

该生的百分等级分数约为 84.82，即原始分数 86 分转换成百分等级分数得 84.82，也就是说，该班数学成绩低于 86 分的学生占 84.82%。

2. 根据频数分布表求百分等级分数

由频数分布表计算百分等级分数的公式：

$$P_R = \left[\frac{f(X-L)}{i}+F_b\right]\times\frac{100}{N} \tag{6.2}$$

式中，X 是给定原始分数，f 是该分数所在组的频数，L 是该分数所在组的下限，i 是组距，F_b是小于L 的向上累计频数，N 是总频数，$\frac{f(X-L)}{i}$ 是将频数 f 按比例平均分配到 i 个组距，$\frac{f(X-L)}{i}+F_b$是低于 X 的原始分数个数。

例题 6－5

某班期末考试数学学科成绩分布见表 6－8，试求 74 分的百分等级分数。

表 6－8　某班期末考试数学学科成绩分布表

成绩	频数	累计频数
95～100	1	50
90～95	1	49
85～90	3	48
80～85	4	45
75～80	6	41
70～75	7	35
65～70	12	28
60～65	6	16
55～60	8	10
50～55	2	2

解答　由题干可知，$X=74$，$f=7$，$L=70$，$i=5$，$F_b=28$，$N=50$，代入公式 6.2 计算可得：

$$P_R=\left[\frac{7\times(74-70)}{5}+28\right]\times\frac{100}{50}=67.2$$

因此，该班期末考试数学成绩为 74 分的百分等级分数是 67.2，也就是说，全班低于 74 分的学生比例是 67.2%。

（三）百分等级分数的应用

百分等级分数是指描述某一特定原始分数在全体分数中所处位置的一种相对量数。百分等级分数的应用主要包括两个维度：一是单个百分等级分数能够表示某一特定原始分数在全体分数排列中的位置；二是两个及其以上的百分等级分数之间可以进行直接比较，因为百分等级分数之间具有等值的单位。例如，比较某个学生两种（次）学科测验成绩的优劣、比较两个学生（团体）在同一次测验中的成绩优劣等。

对于单个百分等级分数的应用，上文已经讲得非常清楚，这里不再举例。下面，举例说明两个及其以上百分等级分数的比较应用。

例题 6－6

某生在一次考试中，语文得分 145，数学得分 120，计算得出语文 145 分转换后的百分等级分数是 89，数学 120 分转换后的百分等级分数是 90。请分析该生在这次考试中哪一科考得更好。

解答　因为语文试卷与数学试卷难度不一样，所以不能简单地评定该生在这次考试中语文考得比数学好。

又因为，语文 145 分转换后的百分等级分数是 89，也就是说全班语文成绩低于 145 分的学生比例是 89%，该生语文成绩处于全班前 11%的位置；数学 120 分转换后的等级分数是 90，即全班数学成绩低于 120 分的学生比例是 90%，该生数学成绩处于全班前 10%的位置。综上，不难得出，该生在这次考试中数学考得比语文好。这个结论与原始分数大小是相矛盾的，再次论证不具有等值单位的原始分数，不能进行直接比较。

运用百分等级分数的过程中应该注意以下几点：

第一，百分等级分数是一种位置相对量数，是一种等级分数，满足等级分数的所有特征，可以进行顺序排列、大小比较，但不能进行代数运算。在很多情况下，对百分等级分数的代数运算将导致不恰当的解释。例如，研究者对 A、B 两个团队在同一次教育测量中获得的原始分数进行百分等级分数转换后，得出 A 团队两个被试者的原始分数分别是 15 和 17，对应的百分等级分数依次是 13 和 36；B 团队两个被试者的原始分数分别是 12 和 20，对应的百分等级分数依次是 2 和 79。如果想比较 A、B 团队的团体总分的话，则会发现，在原始分数层面，A、B 团队的团体总分都是 32，两个团队的团体总分是相等的；而在百分等级分数层面，A、B 团队的团体总分（百分等级分数之间的加法运算）分别是 49 和 81，A 团队的 49 显然小于 B 团队的 81。很明显，这两个层面得出的研究结论是不一样的，因此不能对百分等级分数进行代数运算。

第二，百分等级分数是对原始分数的一种非线性转换。百分等级分数与原始分数之间没有必然关联。百分等级分数呈等值单位的长方形分布，原始分数通常呈正态曲线分布，因此，处在不同位置的原始分数差异对百分等级分数的差异变化的影响作用是不一样的。一是百分等级分数受两端原始分数变化的影响较小，即处于两极端的原始分数即使发生较大的变化，也不能引起百分等级分数的相应变化。例如，在上文例题中，第一名的数学成绩无论是 95 分还是 100 分，其百分等级分数是不变的。二是百分等级分数对分布比较集中的原始分数的变化比较敏感，即分布在中央位置的百分等级分数只要产生微小的变化就能引起巨大的百分等级分数差异。例如，每年高考成绩公布后，重点本科录取分数线附近集中了大量学生。达到分数线的考生与未达到分数线的考生之间的原始分数差异不大，但是他们在地区的排名位置相差非常大，百分等级分数的变化也非常大。

二、标准分数

标准分数转换是指将原始分数转换成以标准差为单位的导出分数。标准分数不受原始分数单位的影响，可以进行顺序排列、大小比较、加减运算等，可以用于不同考试、不同考生、不同科目之间的比较和分析。

（一）标准分数的概念

标准分数也叫 Z 分数，是指将原始分数与其平均数的差值除以原始分数标准差所得的商数，即一种具有相等单位的量数。标准分数的转换原理，是以原始分数标准差作为度量单位，用来衡量原始分数偏离平均数的程度。通俗而言，就是计算得出原始分数超过、等于或低于其平均数多少个标准差，以此评定某一特定原始分数在全体原始分数排列中的位置。

（二）标准分数的计算

标准分数的计算公式：

$$Z=\frac{X-\overline{X}}{S}=\frac{d}{S} \tag{6.3}$$

式中，X 是某一特定原始分数，$\overline{X}$ 是全体原始分数的平均数，S 是原始分数的标准差，$d=X-\overline{X}$ 是原始分数与其平均数的离差。

例题 6－7

某小学进行阶段性测验，语文学科的平均分是 66 分，标准差是 7，学生甲的得分是 73 分；数学学科的平均分是 50 分，标准差是 6，学生甲的得分是 62 分。请问学生甲在这次测验中哪个学科的成绩在同年级中的位置较高?

解答 由已知条件可知，语文、数学学科的平均分、标准差不同，原始分数不能直接用来比较位置的高低，只能借助位置量数。

根据标准分数计算公式 6.3 可得：

$$Z_{语文}=\frac{73-66}{7}=1$$

$$Z_{数学}=\frac{62-50}{6}=2$$

计算可知，该生语文学科成绩的标准分数是 1，成绩位于同年级平均分之上一个标准差的位置；数学学科成绩的标准分数是 2，成绩位于同年级平均分之上两个标准差的位置。因此可以得出，虽然学生甲的语文学科原始分数高于数学，但数学学科成绩在同年级中的相对位置比语文学科成绩高。

（三）标准分数的性质和应用

1. 标准分数的性质

（1）Z 分数的绝对值表示原始分数与其平均数之间的距离，即原始分数偏离平均数的程度。Z 分数的正负号反映的是某一特定原始分数位于平均数之上或者之下的位置。分析 Z 分数的计算公式可知，S 是原始分数的标准差，$S>0$ 恒成立。当某一特定原始分数大于平均数时，即 $X-\overline{X}>0$，则 $Z>0$；当某一特定原始分数小于平均数时，即 $X-\overline{X}<0$，则 $Z<0$；当某一特定原始分数等于平均数时，即 $X=\overline{X}$，则 $Z=0$。

（2）一组原始分数 X_i（$i=1, 2, \cdots, n$）的标准分数 Z_i（$i=1, 2, \cdots, n$）的平均数 $\overline{Z}$ 等于 0。

$$\overline{Z}=\frac{Z_1+Z_2+\cdots+Z_n}{n}=\frac{\sum_{i=1}^{n}(X_i-\overline{X})}{S\cdot n}=\frac{\sum_{i=1}^{n}X_i-n\overline{X}}{S\cdot n}=0$$

（3）一组原始分数 X_i（$i=1, 2, \cdots, n$）的标准分数 Z_i（$i=1, 2, \cdots, n$）的标准差 S_Z 等于 1。

$$S_Z=\sqrt{\frac{(Z_1-\overline{Z})^2+(Z_2-\overline{Z})^2+\cdots+(Z_n-\overline{Z})^2}{n}}=\sqrt{\frac{\sum_{i=1}^{n}(X_i-\overline{X})^2}{S^2\cdot n}}=1$$

（4）Z 分数是对原始分数进行的线性转换，它不改变原始分数的分布情况，即 Z 分数的分布形态与原始分数的分布形态相似。也就是说，如果原始分数呈正态分布的话，标准分数也呈正态分布；如果原始分数呈正偏态（负偏态）分布的话，标准分数也呈正偏态（负偏态）分布。

（5）Z 分数以标准差作为度量单位，具有零点。单位是等值的，零点是相对的。因此，Z 分数可以进行顺序排列、大小比较和加减运算。

2. 标准分数的应用

教育测量获得的大量原始分数，往往不具有等值的单位和绝对的零点，不能进行直接比较或运算。例如，某位学生在一次考试中得分为 0，但是不能说该考生一点知识都没有掌握；某位学生在两次阶段性考试中的成绩相等，即差值是 0，但是不能评定该考生没有进步，也不能得出该考生在这两个学习阶段的学习情况相同。又如，在某次教育测量中，甲同学得分 80，乙同学得分 40，不能评定甲同学的实际情况是乙同学的两倍；某次考试数学的 80 分与语文的 80 分也不能直接画等号。针对这些问题，原始分数必须转换成标准分数，即将单位不等距、缺乏参照点的原始分数转换成以原始分数的标准差为单位、以平均数为参照点的导出分数，然后进行顺序排列、大小比较和加减运算等。

（1）标准分数是一种位置量数，可以用来确定某一特定原始分数在全体分数中的相对位置。例如，学生甲在某次语言表达能力测验中获得 72 分，转换成标准分数得 $Z=-2$，表明学生甲的语言表达能力比同年级全体学生的平均水平低两个标准差单位。

（2）标准分数是一种比较量数，可以用来比较两种教育测量获得的原始成绩的高低。例如，例题 6—7 中学生甲的语文成绩是 73 分，数学成绩是 62 分，计算得出 $Z_{语文}=1$，$Z_{数学}=2$，因此，该生的数学成绩在同年级中的位置高于语文，即数学成绩优于语文。

（3）标准分数是一种等距量数，可以用来评价不同学生多门课程考试总成绩的高低。由于原始分数不具有等值单位，不能进行加减运算，通过不同学生的多门课程考试成绩总和来评价学生是不科学的。而将原始分数转换成标准分数后，就具有了等值的单位，可以进行加减运算。因此课程考试成绩转换成标准分数后，就具有了可加性，可以通过累计求和的方法来评价学生。例如，一段时间以来，我国部分省市将高考各科成绩转换成标准分数，然后求和，得出高考总分，择优录取考生。

（4）标准分数可以用来求解百分等级分数。符合正态分布的原始分数转换成标准分数后，可以通过查阅标准分数在正态分布曲线下的面积的表格，得出平均数与标准分数之间的面积，进而得出原始分数在全体分数中的百分等级。

例如，某次测试的原始分数符合正态分布，分布图像见图 6－2。曲线下方阴影部分面积是 0.1587，查阅正态分布表可知，$S=0.1587$ 对应的 Z 值是 1.00。由此可得，该原始分数在全体分数中的百分等级是 0.8413。查阅正态分布表时需注意，当原始分数 X 小于平均数 $\overline{X}$ 时，查面积一栏中较小部分；当原始分数 X 大于平均数 $\overline{X}$ 时，查面积一栏中较大部分。

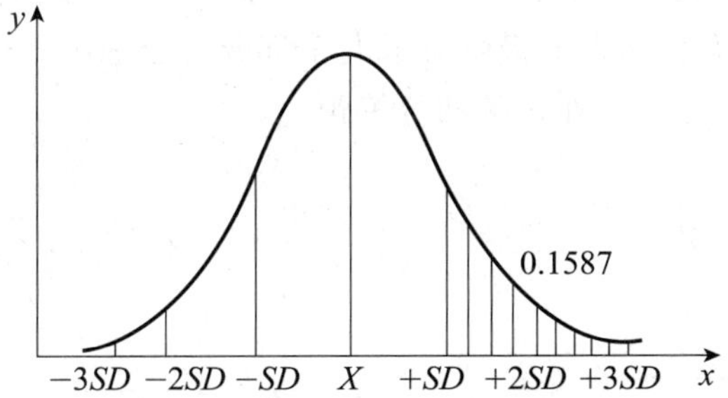

图 6－2　正态分布曲线与百分等级

三、标准分数的转换

原始分数转换得出的标准分数常常出现负数、小数等情况，这给教育测量分数的进一步组合、应用带来不便并会导致出错。针对这一问题，研究者根据实际需要，进一步对标准分数进行转换，从不同角度对标准分数作线性变换以避免出现负数、小数等情况。

（一）T 分数

T 分数是由标准分数进一步转换而来的。原始分数转换成标准分数后，有一半是负值，而且大多是小数。为克服这些缺陷，美国教育测量专家麦考尔将标准分数扩大 10 倍（实际是将标准差的 1/10 作为新的度量单位），再加上 50，以避免出现负数和小数，经此转换后的分数即为 T 分数。

T 分数的计算公式：

$$T=10Z+50 \tag{6.4}$$

或者

$$T=\frac{10(X-\overline{X})}{S}+50 \tag{6.5}$$

（二）离差智商

离差智商（deviation IQ），又称“韦氏智力量表智商”，是计算某一特定原始分数偏离其平均分程度的一种量数。离差智商是以每个年龄组的 IQ 的均值为 100，标准差为 15 计算得出的。

离差智商的计算公式：

$$IQ=15Z+100 \tag{6.6}$$

或者

$$IQ=\frac{15(X-\overline{X})}{S}+100 \tag{6.7}$$

（三）标准九分

标准九分是标准化九级分制的简称，它是常态化标准分数的一种。标准九分以 0.5 个标准差为单位，将正态分布下的横轴分成九个部分，分别用 1～9 分来表示，中间一段是 5 分，除两端（1 分、9 分）外，各部分等距。

标准九分的计算公式：

$$\text{标准九分}=2Z+5 \tag{6.8}$$

或者

$$\text{标准九分}=\frac{2(X-\overline{X})}{S}+5 \tag{6.9}$$

（四）CEEB 分数

CEEB 分数是美国大学入学考试委员会（College Entrance Examination Board）所采用的一种标准分数。CEEB 分数多用于高校的录取与毕业记录量表，其平均分数是 500，标准差是 100。

CEEB 分数的计算公式：

$$\text{CEEB 分数}=100Z+500 \tag{6.10}$$

或者

$$\text{CEEB 分数}=\frac{100(X-\overline{X})}{S}+500 \tag{6.11}$$

（五）其他

（1）为出国人员举行的英语水平考试（EPT）成绩计算公式：

$$EPT=90+20Z \tag{6.12}$$

或者

$$EPT=90+\frac{20(X-\overline{X})}{S} \tag{6.13}$$

（2）韦氏智力量表中各个分测验的量表分数计算公式：

$$T=10+3Z \tag{6.14}$$

或者

$$T=10+\frac{3(X-\overline{X})}{S} \tag{6.15}$$

此外，我国大学英语四六级考试（CET）成绩也是采用标准分数转换形式来计算的，只不过转换公式不同而已。

不难发现，上文列举的几种常见的标准分数转换形式，都是 Z 分数的线性变换，转换公式是：$T=a+bZ$（a 和 b 都是常数，T 是转换后的导出分数）。

例题 6－8

某次考试，语文学科的平均分是 70，标准差是 7；数学学科的平均分是 68，标准差是 5。甲同学的语文成绩是 88，数学成绩是 65；乙同学的语文成绩是 65，数学成绩是 88。请运用标准分数及其转换等方法，对甲、乙两位同学的学业水平进行一个评价。

解答　由上文可知，不能直接通过甲、乙同学的语文、数学课程成绩总分来评价两位学生的学业水平，这是不科学的。只能先将原始分数进行标准分数、T 分数等转换，然后再求和，比较大小，作出评价。

根据标准分数计算公式，计算如下：

甲同学的语文、数学成绩转换成标准分数（Z_{1-1}，Z_{1-2}），分别是：

$$Z_{1-1}=\frac{88-70}{7}\approx 2.57$$

$$Z_{1-2}=\frac{65-68}{5}=-0.60$$

乙同学的语文、数学成绩转换成标准分数（Z_{2-1}，Z_{2-2}），分别是：

$$Z_{2-1}=\frac{65-70}{7}\approx -0.71$$

$$Z_{2-2}=\frac{88-68}{5}=4$$

将计算出来的标准分数进一步转换成 T 分数等分数，得出表 6－9。

表 6－9　甲、乙学生的语文、数学考试成绩的标准分数等转换导出分数统计表

项目	原始分数	标准分数	*T* 分数	离差智商	标准九分	CEEB 分数
甲同学语文学科	88	2.57	75.70	138.55	10.14	757
甲同学数学学科	65	－0.60	44	91	3.80	440
甲同学成绩总和	153	1.97	119.70	229.55	13.94	1 197
乙同学语文学科	65	－0.71	42.90	89.35	3.58	429
乙同学数学学科	88	4	90	160	13	900
乙同学成绩总和	153	3.29	132.90	249.35	16.58	1 329
甲乙同学总分之差	0	－1.32	－13.20	－19.80	－2.64	－132

注：分数保留两位小数。

计算可得，甲同学语文与数学学科原始分数总和是 153，标准分数总和是 1.97，T 分数总和是 119.70，离差智商分数总和是 229.55，标准九分分数总和是 13.94，CEEB 分数总和是 1 197；乙同学语文与数学学科原始分数总和是 153，标准分数总和是 3.29，T 分数总和是 132.90，离差智商分数总和是 249.35，标准九分分数总和是 16.58，CEEB 分数总和是 1 329。根据标准分数、标准分数转换的本质，不难得出，乙同学的考试总成绩要优于甲同学。同时还能发现，原始分数转换成标准分数后，出现了负数、小数等现象；标准分数进一步转换成 T 分数、离差智商分数、标准九分分数后，负数消失了，但是仍然存在小数现象；标准分数进一步转换成 CEEB 分数后，小数才彻底消失，这与标准分数转换公式直接相关。分析“甲乙同学总分之差”一栏数据，不难得出，原始分数之差是 0，标准分数、T 分数、离差智商分数、标准九分分数、CEEB 分数等差值的变化趋势、特征是一致的，这均表示乙同学学业水平优于甲同学。

第四节　教育测量分数的组合

教育测量往往设置多个相对独立的测量项目，每个测量项目对应特定的测量目的和任务，对每个测量项目获得的分数进行整理、转换、分析只能得出该项目的测量结论，而不能得出整个教育测量的整体结论，因此，需要将每个测量项目的分数组合成一个合成分数，然后得出教育测量的整体结论，作出教育教学决策。例如，韦氏成人智力量表包含 11 个独立的测量项目，其中词汇、常识、算术、理解、类似、记忆 6 个测量项目构成“言语量表”，而数字符号、图像完成、积木设计、图像排列、实物图像拼凑 5 个测量项目构成“操作量表”，“言语量表”与“操作量表”组合成总的“智力量表”，某被试者的智力分数应该是“言语量表”分数与“操作量表”分数的合成分数。因此，对测量分数进行组合是分数统计处理的关键环节。

一、直觉判断

直觉判断是研究者常用的一种分数组合方法，其精确度与研究者的学术水平、实践经验、意识形态等因素直接相关。直觉判断是指研究者凭借直觉经验，从教育测量整体的角度出发，对各种因素进行综合考虑，主观地将各种因素（或测量项目）进行权重评定，从而作出研究结论或教育决策。直觉判断的关键，是从整体上对各个因素进行综合考虑，既要研究各个因素之间的相互作用，又要思考各个因素在整个教育测量中的重要性。直觉判断这种分数组合方法具有明显的缺陷：一是对评价者综合素质要求非常高，测量结论容易受评价者主观偏见、学术水平、实践经验等影响，客观性、准确性难以保障；二是直觉判断大体可以归入质性判断，没有精确的数量指标作支撑，缺乏系统、严谨的数学分析。直觉判断往往应用到教育测量影响因素过多、测量分数难以获取、数量分析要求不高的测量项目中。例如，我国基础教育阶段考试招生制度改革，要求学校、教师对学生进行综合素质评价，评价等级分为 A（优秀）、B（良好）、C（一般）、D（较差），评价维度包括“道德品质”“公民素养”“学习能力”“交流合作与实践创新”“运动与健康”“审美”“表现能力”等，每个维度又分别包括若干个评价项目。在开展综合素质评价过程中，需要对评价维度及具体评价项目进行综合考虑，最后作出评价结论。

二、加权组合

加权组合是一种操作简单、普遍适用的分数组合方法，它充分考虑了不同分数在合成分数中的权重大小，即该分数在合成分数中发挥了多大的作用。常见的加权组合主要包括单位加权、比重加权等。

（一）单位加权

单位加权是将不同单位的分数直接相加得出合成分数。

组合分数计算公式：

$$X=X_1+X_2+\cdots+X_n \tag{6.16}$$

式中，X 是单位加权后的合成分数，X_i（$i=1$，2，…，n）是不同单位的分数。

这种方法适用于各个分数具有同等重要性的情况，即价值、作用、影响相同，权重相等。单位加权是将各个分数的权重默认为 1。

（二）比重加权

比重加权是将各个分数分别乘以其在合成分数中占据的权重，然后累加求总和，得出合成分数。

组合分数计算公式：

$$X=X_1\omega_1+X_2\omega_2+\cdots+X_n\omega_n \tag{6.17}$$

式中，X 是比重加权后的合成分数，X_i（$i=1$，2，…，n）是原始分数，ω_i（$i=1$，2，…，n）是各个原始分数在合成分数中占据的权重。

例题 6－9

某教育测量包含四个测量项目，项目一的总分是 150，项目二的总分是 150，项目三的总分是 120，项目四的总分是 300，教育测量的总分是 720。分析得出，项目一对教育测量整体的影响权重近似等于其占总分的比重，即 $\frac{150}{720}=\frac{5}{24}$；项目二的权重近似等于 $\frac{150}{720}=\frac{5}{24}$；项目三的权重近似等于 $\frac{120}{720}=\frac{1}{6}$；项目四的权重近似等于 $\frac{300}{720}=\frac{5}{12}$。某被试者在这次教育测量中，四个项目的分数依次是 125 分、146 分、110 分、278 分，请运用比重加权的方法，计算该被试者的合成分数。

解答　根据题意和比重加权组合分数计算公式 6.17，代入可得：

$$\begin{aligned}X&=125\times\frac{5}{24}+146\times\frac{5}{24}+110\times\frac{1}{6}+278\times\frac{5}{12}\\&\approx190.62\end{aligned}$$

因此，该被试者参加这次教育测量的分数是 190.62。

（三）多个测量项目原始分数加权平均的标准化

多个测量项目原始分数加权平均的标准化计算公式是：

$$Z=\frac{\sum_{i=1}^{n}\omega_i Z_i}{\sqrt{\sum_{i=1}^{n}\sum_{j=1}^{n}r_{ij}\,\omega_i\,\omega_j}},\ Z_i=\frac{X_i-\overline{X}}{\sigma} \tag{6.18}$$

式中，Z 是合成分数，Z_i（$i=1$，2，…，n）是测量项目原始分数转换后的标准分数，ω_i（$i=1$，2，…，n）是原始分数转换成的各个标准分数在合成总分中占据的权重，r_{ij} 是第 i 个测量项目与第 j 个测量项目之间的相关系数，X_i（$i=1$，2，…，n）是原始分数，$\overline{X}$ 是原始分数的平均数，σ 是原始分数的标准差。

多个测量项目原始分数加权平均的标准化处理，是进行多个相关测量项目分数组合过程中常用的一种分数组合方法。它是针对单位加权、比重加权等直接加权组合方法存在的缺陷而展开的。一是各个教育测量项目的原始分数不具有等值单位，不具有可加性，而必须转换成标准分数等导出分数后才能直接进行加减运算；二是构成教育测量的测量项目之间具有一定相关性，彼此之间存在相互影响，而直接加权组合方法并没有考虑测量项目之间的相关情况；三是直接加权组合的结果没有进行标准化处理，缺乏统一的解释标准。因此，在对多个测量项目分数进行组合的过程中，应该进行加权平均的标准化处理。

三、线性回归

线性回归是研究一个因变量与多个自变量之间的依存关系，对若干个相互关联、具有互偿性的测量分数进行组合的常用方法。

多重线性回归方程：

$$\hat{Y}=a+b_1X_1+b_2X_2+\cdots+b_nX_n \tag{6.19}$$

式中，$\hat{Y}$ 是预测的效标分数（合成分数），X_i（$i=1$，2，…，n）是第 i 个预测源分数（原始分数），b_i（$i=1$，2，…，n）是偏回归系数（第 i 个预测源的加权数），a 是校正预测源分数与效标分数平均数的差值。

运用多重线性回归法进行分数组合，可以实现不同预测源分数之间的相互弥补。预测源的不同组合，最终能够得到相同的预测效标分数。例如，不同学生在高考理科综合考试中具有不同的得分强项，有的同学物理得分非常高，有的同学化学得分非常高，有的同学生物得分非常高，但是高考理科综合成绩是由物理、化学、生物三个学科的得分情况决定的，低分数与高分数之间是可以相互弥补的，因此，即使不同学生的三科成绩存在一定差异性，但最后组合出的合成分数是有可能相同的。

多重线性回归的计算相当复杂，通常由计算机来完成。也可以通过阶梯式线性回归方法，实现多重线性回归。阶梯式线性回归方法的操作步骤大体包括：首先选出与效标分数相关程度最高的两个预测源分数，进行分数组合；其次选出第三个预测源分数与前两个预测源组合后的分数进行线性回归组合，依次逐步进行。一般情况下，对 2～4 个预测源分数进行线性回归组合就可以达到最高的预测正确性了。

下面对两个预测源 X_1（x_{11}，x_{12}，…，x_{1n}）与 X_2（x_{21}，x_{22}，…，x_{2n}）进行线性回归分数组合。

两个预测源的线性回归方程是：

$$\hat{Y}=a+b_1X_1+b_2X_2 \tag{6.20}$$

将第 i 组预测源分数 x_{1i}（$i=1$，2，…，n）与 x_{2i}（$i=1$，2，…，n）代入回归方程 6.19，得出第 i 个预测效标分数，依次求出预测效标分数 $\hat{Y}$（$\hat{y}_1$，$\hat{y}_2$，…，$\hat{y}_n$）。

$$\hat{y}_i=a+b_1x_{1i}+b_2x_{2i} \tag{6.21}$$

偏回归系数的计算公式：

$$b_1=\frac{S_{\hat{Y}}}{S_{X_1}}\cdot\frac{r_{\hat{Y}X_1}-r_{\hat{Y}X_2}\cdot r_{X_1X_2}}{1-r^2_{X_1X_2}} \tag{6.22}$$

$$b_2=\frac{S_{\hat{Y}}}{S_{X_2}}\cdot\frac{r_{\hat{Y}X_2}-r_{\hat{Y}X_1}\cdot r_{X_1X_2}}{1-r^2_{X_1X_2}} \tag{6.23}$$

式中，$S_{\hat{Y}}$、S_{X_1}、S_{X_2} 分别是 $\hat{Y}$、X_1、X_2 的标准差，$r_{\hat{Y}X_1}$、$r_{\hat{Y}X_2}$、$r_{X_1X_2}$ 分别是 $\hat{Y}$ 与 X_1、$\hat{Y}$ 与 X_2、X_1 与 X_2 的相关系数。

a 的计算公式：

$$a=\bar{\hat{Y}}-b_1\bar{X}_1-b_2\bar{X}_2 \tag{6.24}$$

式中，$\bar{\hat{Y}}$，$\bar{X}_1$，$\bar{X}_2$ 分别是效标分数和两个预测源分数的平均数。

在实际应用中，还要考虑组合分数的效度 R（即两个预测源分数组合效标的相关系数），来判断两个预测源分数与组合分数之间的相关程度。

R 的计算公式：

$$R=\sqrt{\frac{r^2_{\hat{Y}X_1}+r^2_{\hat{Y}X_2}-2\,r_{\hat{Y}X_1}\cdot r_{\hat{Y}X_2}\cdot r_{X_1X_2}}{1-r^2_{X_1X_2}}} \tag{6.25}$$

例题 6-10

从报考某高校教育学硕士研究生的学生中随机抽取 20 名，考研模拟考试中政治学科成绩记为预测源分数 X_1，英语学科成绩记为预测源分数 X_2，全国统考成绩记为效标分数 $\hat{Y}$。若 $\bar{\hat{Y}}=311$，$\bar{X}_1=53.40$，$\bar{X}_2=48.30$，$S_{X_1}=13.20$，$S_{X_2}=11.50$，$S_{\hat{Y}}=18.60$，$r_{\hat{Y}X_1}=0.54$，$r_{\hat{Y}X_2}=0.47$，$r_{X_1X_2}=0.36$，试求线性回归方程。

解答　根据公式 6.22、公式 6.23 及公式 6.24 计算得出：

$$b_1=\frac{18.60}{13.20}\cdot\frac{0.54-0.47\times0.36}{1-0.36^2}\approx0.60$$

$$b_2=\frac{18.60}{11.50}\cdot\frac{0.47-0.54\times0.36}{1-0.36^2}\approx0.52$$

$$a=311-0.60\times53.4-0.52\times48.30\approx253.84$$

因此，由考研模拟考试中政治、英语成绩估计全国统考成绩的线性回归方程为：

$$\hat{Y}=253.84+0.60X_1+0.52X_2$$

两个预测源分数组合效标的相关系数为：

$$R=\sqrt{\frac{0.54^2+0.47^2-2\times0.54\times0.47\times0.36}{1-0.36^2}}\approx0.79$$

这就是说全国统考成绩与考研模拟考试中政治、英语成绩的相关程度是 0.79，影响程度较小。

四、多重选择

多重选择是对若干个不具有互偿性的测量分数进行组合的常用方法。不具有互偿性的测量分数，是指一个测量分数的大小，不能由另一个测量分数来补偿。例如，某一教育测量包含两个测量项目，项目一用来测量学生的身高，项目二用来测量学生的体重，身高与体重的单位不同，两个项目相对独立，并且不具有互偿性，即项目一的身高测量分数偏低的话，不能由项目二的体重测量分数来折算、提升、补偿。对多个不具有互偿性的测量分数进行组合前，需要对不同单位的测量分数确定一条分数线，规定超过分数线的测量分数被选择，否则被拒绝。

多重选择具有无序与有序两种模式。无序模式是指不同测量分数之间相互独立，没有充分或必要的逻辑关联，测量分数的选择没有先后之分。有序模式是指前面测量分数的选择结果直接决定后面测量分数的选择，即选择 X_i（$i\geqslant2$）的前提条件是 X_j ［$j=1,2,\cdots,(i-1)$］均被选择。

例如：空军飞行员招生简章对报考者的身体素质、学业水平等作了明确规定。

首先，以身高、高考总分这两个不具有互偿性的分数为例，进行无序模式的分数组合。假设某年招生简章规定报考者身高不低于 165cm，高考总分不低于 560 分，则 165cm 是学员选拔的身高分数线，560 分是学员选拔的高考成绩分数线，只有同时达到两个分数线的考生才有可能被录取。表 6－10 呈现的是两个分数进行无序模式组合的情况。

表 6－10　两个分数多重选择（无序模式）组合表

	分数 2 接受	分数 2 拒绝
分数 1 接受	接受	拒绝
分数 1 拒绝	拒绝	拒绝

由表 6－10 可知，只有分数 1 与分数 2 同时被“接受”时，分数组合结果才是“接受”，其他情况的组合结果均是“拒绝”。

接着，以空军飞行员招生过程为例示范进行有序模式的测量分数组合。空军飞行员的招生是一个连续的多重选择，被录取者必须满足四个条件：第一是中学毕业，第二是政审通过，第三是体检合格，第四是高考过线。四个条件缺一不可，且顺序不能颠倒，每个分数被选择的前提是该分数之前的所有分数均被选择。

图 6－3 呈现的是多个测量分数进行有序模式组合的情况。“中学毕业”“政审通过”“体检合格”“高考过线”，分别对应分数 1、分数 2、分数 3、分数 4。分数 1 被“淘汰”的话，分数 2、分数 3、分数 4 就没有审核的必要了，可以直接得出分数组合的最终结果是“淘汰”。分数 1 被“录取”的话，才能进入分数 2 的审核环节。分数 2、分数 3、分数 4 的审核情况均与分数 1 相似。

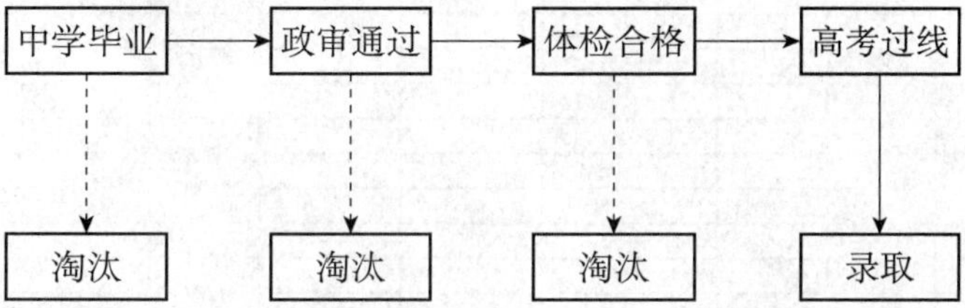

图 6－3　空军飞行员招生多重选择（有序模式）示意图

第五节　SPSS 在教育测量分数统计处理中的应用

一、运用 SPSS 编制频数分布表

（一）研究问题

随机抽取某班 30 名学生的数学期末考试成绩，原始分数如表 6－11 所示。请编制出 30 名学生数学期末考试成绩的频数分布表。

表 6－11　某班 30 名学生的数学期末考试成绩

77	75	63	61	86	77	73	68	57	76	71	56	70	78	81
54	58	73	72	60	89	79	66	85	71	88	80	93	84	68

（二）操作程序

1. 输入原始数据

步骤 1：启动 SPSS，进入 SPSS 数据编辑器界面。

步骤 2：定义变量。点击［变量视图］，在［名称］标题下定义序号、数学成绩，在［宽度］标题下定义各个项目的数据宽度，其余各项均使用默认值（见图 6－4）。

步骤 3：录入数据。单击［数据视图］，依次录入 30 名学生的数学期末考试成绩（见图 6－5）。

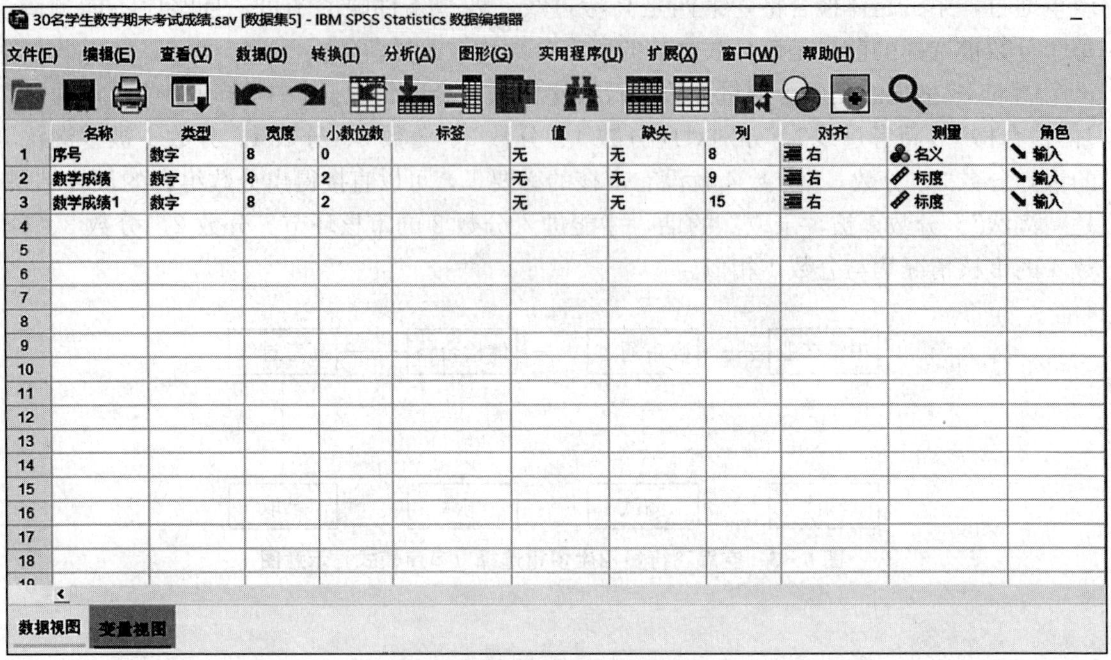

图 6-4　定义变量窗口

图 6-5　录入数据图

2. 确定组数和组距

计算得出全距是 39，组数定为 7，组距定为 6，组限依次是 53.5～59.5，59.5～65.5，65.5～71.5，71.5～77.5，77.5～83.5，83.5～89.5，89.5～95.5。

3. 数据转换

步骤 1：点击［转换（T）］，选择［重新编码为不同变量（R）］，进入［重新编码为不同变量］对话框（见图 6－6）。

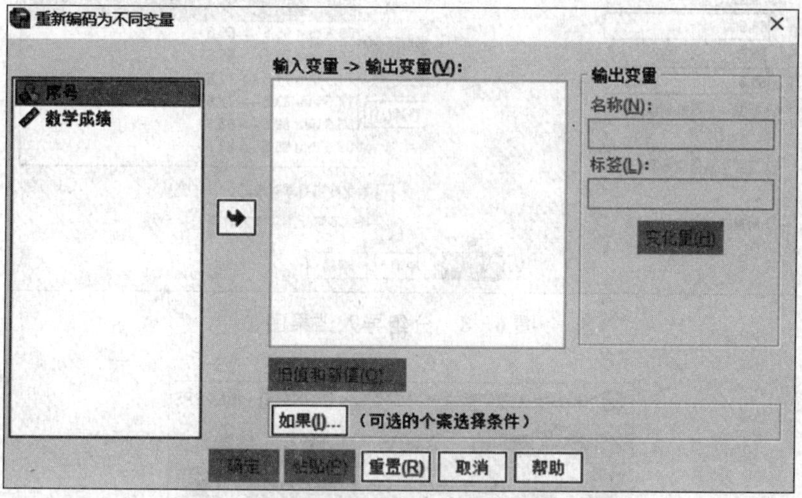

图 6－6　重新编码为不同变量对话框设置图

步骤 2：将变量数学成绩选入［输入变量→输出变量］，在［名称（N）］内输入“数学成绩 1”，点击［变化量（H）］，点击［旧值和新值（O）］，进入［重新编码为不同变量：旧值和新值］对话框（见图 6－7）。

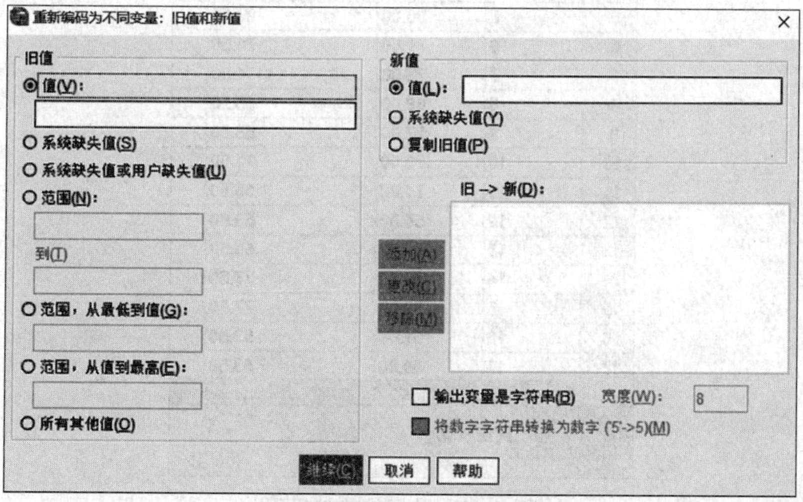

图 6－7　重新编码为不同变量：旧值和新值对话框设置图

步骤 3：点击［范围（N）］，上下两栏依次输入第一组的范围“53.5”和“59.5”，在［新值］栏下［值（L）］处输入组下限“53.5”，点击［添加（A）］。依次将各组的范围及对应的新值逐一输入（见图 6－8），点击［继续（C）］→［确定］，即完成数据转换（见图 6－8 和图 6－9）。

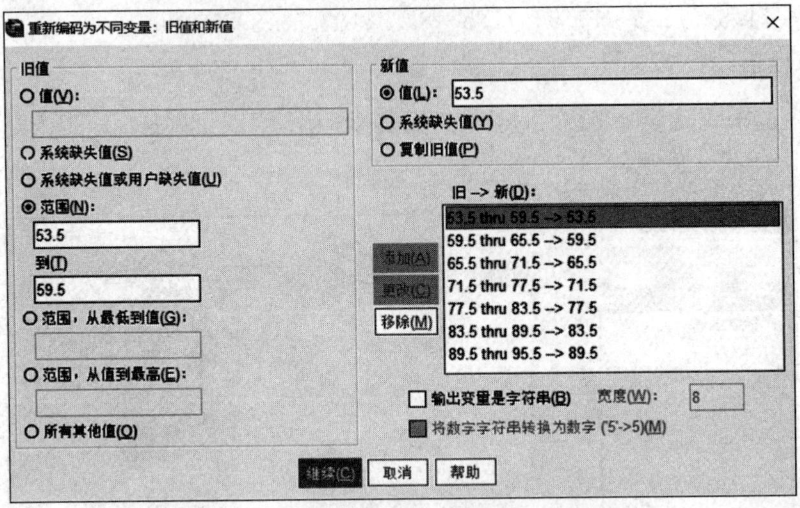

图 6－8　分组导入结果图

	序号	数学成绩	数学成绩1
1	1	77.00	71.50
2	2	75.00	71.50
3	3	63.00	59.50
4	4	61.00	59.50
5	5	86.00	83.50
6	6	77.00	71.50
7	7	73.00	71.50
8	8	68.00	65.50
9	9	57.00	53.50
10	10	76.00	71.50
11	11	71.00	65.50
12	12	56.00	53.50
13	13	70.00	65.50
14	14	78.00	77.50
15	15	81.00	77.50
16	16	54.00	53.50
17	17	58.00	53.50

图 6－9　数据转换结果图

4. 描述统计频数

点击［分析（A）］，选择［描述统计（E）］→［频率（F）］，进入频率对话框，将

[数学成绩 1] 选入 [变量 (V)] 一栏，点击 [确定]，弹出运行结果，即 30 名学生数学期末考试成绩频数分布表（见表 6－12）。

表 6－12　某班 30 名学生数学期末考试成绩频数分布表

		频率	百分比	有效百分比	累计百分比
组限	53.50～	4	13.3	13.3	13.3
	59.50～	3	10.0	10.0	23.3
	65.50～	6	20.0	20.0	43.3
	71.50～	7	23.3	23.3	66.7
	77.50～	4	13.3	13.3	80.0
	83.50～	5	16.7	16.7	96.7
	89.50～	1	3.3	3.3	100.0
	总计	30	100.0	100.0	

同时，点击 [统计 (S)]，进入 [频率：统计] 对话框，可以选择 [百分位置]、[集中趋势]、[离散]、[分布] 等输出分数。点击 [图表 (C)]，进入 [频率：图表] 对话框，可以选择 [图表类型]、[图表值] 等输出项。点击 [格式 (F)]，进入 [频率：格式] 对话框，可以选择 [排序方式]、[多个变量] 等输出格式。

二、运用 SPSS 求标准分数

（一）研究问题

随机抽取某市 10 名学生的高考数学成绩，原始分数如表 6－13 所示。请求出 10 名学生高考数学成绩的标准分数。

表 6－13　某市 10 名学生的高考数学成绩

生 1	生 2	生 3	生 4	生 5	生 6	生 7	生 8	生 9	生 10
99	127	113	86	116	137	108	138	117	146

（二）操作程序

1. 输入原始数据

启动 SPSS，进入 SPSS 数据编辑器界面；定义变量；录入数据（见图 6－10）。

2. 描述统计

步骤 1：点击 [分析 (A)]，选择 [描述统计 (E)] → [描述 (D)]，进入描述对话框；将 [成绩] 选入 [变量 (V)] 一栏，选择 [将标准化值另存为变量 (Z)]（见图 6－11）。

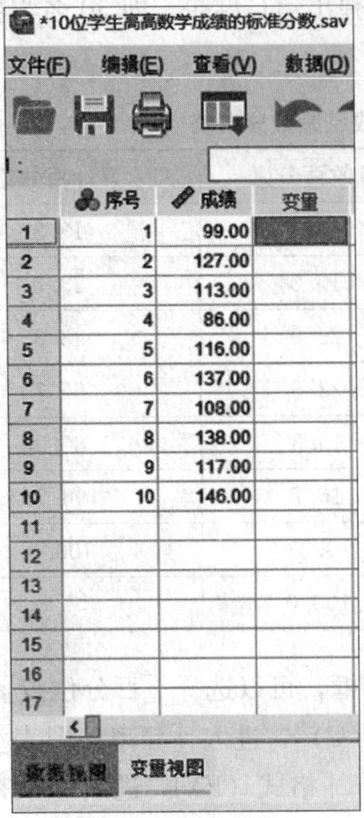

图 6-10　录入数据图

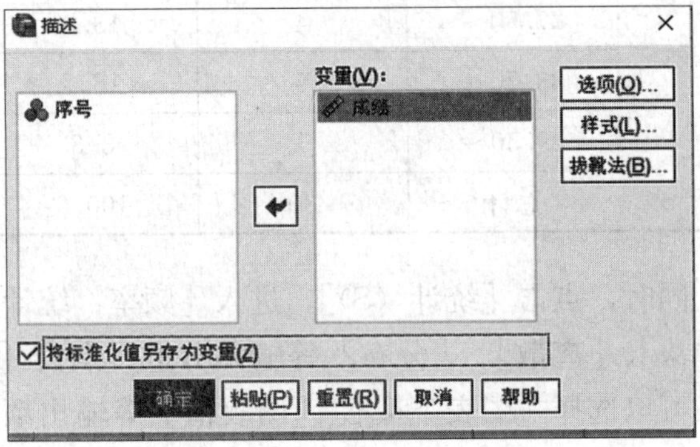

图 6-11　导入数据结果图

步骤 2：点击［选项（O）］，可以在［描述：选项］对话框中选择［均值（M）］、［总和（S）］、［离散］、［分布］、［显示顺序］等输出量和输出格式（见图 6-12）。

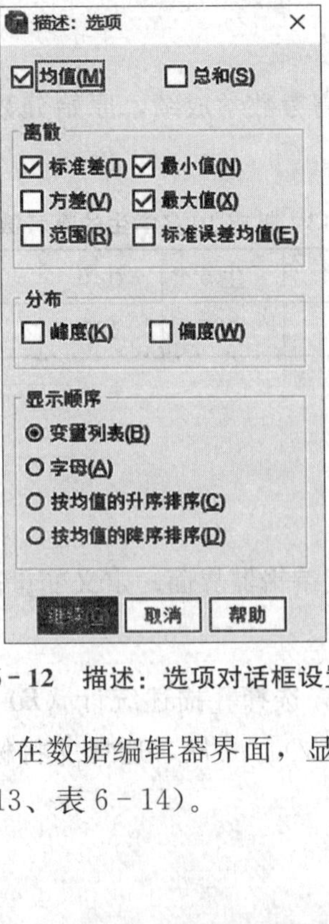

图 6-12　描述：选项对话框设置图

步骤 3：点击［继续（C）］，在数据编辑器界面，显示运行结果，即 10 名学生高考数学成绩的标准分数（见图 6-13、表 6-14）。

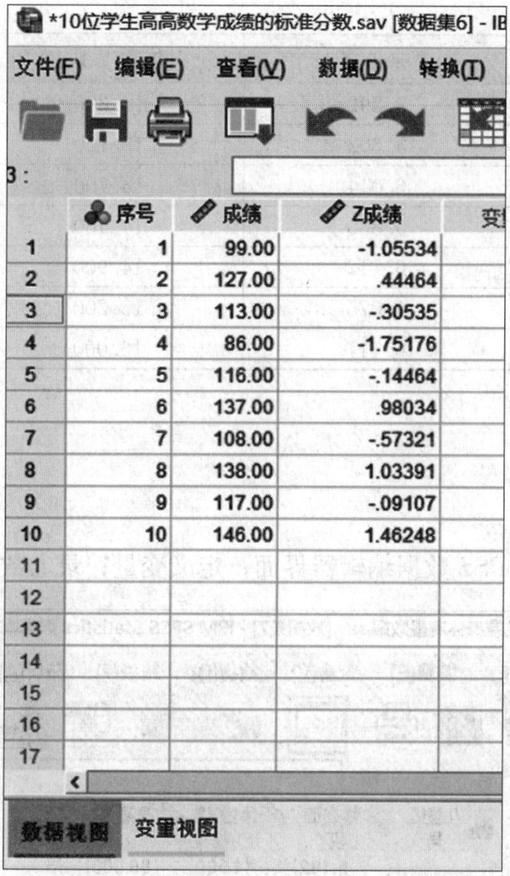

图 6-13　10 名学生高考数学成绩的标准分数

表 6-14　10 名学生高考数学成绩的描述统计量

	个数	最小值	最大值	均值	标准差
成绩	10	86.00	146.00	118.7000	18.66696
列删后有效样本量	10				

三、运用 SPSS 进行线性回归

（一）研究问题

某医学院随机抽取 10 名 3 岁儿童进行身高、体重和体表面积测量，原始数据如表 6-15 所示。试用线性回归方法求解体表面积与体重、身高之间的回归方程。

表 6-15　10 名 3 岁儿童的身高、体重、体表面积分数

儿童编号	体表面积（$\hat{Y}$）	体重（X_1）	身高（X_2）
1	5.182	11.500	88.000
2	5.289	11.800	87.600
3	5.358	12.200	88.500

续表

儿童编号	体表面积（$\hat{Y}$）	体重（X_1）	身高（X_2）
4	5.292	12.300	88.900
5	5.602	13.100	87.700
6	6.014	13.700	89.500
7	5.830	14.400	88.800
8	6.112	14.900	90.400
9	6.075	15.200	90.600
10	6.411	16.000	91.200

（二）操作程序

1. 输入原始数据

启动 SPSS，进入 SPSS 数据编辑器界面；定义变量；录入数据（见图 6－14）。

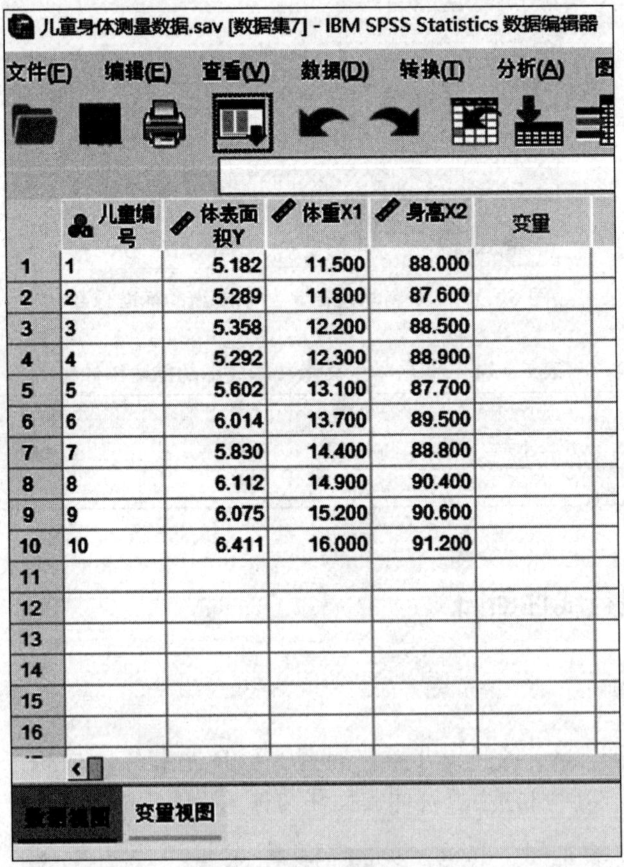

	儿童编号	体表面积Y	体重X1	身高X2	变量
1	1	5.182	11.500	88.000	
2	2	5.289	11.800	87.600	
3	3	5.358	12.200	88.500	
4	4	5.292	12.300	88.900	
5	5	5.602	13.100	87.700	
6	6	6.014	13.700	89.500	
7	7	5.830	14.400	88.800	
8	8	6.112	14.900	90.400	
9	9	6.075	15.200	90.600	
10	10	6.411	16.000	91.200	
11					
12					
13					
14					
15					
16					

图 6－14　录入数据图

2. 回归分析

步骤 1：点击［分析（A)］，选择［回归（R)］→［线性（L)］，进入［线性回归］

对话框，将体表面积 Y 选入［因变量（D)］，将体重 X_1、身高 X_2 选入［自变量（I)］（见图 6－15）。

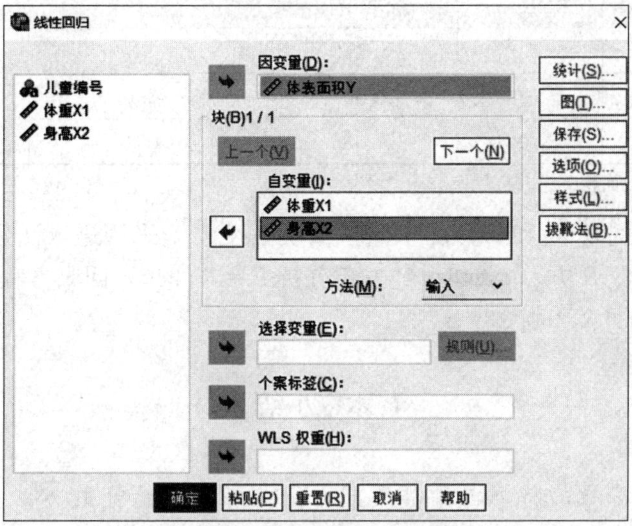

图 6－15　线性回归对话框设置图

步骤 2：点击［方法（M)］，可以选择输入法、步进法、除去法、后退法、前进法等，本例选用输入法。点击［统计（S)］，可以选择是否对变量作描述性统计、回归方程因变量的可信区间估计等分析。点击［图（T)］，选择是否作变量分布图。点击［选项（O)］，选择变量入选与剔除 α、β 值和缺失值的处理方法。

步骤 3：点击［确定］，在结果输出查看器界面，显示结果见表 6－16、表 6－17、表 6－18、表 6－19。

表 6－16　输入/除去的变量[a]

模型	输入的变量	除去的变量	方法
1	身高 X_2，体重 X_1[b]	.	输入

注：a. 已输入所请求的所有变量。
b. 因变量：体表面积 Y。

表 6－17　模型摘要

模型	R	R 方	调整后 R 方	标准估算的错误
1	.971[a]	.943	.927	.116191

注：a. 预测变量：身高 X_2，体重 X_1。

表 6－18　ANOVA[a]

模型		平方和	自由度	均方	F	显著性
1	回归	1.564	2	.782	57.940	.000[b]
	残差	.095	7	.014		
	总计	1.659	9			

注：a. 因变量：体表面积 Y。
b. 预测变量：身高 X_2，体重 X_1。

表 6-19 系数[a]

模型		未标准化系数		标准化系数		
	常量	B	标准错误	Beta	t	显著性
1		−.337	5.179		−.065	.950
	体重 X_1	.244	.052	.890	4.642	.002
	身高 X_2	.031	.065	.091	.477	.648

注：a. 因变量：体表面积 Y。

结果显示，本例以 X_1 和 X_2 为自变量，Y 为因变量，采用进入法建立线性回归方程。回归方程的决定系数 R 方＝0.943，经方差分析 F＝57.940，回归方程有效。回归方程是 $\hat{Y}=0.244X_1+0.031X_2-0.337$。

《本章小结》

（1）教育测量分数的特征与种类不同，则统计处理选择的方法也不相同。对教育测量分数进行统计处理的第一个环节就是厘清教育测量分数的特征和种类。教育测量分数不仅具有测量数据的波动性、规律性等共性特征，还具有主观性、随机性、模糊性等个性特征。按照不同的分类标准，测量数据可以分成不同的类别。根据数据的获取方法可分为点计数据和度量数据，根据数据的连续性可分为间断型数据和连续型数据，根据数据的精确程度又可以分为类别数据、等级数据、等距数据和比率数据。

（2）教育测量分数的整理主要包括两个环节：一是检查分数，保障教育测量分数的完整性和准确性；二是整理分数，具体包括运用顺序排列、等级排列等方法编制数据统计表或频数分布表。通过对教育测量分数的整理，可以使大量离散无序的自然形态数据清晰化、明了化。编制频数分布表是教育测量分数整理运用最多的一种方法，主要包括求全距、定组数、求组距、定组限、计算制表五个步骤。

（3）教育测量获得的原始分数往往不具有可比性，这是因为测量分数的单位不是等值的。教育测量分数的转换就是将原始分数转换成具有等值单位的导出分数，便于正确解释分数的意义，并进行分数之间的比较、组合等。教育测量分数的转换方法主要包括：百分等级分数、标准分数、标准分数的系列转换等。百分等级分数是一种应用最为广泛的导出分数，是一种描述相对位置的量数，通过百分等级分数转换，能够直接得出分数个体在分数总体中所处的位置。标准分数作为常用的一种导出分数，它将原始分数转换成以标准差为单位的分数，可以用于不同考试、不同考生、不同科目考试分数之间的横向比较。标准分数的转换是针对原始分数转换得出标准分数，存在负数、小数等情况。标准分数的转换主要包括 T 分数、离差智商、标准九分、CEEB 分数等。

（4）教育测量分数的组合是测量分数统计处理的关键环节，也是学习的重点和难点。前面学习了教育测量分数的整理、转换，为分数的比较、组合提供了可能。教育测量分数的组合，可以分析得出全体分数内在的变化发展规律，从而得出教育决策信息。常用的教育测量分数组合方法包括直觉判断、加权组合、线性回归、多重选择等方法。

(5) SPSS在教育测量分数统计处理中得到非常广泛的应用。本章举例示范了运用SPSS编制频数分布表、计算标准分数、进行线性回归等操作，为大家运用SPSS进行分数统计处理提供参考。

关键术语

● 顺序排列

将统计所得的分数，按照数值由小到大（或由大到小）的顺序进行排列。顺序排列是一种简单有效、可操作性强的整理分数的方法。

● 等级排列

将测量分数进行顺序排列后，再按照某一特定标准划分等级。通过等级排列可以初步得出数据在全体数据中的位置。

● 百分等级分数

简称百分等级，是一种描述相对位置的量数，常用P_R表示。它将参加测量的全体样本个数作为一百来计算，转换得出某一原始分数在全体样本中所处的位置。一个百分等级分数是指在全体样本中低于常模样本分数的样本个数百分比，百分等级分数越小，样本个体所处的位置越低。

● 标准分数

也叫Z分数，是将原始分数与其平均数作差再除以标准差所得的商。它是以标准差作为度量单位，衡量原始分数距离其平均数的位置，即在平均数之上有多少个标准差，或在平均数之下有多少个标准差。

复习思考题

1. 教育测量分数具有哪些特征和种类?

2. 编制频数分布表包括哪些步骤?

3. 计算百分等级分数、标准分数的公式原理是什么?

4. 比较分析单位加权、比重加权、加权组合的标准化处理三种方法的适用领域。

5. 线性回归与多元一次函数之间的联系是什么?

6. 某班56名学生参加某次测验的成绩如表6-20所示。请运用SPSS编制出频数分布表，并将各原始分数转换成标准分数。

7. 某教育科学研究机构随机抽取10名初三学生进行两种教学方式实验时间长度与考试成绩的关联性研究，原始数据如表6-21所示。试用线性回归方法探索考试成绩与两种教学方式实验时间长度之间的回归方程。

表 6-20　56 名学生测验成绩

学生编号	测验成绩	学生编号	测验成绩	学生编号	测验成绩	学生编号	测验成绩
1	76	15	67	29	66	43	72
2	72	16	79	30	65	44	75
3	68	17	82	31	62	45	75
4	63	18	86	32	67	46	85
5	88	19	50	33	67	47	86
6	90	20	69	34	87	48	76
7	67	21	66	35	88	49	97
8	76	22	50	36	71	50	92
9	92	23	75	37	69	51	80
10	45	24	76	38	69	52	83
11	68	25	62	39	69	53	85
12	68	26	65	40	70	54	71
13	56	27	65	41	75	55	68
14	60	28	65	42	72	56	69

表 6-21　10 名被试者的考试成绩与两种教学方式实验时间的统计表

学生编号	考试成绩（$\hat{Y}$）	教学方式一的实验时间（X_1 小时）	教学方式二的实验时间（X_2 小时）
1	88	5.2	11.5
2	87	5.8	11.8
3	88	5.3	12.2
4	89	5.3	12.3
5	87	5.6	13.1
6	89	6.0	13.7
7	88	5.8	14.4
8	90	6.1	14.9
9	91	6.0	15.2
10	92	6.4	16.0

参考文献

【专著类】

马超山，温善策．教育决策论．沈阳：辽宁教育出版社，1988.

王汉澜．教育测量学．开封：河南大学出版社，1987.

国家教委“高考题型功能”课题组．题型功能与考试命题．南京：江苏教育出版社，1992.

艾肯．心理测验与考试：能力和行为表现的测量．北京：中国轻工业出版社，2002.

克罗克，阿尔吉纳．经典和现代测验理论导论．上海：华东师范大学出版社，2004.

王孝玲．教育测量．上海：华东师范大学出版社，2005.

陈国鹏．心理测验与常用量表．上海：上海科学普及出版社，2005.

胡中锋．教育测量与评价．广州：广东高等教育出版社，2006.

解亚宁，戴晓阳．实用心理测验．北京：中国医药科技出版社，2006.

朱德全，宋乃庆．教育统计与测评技术．重庆：西南师范大学出版社，2007.

王孝玲．教育统计学．北京：北京师范大学出版社，2008.

张厚粲．现代心理与教育统计学．北京：北京师范大学出版社，2009.

吴明隆．问卷统计分析实务：SPSS 操作与应用．重庆：重庆大学出版社，2010.

王晓辉．教育决策与治理．北京：教育科学出版社，2010.

萨克斯，牛顿．教育和心理的测量与评价原理．南京：江苏教育出版社，2011.

格伦隆德，沃．学业成就评测：第 9 版．北京：教育科学出版社，2011.

麦克戴维，霍索恩．项目评价与绩效测量．北京：教育科学出版社，2011.

黄光扬．教育测量与评价．上海：华东师范大学出版社，2012.

杨向东．理论驱动的心理与教育测量学．上海：华东师范大学出版社，2014.

REYNOLDS C R. 教育测量与评估：原书第 2 版．北京：科学出版社，2015.

郑日昌．心理与教育测量．3 版．北京：人民教育出版社，2015.

朱德全．教育测量与评价．北京：高等教育出版社，2016.

史晓燕．教育测量与评价．北京：北京师范大学出版社，2016.

张敏强．教育测量学．北京：人民教育出版社，2019.

臧铁军．教育考试与评价．北京：中国青年出版社，2021.

雷新勇．大规模教育考试命题：理论、方法和实例．上海：同济大学出版社，2021.

LORD F M. Applications of item response theory to practical testing problems. Hillsdale NJ：LawrenceErlbaum，1980.

FREDERIKSEN N，et al. Test theory for a new generation of tests. Hillsdale NJ：LEA，1993.

KOLEN M J，BRENNAN R L. Test equating，scaling，and linking：methods and practices. New York：Springer，2014.

【论文类】

郭庆科，房洁．经典测验理论与项目反应理论的对比研究．山东师范大学学报（自然科学版），2000（3）.

王玉衡．美国标准化测验的问题与质疑．比较教育研究，2002（9）.

丁树良，熊建华．项目反应理论框架下几个等值问题的探讨．中国考试，2003（12）.

刘桔．概化理论研究及应用前景．心理科学，2003（3）.

纪凌开．经典测验理论的局限性分析．湖北大学成人教育学院学报，2005（4）.

刘声涛，戴海崎，周骏．新一代测验理论：认知诊断理论的源起与特征．心理学探新，2006（4）.

陈芳．关于科学把握选择题命题的编制技巧的若干建议．现代中小学教育，2007（4）.

刘启亮，孔外平．谈谈心理与教育测量理论的发展．重庆科技学院学报（社会科学版），2008（2）.

余娜，辛涛．认知诊断理论的新进展．考试研究，2009（3）.

一帆．经典测验理论．教育测量与评价（理论版），2009（7）.

高国希，叶方兴．高校课程体系合力育人的理论逻辑．中国高等教育，2017（23）.

庄腾腾，谢晨．我国中小学生技术素养测评工具设计探析：基于国际科学与技术素养测评框架．华东师范大学学报（教育科学版），2018（6）.

杨磊，朱德全．教师信息化学习力测评模型的构建与应用．现代远距离教育，2019（6）.

甄锋泉，张敏强，刘颖．概化理论方差分量及其变异量估计：跨分布的模拟研究．心理学探新，2020（5）.

雷新勇．关于教育评价改革的若干思考．中国考试，2020（9）.

石小亮，王铁龙，吕杰，等．森林生态系统服务信度分析与累积影响评价：以吉林省为例．林业经济，2020（12）.

刘欧．教育测试的国际趋势．中国考试，2021（1）.

尹昊，周蔓，刘彦楼，等．认知诊断模型题目功能差异检验方法的健壮性比较．中国考试，2021（3）.

杨鸿．教师教学知识的统整研究．重庆：西南大学，2010.

杨磊．教师信息化学习力发展研究．重庆：西南大学，2019.

图书在版编目（CIP）数据

教育测量学/朱德全主编．--2版．--北京：中国人民大学出版社，2023.1

新编21世纪教育学系列教材

ISBN 978-7-300-31181-4

Ⅰ.①教… Ⅱ.①朱… Ⅲ.①教育测量－高等学校－教材 Ⅳ.①G40－058.1

中国版本图书馆CIP数据核字（2022）第202157号

新编21世纪教育学系列教材

教育测量学（第二版）

主　编　朱德全

副主编　沈家乐　彭洪莉

Jiaoyu Celiangxue

出版发行	中国人民大学出版社		
社　　址	北京中关村大街31号	**邮政编码**	100080
电　　话	010－62511242（总编室）		010－62511770（质管部）
	010－82501766（邮购部）		010－62514148（门市部）
	010－62515195（发行公司）		010－62515275（盗版举报）
网　　址	http://www.crup.com.cn		
经　　销	新华书店		
印　　刷	北京密兴印刷有限公司	**版　　次**	2016年1月第1版
规　　格	185 mm×260 mm　16开本		2023年1月第2版
印　　张	12.75插页1	**印　　次**	2023年1月第1次印刷
字　　数	287 000	**定　　价**	38.00元

教学支持说明

（教学课件）

中国人民大学出版社教育学科秉承“出教材学术精品，育人文社科英才”的出版宗旨，多年来，出版了大批高质量的教育学、小学教育、学前教育专业教材和学术著作。

我们为本教材制作了相应的PPT教学课件，任何一位采用本书作为授课教材的教师均可免费获得该课件。为了确保该课件仅为授课教师获得，烦请您填写如下材料，并将相关信息通过E-mail发送给我们，我们将在收到相关信息后通过E-mail给您发送该课件。欢迎您加入我们的QQ群（教育新视野交流群，群号为159813080），或登录我社官方网站（www. crup. com. cn），注册并认证成为教师会员，以获得更好的服务。

我们的联系方式：

地址：（100872）北京市中关村大街甲59号文化大厦1202室

中国人民大学出版社

电话：（010）82502724　62514775（传真）

E-mail：ggglcbfs@vip. 163. com

QQ群：159813080

兹证明__________大学/学院__________院/系__________专业__________学年第________学期开设的____________课程，采用中国人民大学出版社出版的________________________（书名、作者）作为本课程教材。授课教师为__________，授课班级共______个、学生______人。授课教师需要与本书配套的教学课件。

联 系 人：____________________

通信地址：____________________

邮　　编：____________________

电　　话：____________________

E-mail：______________________

系/院主任：__________（签字）

（系/院办公室章）

______年____月____日